Como salvar a democracia

Steven Levitsky e Daniel Ziblatt

Como salvar a democracia

Tradução:
Berilo Vargas

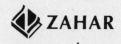

Copyright © 2023 by Steven Levitsky e Daniel Ziblatt

Publicado em acordo com os autores, a/c Baror International, Inc., Armonk, Nova York, Estados Unidos

Grafia atualizada segundo o Acordo Ortográfico da Língua Portuguesa de 1990, que entrou em vigor no Brasil em 2009.

Título original
Tyranny of the Minority: Why American Democracy Reached the Breaking Point

Capa
Alceu Chiesorin Nunes

Tradução de notas e índice remissivo
George Schlesinger

Revisão técnica
Jairo Nicolau

Preparação
Diogo Henriques

Índice remissivo
Probo Poletti

Revisão
Angela das Neves
Jane Pessoa

Dados Internacionais de Catalogação na Publicação (CIP)
(Câmara Brasileira do Livro, SP, Brasil)

Levitsky, Steven
   Como salvar a democracia / Steven Levitsky, Daniel Ziblatt ; tradução Berilo Vargas. — 1ª ed. — Rio de Janeiro : Zahar, 2023.

   Título original : Tyranny of the Minority : Why American Democracy Reached the Breaking Point.
   ISBN 978-65-5979-151-4

   1. Democracia – Estados Unidos – Aspectos sociais 2. Estados Unidos – Política e governo – Século 21 3. Governo representativo e representação – Estados Unidos 4. Mudança social – Estados Unidos – Aspectos sociais 5. Republican Party (Estados Unidos : 1854-) I. Ziblatt, Daniel. II. Título.

23-171342	CDD-320.973

Índice para catálogo sistemático:
1. Estados Unidos : Política e governo : Ciência política   320.973

Cibele Maria Dias — Bibliotecária — CRB-8/9427

Todos os direitos desta edição reservados à
EDITORA SCHWARCZ S.A.
Praça Floriano, 19, sala 3001 — Cinelândia
20031-050 — Rio de Janeiro — RJ
Telefone: (21) 3993-7510
www.companhiadasletras.com.br
www.blogdacompanhia.com.br
facebook.com/editorazahar
instagram.com/editorazahar
twitter.com/editorazahar

Em memória de
Jill Kneerim e David Ziblatt

De alguma forma resistimos e testemunhamos
Uma nação que não está quebrada
Apenas inacabada.

AMANDA GORMAN, *The Hill We Climb*

Sumário

Prefácio à edição brasileira   11

Introdução   17

1. Medo de perder   25

2. A banalidade do autoritarismo   43

3. Aconteceu aqui   69

4. Por que o Partido Republicano abandonou a democracia   92

5. Maiorias acorrentadas   127

6. O governo das minorias   155

7. Estados Unidos, o ponto fora da curva   183

8. Democratizar nossa democracia   205

Nota sobre o contexto político-eleitoral norte-americano   235

Agradecimentos   239

Notas   241

Índice remissivo   293

Prefácio à edição brasileira

Durante anos, a política no Brasil e a política nos Estados Unidos pareceram seguir caminhos paralelos. Não faz muito tempo, os dois países elegeram figuras de extrema direita que ameaçaram a democracia. A eleição de Donald Trump em 2016 nos inspirou a escrever *Como as democracias morrem*. Jair Bolsonaro foi eleito dois anos depois (no ano em que *Como as democracias morrem* foi publicado). Bolsonaro admirava Trump abertamente, e a mídia americana o descrevia como o "Trump dos Trópicos".

Trump e Bolsonaro se revelaram presidentes extraordinariamente incapazes — e as trágicas consequências dessa incapacidade foram agudamente sentidas durante a pandemia de covid-19. Como resultado, ambos foram relativamente impopulares, o que dificultou sua reeleição.

Aí estão as sementes da crise democrática. A regra básica da democracia é que os políticos aceitem os resultados das eleições, ganhando ou perdendo. E nem Trump nem Bolsonaro estavam dispostos a perder. Trump se tornou o primeiro ocupante da Presidência dos Estados Unidos a não aceitar a derrota, e conspirou para subverter os resultados da eleição de 2020, num esforço que culminou na violenta insurreição de 6 de janeiro de 2021.

Bolsonaro trabalhou para solapar a legitimidade da eleição de 2022 no Brasil, alegando, sem fundamento, ter havido fraude. Tudo indica que ele tentou conseguir apoio militar para invalidar o pleito, e quando isso não funcionou, seus seguidores invadiram as sedes dos Três Poderes, em 8 de janeiro de 2023.

Tanto nos Estados Unidos como no Brasil, portanto, a relutância de presidentes eleitos em aceitar a derrota desencadeou crises democráticas. Mas é nesse ponto que as histórias divergem.

Donald Trump continua sendo uma ameaça iminente à democracia americana. Provavelmente será o candidato presidencial republicano em 2024, e, levando em conta a natureza tendenciosa do Colégio Eleitoral (discutida no capítulo 6),* tem chance de vencer.

Já no Brasil, Jair Bolsonaro vem sendo politicamente marginalizado, e a crise democrática dá sinais de ter sido em grande parte superada. Em outras palavras, o Brasil rechaçou a recente ameaça à democracia, ao contrário dos Estados Unidos.

A principal diferença entre os dois países é o comportamento dos líderes políticos, especialmente os da direita.

Um presidente autocrático sozinho jamais é suficiente para matar uma democracia. Os autocratas precisam de cúmplices — políticos tradicionais que tornam possível a sua existência. O cientista político espanhol Juan Linz os chama de *democratas semileais* — políticos tradicionais que toleram, ajudam e protegem os autoritários.

Diante de uma ameaça autoritária, políticos comprometidos com a democracia — que Linz chama de democratas leais — fazem três coisas: condenam publicamente o comportamento antidemocrático e agem para responsabilizar os culpados, ainda que sejam aliados ideológicos; expulsam as figuras autoritárias de suas fileiras, recusando-se a nomeá-las ou indicá-las para cargos públicos; e trabalham com forças pró-democracia de todo o espectro ideológico para isolar e derrotar extremistas antidemocráticos.

Democratas semileais não fazem nada disso: em vez de expulsar figuras autoritárias, eles as toleram, entram em acordo e até colaboram discretamente com elas; em vez de repudiar o comportamento autoritário de seus aliados, minimizam ou aceitam esse comportamento, ou simplesmente se calam; recusam-se a trabalhar com rivais ideológicos para isolar autoritários — mesmo que a democracia esteja em perigo.

---

* Remetemos o leitor também para a seção "Nota sobre o contexto político-eleitoral norte-americano", ao final deste volume. (N. E.)

Prefácio à edição brasileira

Este livro mostra que a semilealdade pode matar a democracia. Uma lição importante que pode ser extraída de colapsos democráticos anteriores — na Itália, na Alemanha e na Espanha nas décadas de 1920 e 1930; na Argentina, no Brasil e no Chile nos anos 1960 e 1970 — é que, quando partidos ou políticos tradicionais toleram, protegem e possibilitam a ação violenta ou antidemocrática de extremistas, as democracias enfrentam dificuldades.

Quando comparamos os políticos de direita dos Estados Unidos depois de 2020 com os do Brasil depois de 2022, a diferença é gritante. Nos Estados Unidos, líderes republicanos têm sido esmagadoramente semileais, tolerando consistentemente e até tornando possível o autoritarismo de Trump. A maioria deles, por exemplo, se recusou a aceitar publicamente os resultados da eleição de 2020. De acordo com o Republican Accountability Project, 86% dos membros republicanos do Congresso fizeram declarações públicas pondo em dúvida a legitimidade do pleito.

Mesmo depois do Seis de Janeiro, líderes republicanos defenderam e protegeram Trump. Eles frustraram esforços do Congresso para impugná-lo e condená-lo, o que o impediria de disputar a presidência em 2024; obstruíram a criação de uma Comissão Independente (parecida com uma CPI no Brasil) para investigar a insurreição de 6 de janeiro; e, mesmo após Trump ter sido acusado formalmente de dezenas de crimes federais, incluindo o que para todos os efeitos foi uma tentativa de golpe, afirmam que apoiarão sua candidatura à Presidência em 2024. Esse comportamento semileal põe em risco a democracia americana.

O desenrolar da história foi muito diferente no Brasil. Em nítido contraste com os republicanos dos Estados Unidos, na mesma noite em que a vitória de Lula foi anunciada os principais aliados de direita de Bolsonaro a reconheceram de maneira pública e inequívoca: o presidente da Câmara dos Deputados, Arthur Lira; os recém-eleitos governadores Tarcísio de Freitas (de São Paulo) e Romeu Zema (de Minas Gerais); e os principais ministros do governo. Na verdade, a impressão que fica é a de que, embora Bolsonaro — como Trump — tenha procurado reverter a eleição, ele não chegou muito longe porque as elites políticas e militares deixaram claro que não o apoiariam.

A direita brasileira também condenou vigorosamente a insurreição de 8 de janeiro. E, enquanto os republicanos nos Estados Unidos frustraram os esforços do Congresso para investigar os ataques do Seis de Janeiro, políticos de direita no Brasil lideraram o esforço por uma investigação em âmbito parlamentar.

Por fim, enquanto os líderes republicanos pretendem apoiar a candidatura de Trump em 2024, mesmo que ele seja condenado por tentativa de golpe, no Brasil os tribunais proibiram Bolsonaro de concorrer a qualquer cargo público por oito anos — e pouquíssimos políticos de direita saíram em sua defesa. Embora a decisão do tribunal eleitoral tenha sido controversa, poucos políticos brasileiros atacaram a legitimidade do Judiciário ou alegaram que o ex-presidente estava sendo vítima de perseguição. Portanto, Bolsonaro não só está legalmente proibido de concorrer a presidente como, pelo menos por ora, parece estar politicamente enfraquecido.

De maneira que, enquanto o Partido Republicano continua ligado a Trump, o que lhe permite continuar ameaçando a democracia americana, a maioria dos políticos de direita no Brasil se distanciou de Bolsonaro, deixando-o isolado.

Por que essa divergência entre Estados Unidos e Brasil? Um dos fatores é a força dos partidos políticos e das identidades partidárias. Nos Estados Unidos, políticos de direita têm apenas um veículo: o Partido Republicano. E, como Trump continua sendo a força dominante no Partido Republicano, qualquer político de direita que tenha ambições precisa preservar boas relações com ele.

No Brasil, onde os partidos e as identidades partidárias são mais fracos, políticos de direita têm suas próprias bases independentes, o que lhes dá maior autonomia. Os principais políticos de direita do Brasil não dependem de Bolsonaro como os políticos republicanos dependem de Trump.

Mas outro fator também é importante: os Estados Unidos estão mais intensamente polarizados do que o Brasil. Como este livro mostra, os Estados Unidos passam por um momento histórico único: são a primeira

Prefácio à edição brasileira

democracia da história na qual um grupo étnico dominante está perdendo tanto sua maioria numérica como seu status dominante. Os cristãos brancos dominaram a sociedade americana por dois séculos. Durante duzentos anos, ficaram no topo de todas as hierarquias sociais, econômicas, políticas e culturais do país. Ocuparam a presidência, o Congresso e a Suprema Corte. Eram os generais do Exército, os líderes empresariais, os apresentadores dos noticiários de TV e as maiores celebridades.

Isso mudou drasticamente no século XXI. As antigas hierarquias raciais estão sendo seriamente contestadas, e o país enfim começa a se tornar uma democracia verdadeiramente multirracial.

Essas mudanças têm tido profundas consequências. Conforme mostramos no capítulo 4, o Partido Republicano se tornou o partido dos cristãos brancos no fim do século XX. Hoje, à medida que os Estados Unidos se diversificam e a democracia multirracial se consolida, muitos desses eleitores cristãos brancos têm a sensação de estar perdendo o país — de que o país onde foram criados está sendo tomado deles. Essa sensação de perda vem empurrando boa parte da base republicana para o extremismo.

Embora existam paralelos com o bolsonarismo, o Brasil ainda não experimentou o mesmo tipo de reação contra a democracia multirracial. Isso ocorre porque o país ainda não alcançou o mesmo nível de democracia multirracial.

Em suma, a resposta da direita brasileira à crise desencadeada por Bolsonaro foi mais favorável à democracia do que a resposta americana a Trump. Como os políticos brasileiros via de regra aceitaram os resultados da eleição de 2022, condenando de maneira veemente a insurreição de 8 de janeiro, e cooperaram com as investigações sobre os esforços bolsonaristas para enfraquecer a democracia, a ameaça representada por Bolsonaro perdeu força. Por outro lado, como os líderes republicanos americanos continuam a proteger e a tornar a existência política de Trump possível, ele continua a ameaçar a democracia nos Estados Unidos. Na verdade, a democracia americana estaria muito mais bem servida se os líderes republicanos seguissem o exemplo dado pela direita brasileira.

Mas vamos concluir com uma ressalva importante — e uma advertência. Como este livro mostra, a atual crise democrática dos Estados Unidos tem suas raízes numa reação contra a democracia multirracial. Essa reação tem sido extraordinariamente intensa, porque a democracia multirracial enfim está se tornando uma realidade nos Estados Unidos do século XXI. Medidas significativas de inclusão e igualdade geram reações poderosas. Essa é a essência da luta que estamos atravessando. Se conseguir sobreviver a essa crise, a emergente democracia multirracial dos Estados Unidos será um modelo para o mundo.

O Brasil ainda está longe de ser uma democracia multirracial. Embora sejam a maioria da população, os negros no país ainda não desfrutam dos mesmos direitos, proteções legais e oportunidades que os brancos. A prolongada luta pela igualdade racial enfrenta enormes desafios, mas está avançando e, um dia, transformará o Brasil num país mais justo, inclusivo e democrático. Mas a experiência americana ensina que a reação provavelmente será feroz. Os defensores da igualdade racial nos Estados Unidos — os abolicionistas dos anos 1840 e 1850, os arquitetos e defensores da Reconstrução nas décadas de 1860 e 1870, e as gerações de ativistas que possibilitaram a revolução dos direitos civis dos anos 1950 e 1960 — são os maiores heróis da democracia americana. Eles estavam, sem dúvida, do lado certo da história. Mas nada na história é predestinado. A democracia multirracial está longe de ser inevitável. Na verdade, até recentemente, ela parecia inalcançável nos Estados Unidos. No Brasil, a construção de uma democracia verdadeiramente multirracial não pode mais ser postergada.

As sociedades americana e brasileira estão numa encruzilhada. Ou seremos democracias multirraciais no século XXI ou não seremos democracias. Os dois caminhos se abrem diante de nós. Não há como voltar atrás.

STEVEN LEVITSKY & DANIEL ZIBLATT
Cambridge, Massachusetts
Setembro de 2023

Introdução

Em 5 de janeiro de 2021, uma coisa extraordinária aconteceu na Geórgia. Num estado onde a política vinha havia muito tempo sendo maculada pela supremacia branca, os eleitores compareceram em números inéditos para eleger seu primeiro senador afro-americano, o reverendo Raphael Warnock, e o seu primeiro senador judeu americano. Warnock foi apenas o segundo senador negro eleito no Sul desde a Reconstrução, fazendo companhia ao republicano Tim Scott, da Carolina do Sul. Aquela noite, ele apresentou apoiadores à sua mãe, uma ex-trabalhadora rural, comentando que "as mãos de 82 anos que costumavam colher algodão para os outros colheram seu filho mais novo como senador dos Estados Unidos".[1] Para muita gente, a eleição pressagiava um futuro mais brilhante, mais democrático. "Um novo Sul está surgindo", declarou LaTosha Brown, cofundadora da organização Black Voters Matter.[2] "Um Sul mais jovem, mais diversificado [...] e mais inclusivo." Era o futuro democrático que gerações de ativistas dos direitos humanos vinham trabalhando para construir.

No dia seguinte, 6 de janeiro, o que os americanos testemunharam parecia inimaginável: uma violenta insurreição, incitada pelo presidente dos Estados Unidos. Quatro anos de decadência democrática tinham culminado numa tentativa de golpe. O medo, a confusão e a indignação que muitos americanos sentiram diante do desenrolar dos acontecimentos lembravam o que pessoas de outros países diziam ter sentido ao ver suas democracias desmoronarem. O que acabávamos de vivenciar — uma onda de violência com motivação política; ameaças contra funcionários ligados às eleições; esforços para dificultar o voto; uma campanha do presidente para anular os resultados da eleição — era um retrocesso democrático. A república não veio abaixo entre 2016 e 2021, mas ficou, sem dúvida alguma, menos democrática.

Num período de 24 horas entre 5 e 6 de janeiro de 2021, todas as promessas e todos os perigos da democracia americana ficaram expostos: um vislumbre de um possível futuro democrático multirracial, seguido de um ataque quase impensável ao nosso sistema constitucional.

A democracia multirracial é difícil de alcançar. Poucas sociedades chegaram lá.[3] A democracia multirracial é um sistema político com eleições regulares, livres e justas, no qual cidadãos adultos de todos os grupos étnicos têm direito ao voto e a liberdades civis básicas: de expressão, de imprensa, de reunião, de associação.[4] Não basta que esses direitos existam no papel: indivíduos de todas as origens étnicas têm que contar com igual proteção dos seus direitos democráticos e civis perante a lei. A Lei dos Direitos Civis de 1964 e a Lei dos Direitos de Voto de 1965 finalmente estabeleceram uma base legal para a democracia multirracial nos Estados Unidos. Mas ainda hoje não a alcançamos completamente.

O acesso às urnas continua desigual, por exemplo.[5] Uma pesquisa feita em 2018 pelo Public Religion Research Institute revelou que cidadãos afro-americanos e latino-americanos têm três vezes mais chances do que cidadãos brancos de serem informados de que não têm identificação adequada para votar, e duas vezes mais chances de serem informados — incorretamente — de que seus nomes não constam das listas de eleitores.[6] As leis que impedem criminosos que já cumpriram pena de votar atingem desproporcionalmente os afro-americanos. E os cidadãos não brancos ainda não recebem da lei proteção igual à concedida aos brancos. Homens negros têm duas vezes mais chances de serem mortos pela polícia ao longo da vida do que homens brancos (ainda que as vítimas negras de assassinatos cometidos pela polícia tenham metade das chances de estarem armadas);[7] além disso, têm mais chances do que os brancos de serem parados e revistados pela polícia;[8] e de serem presos e condenados — com sentenças mais longas — por crimes semelhantes.[9] Para tirar qualquer dúvida de que os cidadãos negros não têm direitos iguais aos brancos perante a lei, basta aplicar o "teste de Kyle Rittenhouse": um jovem negro conseguiria, como Kyle, atravessar as

Introdução

fronteiras interestaduais portando um fuzil semiautomático, entrar num protesto sem ser incomodado pela polícia, disparar contra uma multidão, matar duas pessoas e ser absolvido?[10]

Mas, se ainda não são uma verdadeira democracia, os Estados Unidos estão se tornando uma. No meio século transcorrido desde a aprovação da Lei dos Direitos de Voto até a chegada de Donald Trump à presidência, a sociedade americana passou por mudanças fundamentais. Uma gigantesca onda de imigração transformou o que até então havia sido uma sociedade predominantemente branca e cristã numa sociedade diversificada e multiétnica.[11] E, ao mesmo tempo, o crescente poder político, econômico, jurídico e cultural dos americanos não brancos começou a contestar — e a demolir — hierarquias raciais profundamente arraigadas.[12] Pesquisas de opinião pública mostram que, pela primeira vez na história dos Estados Unidos, a maioria dos americanos já aceita a diversidade étnica e a igualdade racial — os dois pilares essenciais da democracia multirracial.[13] Assim, em 2016 os Estados Unidos estavam à beira de uma democracia genuinamente multirracial — que poderia servir de modelo para sociedades diversificadas no mundo inteiro.

Mas, justamente quando esse novo experimento democrático começava a deitar raízes, os Estados Unidos sofreram uma reação autoritária tão feroz que abalou os alicerces da república, levando nossos aliados no mundo inteiro a duvidarem do futuro democrático do país. Medidas significativas de inclusão democrática costumam desencadear reações intensas, até mesmo autoritárias. Mas o assalto à democracia americana foi pior do que qualquer coisa que poderíamos ter previsto em 2017, quando escrevemos nosso primeiro livro, *Como as democracias morrem*.[14] Estudamos insurreições e esforços violentos para anular eleições no mundo inteiro, da França e da Espanha à Ucrânia e à Rússia, das Filipinas ao Peru e à Venezuela. Mas nunca imaginamos ver algo assim em território americano. Bem como nunca imaginamos que um dos dois grandes partidos políticos dos Estados Unidos renunciaria à democracia no século XXI.

A escala do retrocesso democrático nos Estados Unidos foi severa. Organizações que monitoram a saúde das democracias no mundo inteiro traduziram esse retrocesso em termos numéricos. Todo ano, o Índice Global de Liberdade da Freedom House atribui aos países uma nota que vai de 0 a 100, em que 100 representa a perfeição democrática. Em 2015 os Estados Unidos receberam nota 90, mais ou menos no nível de países como Canadá, Itália, França, Alemanha, Japão, Espanha e Reino Unido. No entanto, depois disso, a nota do país caiu sistematicamente, chegando a 83 em 2021. Essa nota não só foi mais baixa do que a de todas as democracias estabelecidas da Europa ocidental como também foi inferior à de democracias novas ou historicamente problemáticas, como Argentina, República Tcheca, Lituânia e Taiwan.

Foi uma reviravolta extraordinária. De acordo com praticamente todas as principais análises científicas sobre o que faz as democracias avançarem, era de esperar que os Estados Unidos estivessem imunes a retrocessos. Os estudiosos descobriram, a respeito dos sistemas políticos modernos, dois padrões que valem quase como leis: democracias ricas não morrem e velhas democracias não morrem. Num estudo bem conhecido, os cientistas políticos Adam Przeworski e Fernando Limongi descobriram que nenhuma democracia mais rica do que a Argentina em 1976 — com PIB per capita, em valores atuais, de cerca de 16 mil dólares — jamais tinha entrado em colapso.[15] Depois disso, a democracia se deteriorou na Hungria, que tinha um PIB per capita de cerca de 18 mil dólares (em valores atuais). O PIB per capita dos Estados Unidos em 2020 era de cerca de 63 mil dólares — quase *quatro vezes* maior que o do país mais rico que já tinha sofrido um colapso democrático. Da mesma forma, até hoje nenhuma democracia com mais de cinquenta anos morreu. Mesmo considerando a aprovação da Lei dos Direitos de Voto em 1965 como o momento em que os Estados Unidos se democratizaram (afinal, foi quando o país alcançou o sufrágio adulto pleno), nossa democracia já tinha mais de cinquenta anos quando Trump chegou à presidência. Assim, tanto a história como décadas de pesquisas em ciências sociais nos diziam que a democracia americana deveria estar segura. Mas não estava.

Os Estados Unidos não estão sozinhos em matéria de diversidade crescente, nem são os únicos a viverem uma reação extremista da direita a essa

Introdução 21

mudança demográfica. O número de residentes nascidos no estrangeiro aumentou em quase todas as velhas democracias do mundo, sobretudo na Europa ocidental. Imigrantes e seus filhos agora constituem um segmento cada vez maior até mesmo em sociedades historicamente homogêneas como Noruega, Suécia e Alemanha. Cidades como Amsterdam, Berlim, Paris e Zurique parecem quase tão diversificadas quanto as grandes cidades dos Estados Unidos. E a crise de refugiados de 2015 levou para a Europa milhões de novos imigrantes do Norte da África e do Oriente Médio, transformando a imigração e a diversidade étnica em temas de grande relevância política.[16] Juntamente com os efeitos da crise financeira de 2008, essas mudanças provocaram uma reação radical.[17] Em quase todos os países da Europa ocidental, algo entre 10% e 30% do eleitorado — desproporcionalmente composto de eleitores brancos e menos instruídos que vivem em regiões degradadas ou fora dos centros urbanos — são sensíveis a apelos xenófobos.[18] E em toda parte, de França e Reino Unido a Itália, Alemanha e Suécia, esses eleitores têm melhorado a sorte de partidos e movimentos de extrema direita nas urnas.

No entanto, os Estados Unidos se destacam por duas razões. Em primeiro lugar, a reação à diversidade crescente tem sido inesperadamente *autoritária*. Raras vezes na Europa ocidental o avanço de partidos xenófobos e antiestablishment assumiu a forma tão abertamente antidemocrática que vimos nos Estados Unidos. Há muitas características dos partidos europeus de extrema direita que causam preocupação, como o racismo, a xenofobia, o desrespeito aos direitos das minorias e, em alguns casos, a simpatia pelo presidente da Rússia, Vladimir Putin. Mas até agora quase todos têm respeitado as regras democráticas, aceitando os resultados das eleições e rejeitando a violência política. Os Estados Unidos são diferentes também em outro sentido: aqui as forças extremistas de fato chegaram a exercer o poder nacional, ao passo que na Europa ficaram basicamente confinadas à oposição ou, em poucos casos, a governos de coalizão.

Precisamos, pois, enfrentar uma verdade desconfortável: diversidade social, retrocesso cultural e partidos de extrema direita estão presentes em todas as democracias ocidentais estabelecidas. Mas só nos Estados Unidos esses extremistas assumiram o controle do governo nacional e atacaram instituições democráticas. Por que os Estados Unidos, exceção entre as ricas democracias estabelecidas, chegou à beira do abismo? Eis uma pergunta que deveria nos perseguir na esteira dos acontecimentos de 5 e 6 de janeiro de 2021.

É uma tentação virarmos a página da era Trump. Afinal o presidente Trump tentou se reeleger e não conseguiu, e seus esforços para anular os resultados da eleição fracassaram. Os mais perigosos contestadores dos resultados eleitorais nos estados decisivos também foram derrotados nas eleições legislativas de meio de mandato em 2022. Parece que nos esquivamos com sucesso da bala — e que no fim das contas o sistema funcionou. E agora, quando o controle de Trump sobre o Partido Republicano é contestado, talvez possamos, finalmente, parar de nos preocupar tanto assim com o destino da nossa democracia. Talvez a crise não tenha sido tão ruim como achávamos a princípio. Talvez a democracia *não* estivesse morrendo.

É compreensível que pensemos assim. Para aqueles de nós que saímos exaustos das crises incessantes da era Trump, a teoria da bala única (da qual nos esquivamos) é tranquilizadora. Mas, infelizmente, é equivocada. A ameaça à democracia americana jamais foi apenas um líder forte cultuado por muitos seguidores. Os problemas são bem mais endêmicos. Na verdade, estão profundamente arraigados na nossa vida política. Enquanto não atacarmos esses problemas subjacentes, nossa democracia continuará vulnerável.

Para reverter completamente o retrocesso democrático dos Estados Unidos — e, acima de tudo, para impedir que volte a acontecer —, precisamos entender o que o causou. Quais são as forças que levam um partido tradicional a se afastar da democracia? Isso não acontece todo dia, mas, quando acontece, pode destruir até mesmo um sistema político sólido. Podemos tirar lições das experiências de outros países, claro, mas também de episódios da nossa própria história — como a autoritária reação do Partido Democrático sulista à Reconstrução após a Guerra Civil.

Precisamos entender também por que os Estados Unidos se mostraram tão excepcionalmente propensos a retroceder. Essa questão nos obriga a

Introdução

examinar de modo cuidadoso as instituições essenciais da nossa democracia. Eleitores reacionários são minoria no país, assim como na Europa. Esse é um aspecto importante, e muitas vezes negligenciado. O Partido Republicano chefiado por Trump, da mesma forma que os movimentos radicais de direita nos países europeus, *sempre* representou uma minoria política. Mas, ao contrário dos partidos de extrema direita na Europa, conseguiu conquistar cargos nacionais.

Isso nos leva a outra verdade incômoda. Parte do problema que enfrentamos hoje está em algo que muitos de nós veneramos: nossa Constituição. Os Estados Unidos têm a Constituição escrita mais antiga do mundo. Brilhante obra de virtuosismo político, ela forneceu uma base para a estabilidade e a prosperidade. E por mais de dois séculos conseguiu manter sob controle o poder de presidentes ambiciosos e ousados. Mas falhas na Constituição americana agora põem a nossa democracia em risco.[19]

Projetada numa época pré-democrática, a Constituição dos Estados Unidos permite que minorias partidárias muitas vezes frustrem maiorias, e às vezes até mesmo as *governem*. Instituições que potencializam minorias partidárias podem se tornar instrumentos de governo de minorias. E são *particularmente* perigosas quando caem nas mãos de minorias partidárias extremistas ou antidemocráticas.

Uma das maiores preocupações de destacados pensadores dos séculos XVIII e XIX, de Edmund Burke a John Adams, John Stuart Mill e Alexis de Tocqueville, era o risco de que a democracia se tornasse uma "tirania da maioria" — que esse tipo de sistema viesse a permitir que a vontade de muitos pisoteasse os direitos de poucos. Aí temos, de fato, um problema: maiorias governantes enfraqueceram a democracia na Venezuela e na Hungria do século XXI e ameaçam fazê-lo também em Israel. Mas o sistema político americano sempre foi capaz de conter o poder das maiorias. O que hoje aflige a democracia americana está mais para o problema oposto: muitas vezes as maiorias eleitorais têm dificuldade para chegar ao poder, e, quando o fazem, com frequência não conseguem governar. A ameaça mais iminente que enfrentamos hoje, portanto, é a do governo da minoria. Ao afastar tão vigorosamente a república do perigo da tirania da maioria, os fundadores dos Estados Unidos a tornaram vulnerável ao perigo do governo da minoria.

Por que as ameaças à democracia americana aparecem *agora*, no começo do século XXI? Afinal a Constituição existe há séculos. Entender como chegamos até aqui é o objetivo principal deste livro. A questão mais urgente, porém, é como sairmos daqui. Uma coisa é clara: nossas instituições não salvarão a democracia. Temos que salvá-la nós mesmos.

1. Medo de perder

NA NOITE DE 30 DE OUTUBRO DE 1983, enquanto os votos eram contados na primeira eleição democrática da Argentina em uma década, os peronistas se reuniram em seu bunker de campanha em estado de choque.[1] "Quando é que chegam os votos da região industrial?", perguntavam, nervosamente, os líderes partidários. Mas os votos já tinham chegado. Pela primeira vez, os peronistas — o partido operário da Argentina — tinham perdido uma eleição livre.

"Não estávamos preparados", diz Mario Wainfeld, então um jovem advogado e militante peronista.[2] Os peronistas formavam o partido dominante na Argentina desde 1946, com a chegada do ex-militar Juan Perón à presidência. Perón era uma figura populista de talento, que criou o Estado de bem-estar social argentino e quadruplicou o tamanho do movimento trabalhista, ganhando a profunda lealdade da classe trabalhadora. Essa lealdade persistiu mesmo depois que ele foi derrubado num golpe militar em 1955, e expulso do país por dezoito anos. Ainda que o peronismo tenha sido banido durante grande parte das duas décadas seguintes, o movimento não apenas sobreviveu, como continuou sendo uma força nas urnas, vencendo todas as eleições nacionais em que teve permissão de concorrer. Quando, já idoso, Perón foi autorizado a voltar à Argentina e a disputar a presidência, em 1973, ganhou facilmente, com 62% dos votos. Ele morreu um ano depois, no entanto, e em 1976 a Argentina foi vítima de outro golpe, afundando numa ditadura militar de sete anos.

Ainda assim, quando a democracia voltou, em 1983, quase todos esperavam que o candidato peronista, Italo Luder, vencesse o pleito.

Mas muita coisa tinha mudado na Argentina. Não só Perón já não existia como o declínio industrial levara ao fechamento de milhares de postos de trabalho, dizimando a base operária do peronismo. Ao mesmo tempo, os eleitores mais jovens, de classe média, mostravam-se desencantados com os líderes sindicais da velha guarda do peronismo, e, estando a Argentina emergindo de uma brutal ditadura militar, a maioria deles preferiu o candidato da Unión Cívica Radical, Raúl Alfonsín, cuja plataforma estava centrada no respeito aos direitos humanos. Os líderes peronistas tinham perdido contato com os eleitores argentinos, e agravaram a situação escolhendo alguns candidatos violentos, fora de sintonia com os tempos. Seu candidato a governador da importantíssima província de Buenos Aires, por exemplo, Herminio Iglesias, ficara conhecido por trocar tiros com facções peronistas rivais durante os violentos anos 1970. No último comício de campanha dos peronistas, dois dias antes da eleição, Iglesias ocupou o centro das atenções, ao vivo na televisão nacional, ao queimar um caixão com o símbolo da Unión Cívica Radical, de Alfonsín — ato de violência chocante para a maioria dos argentinos, que tinham acabado de passar por uma década de aterrorizante repressão.

Quando os primeiros resultados mostraram Alfonsín na frente da disputa de 1983, os dirigentes peronistas, buscando desesperadamente uma explicação, passaram por um breve transe negacionista. "Eles ainda não contaram os votos de La Matanza" (um bastião peronista da classe operária na Grande Buenos Aires), insistiu o chefe do partido, Lorenzo Miguel.[3] O candidato peronista a vice-presidente, Deolindo Bittel, chegou a acusar as autoridades eleitorais de segurarem os resultados dos bairros operários.[4] À meia-noite, no entanto, estava claro que esses votos ocultos não existiam. Os peronistas têm um ditado: "A única verdade é a realidade". E a realidade era que tinham perdido.

A derrota foi difícil de engolir. Líderes partidários, lambendo as feridas, de início se esconderam dos jornalistas.[5] Mas nenhum deles pensou em rejeitar os resultados.[6] No dia seguinte, Luder, o candidato peronista derrotado, juntou-se ao presidente eleito Alfonsín numa entrevista coletiva e lhe deu os parabéns. Quando repórteres perguntaram a Luder sobre a histórica

Medo de perder 27

derrota do peronismo, ele respondeu: "Todo político precisa conviver com o fato de que eleições podem produzir [...] resultados inesperados".[7]

Depois do pleito, os peronistas iniciaram um acalorado debate interno sobre o futuro do partido. Uma nova facção, conhecida como Renovación, pediu a renúncia dos líderes partidários, argumentando que o peronismo teria que se adaptar às mudanças ocorridas na sociedade argentina se quisesse voltar a vencer. O partido precisava ampliar sua base e descobrir um jeito de alcançar os eleitores de classe média, repelidos pelo peronismo queimador de caixão de 1983. Apesar de ridicularizados pelos críticos internos como "peronistas de paletó e gravata", os líderes da Renovación acabaram conseguindo afastar a grosseira velha guarda do peronismo, abandonando muitas de suas ideias retrógradas e melhorando a imagem do partido entre os eleitores de classe média. O peronismo venceu com facilidade as duas eleições presidenciais seguintes.

É assim que a democracia deve funcionar. Como disse memoravelmente o cientista político Adam Przeworski: "A democracia é um sistema no qual partidos perdem eleições".[8] Perder dói, mas numa democracia a derrota é inevitável. E quando isso ocorre os partidos devem fazer o que os peronistas fizeram: aceitar a derrota, ir para casa e descobrir um jeito de conquistar maioria na eleição seguinte.

A REGRA DE ACEITAR A DERROTA e renunciar ao poder de maneira pacífica é a base da democracia moderna. Em 4 de março de 1801, os Estados Unidos se tornaram a primeira república da história a realizar uma transferência de poder de um partido político para outro nas urnas.[9] Nesse dia, antes do amanhecer, o presidente John Adams, líder do Partido Federalista, fundador dos Estados Unidos, discretamente deixou Washington de carruagem. Horas depois, o homem que o derrotara na eleição de 1800, o presidente eleito Thomas Jefferson, do rival Partido Democrata-Republicano, tomou posse nas câmaras do Senado.

Essa transição foi indispensável para a sobrevivência da nova república.[10] Mas não foi inevitável, nem fácil.[11] Em 1800, a norma de aceitar a derrota e entregar o poder ao adversário ainda não havia se consolidado. A própria existência da oposição partidária era tida como ilegítima. Políticos, entre os quais muitos dos fundadores do país, a equiparavam a sedição e traição.[12] E, como jamais tinha havido uma transferência de poder, era difícil imaginar que a oposição retribuísse o gesto em eleições futuras. A transferência de poder foi um "mergulho no desconhecido".[13]

A transição foi especialmente difícil para os federalistas, vítimas do que se poderia chamar de "dilema dos fundadores": para que um novo sistema político se consolide, os fundadores devem aceitar o fato de que não vão dar as cartas para sempre. Pais da Constituição e herdeiros do legado de George Washington, líderes federalistas como Adams e Alexander Hamilton se consideravam, por direito, administradores da nova república.[14] Viam seus interesses pessoais e os interesses do país como uma coisa só, e achavam intolerável a ideia de ceder o poder a adversários inexperientes.

Dessa maneira, o surgimento do Democrata-Republicano, o primeiro partido de oposição dos Estados Unidos, desafiou a estabilidade do novo país.[15] Sociedades democratas-republicanas tinham surgido inicialmente na Pensilvânia e em outros estados em 1793, mas o movimento logo se converteu em genuína oposição sob a liderança de Jefferson e James Madison. Os democratas-republicanos divergiam dos federalistas em muitos dos temas mais relevantes do momento, como política econômica, dívida pública e, acima de tudo, questões de guerra e paz. Eles viam os federalistas como quase monarquistas ("monocratas") e temiam que as iniciativas diplomáticas de Adams para estabelecer relações com a Grã-Bretanha fossem, na verdade, um esforço dissimulado para restaurar o domínio britânico nos Estados Unidos.[16]

Para muitos federalistas, por sua vez, os democratas-republicanos não passavam de traidores, simpatizantes do governo revolucionário da França — num momento em que as crescentes hostilidades entre franceses e americanos representavam uma real ameaça de guerra.[17] Os federalistas temiam que os "inimigos internos" republicanos apoiassem uma invasão francesa.[18] Esses temores eram reforçados por revoltas de escravos no Sul.[19] Os federalistas alegavam que as rebeliões de escravos — como a rebelião de

Medo de perder

Gabriel, na Virgínia, em meados de 1800 — eram inspiradas pelos republicanos e sua ideologia como parte do que os jornais federalistas chamavam de o "verdadeiro plano francês".[20]

De início, eles tentaram destruir os adversários. Em 1798 o Congresso aprovou quatro leis sobre estrangeiros e sedição, que passaram a ser usadas para prender políticos democratas-republicanos e editores de jornais que criticassem o governo federal. As leis polarizaram ainda mais o país. Os estados de Virgínia e Kentucky as declararam nulas e sem efeito em seus territórios, o que os federalistas consideraram um ato de sedição. Vendo o comportamento da Virgínia como parte de uma "conspiração" para ajudar a França, Hamilton pediu ao governo Adams que organizasse uma "força militar sólida" que pudesse "seguir em direção ao estado".[21] Em resposta, o legislativo estadual da Virgínia começou a armar sua própria milícia.[22]

Às vésperas da eleição de 1800, o espectro da violência, e mesmo da guerra civil, pairava sobre a jovem república. A desconfiança recíproca, alimentada pela animosidade partidária, punha em risco uma transferência pacífica de poder. Como afirmou o historiador James Sharp, "tanto federalistas quanto republicanos acreditavam que o outro lado seria capaz de praticamente qualquer ato, por mais traiçoeiro ou violento que fosse, para conquistar e manter o poder".[23]

De fato, os dirigentes federalistas buscavam maneiras de subverter o processo eleitoral. No Senado, eles aprovaram um projeto de lei a fim de estabelecer um comitê — formado por seis membros de cada casa do Congresso (dominadas pelos federalistas) e pelo presidente da Suprema Corte — que decidiria "quais votos devem ser contados e quais votos devem ser descartados".[24] Hamilton instou o governador de Nova York, John Jay, a convocar uma sessão especial do legislativo estadual, já em fim de mandato (e dominado por federalistas), com o objetivo de aprovar uma lei transferindo do novo legislativo (dominado pelos democratas-republicanos) para o governador Jay, um federalista, a autoridade para nomear eleitores. Numa carta impregnada de animosidade contra os rivais, Hamilton adotou o tipo de política intransigente que, conforme mostramos em *Como as democracias morrem*, é capaz de arruinar uma democracia. Ele escreveu:

Em tempos como estes em que vivemos não convém ser escrupuloso demais. É fácil sacrificar os interesses substanciais da sociedade pelo respeito rigoroso a regras comuns [...]. [Mas] elas não devem impedir a adoção de uma medida *legal* e *constitucional* para evitar que um *ateu* em religião e um *fanático* em política assuma o leme do Estado.[25]

A bem da verdade, os federalistas jamais puseram em prática esses planos, mas o fato de se disporem a considerá-los já mostra como foi difícil para o primeiro partido a exercer o poder nos Estados Unidos aceitar a derrota.

A disputa de 1800 também quase foi prejudicada por um sistema eleitoral defeituoso. Na contagem dos votos em dezembro, o Colégio Eleitoral apresentou um resultado problemático: enquanto Adams sem dúvida havia perdido, os dois candidatos democratas-republicanos, Jefferson (que se esperava que fosse o candidato presidencial do partido) e Aaron Burr (que se esperava que fosse o candidato a vice), acabaram empatando, inesperadamente, cada um com 73 votos. Isso levou a eleição a uma Câmara de Deputados em fim de mandato, onde os federalistas continuavam sendo maioria.

Embora Adams aceitasse a derrota a contragosto e se preparasse para voltar a Quincy, Massachusetts, muitos federalistas viram uma oportunidade para usar táticas agressivas a fim de permanecer no poder. Alguns ventilaram a ideia de uma nova eleição.[26] Outros queriam eleger Burr, supostamente em troca de uma presença federalista num futuro governo.[27] Essa medida era inteiramente legal, mas, como estava claro que os vitoriosos democratas-republicanos queriam Jefferson na presidência e Burr como vice, ela teria violado "o espírito da Constituição, [que] exige que a vontade do povo seja cumprida".[28] Uma ideia ainda mais polêmica surgiu nos círculos federalistas naquele mês de dezembro: estender o debate para além de 4 de março de 1801, fim do prazo para a posse, o que, nas palavras do senador Gouverneur Morris, "jogaria o governo nas mãos do presidente [interino] do Senado"[29] — um federalista. Essa manobra, que Jefferson denunciou como "esticar a Constituição", quase certamente teria deflagrado uma crise constitucional.

Medo de perder 31

O fato de os líderes federalistas terem contemplado essas táticas agressivas reforçou os temores dos democratas-republicanos de que eles planejassem "usurpar" o poder.[30] Isso levou Jefferson e seus aliados a pensarem, nas palavras de Jefferson, "em resistência pela força".[31] Os governadores da Pensilvânia e da Virgínia mobilizaram suas milícias e ameaçaram separar-se caso a eleição de Jefferson fosse barrada.[32]

Na nevada manhã de 11 de fevereiro, a Câmara dos Deputados se reuniu para resolver o empate no Colégio Eleitoral. A Constituição estipulava que cada uma das delegações dos dezesseis estados tinha direito a um voto, e uma maioria de nove votos era necessária para a vitória. Durante seis penosos dias, ao longo de 35 votações, os resultados permaneceram inalterados: repetidamente, oito estados votaram em Jefferson, seis em Burr, e dois foram incapazes de chegar a um acordo dentro de suas delegações e, por isso, se abstiveram. Pelo menos um federalista teria que votar em Jefferson para romper o impasse. Finalmente, no sexto dia, o congressista federalista James Bayard, de Delaware (único representante do estado), anunciou que retirava seu apoio a Burr, provocando gritos de "Desertor!" no plenário da Câmara. Delaware, que tinha apoiado Burr, agora se abstinha. Logo Maryland e Vermont, que até então haviam se abstido, votaram em Jefferson, dando-lhe uma sólida maioria de dez estados.[33] Duas semanas depois, Jefferson tomou posse como presidente.

Por que os federalistas cederam? Em carta a um amigo, Bayard explicou que tinha mudado seu voto porque temia que a alternativa a Jefferson fosse o colapso constitucional, ou mesmo a guerra civil. Ele escreveu:

> Alguns de nossos cavalheiros [federalistas], em razão de um ódio desmedido contra Jefferson, estavam dispostos a ir aos extremos mais desesperados. Estando perfeitamente decidido a não pôr a Constituição em perigo, nem correr o risco de uma guerra civil, achei que havia chegado a hora de tomar uma medida firme.[34]

Assim, relutantemente, o governo Adams supervisionou a primeira transferência de poder nos Estados Unidos. Ela não foi nem inteiramente pacífica (a ameaça de violência pairava o tempo todo) nem inevitável. Mas, ao aceitar a derrota e desocupar o cargo, os federalistas deram um grande passo na consolidação do sistema constitucional que, em última análise, viria a ser a democracia americana.

Quando os partidos aprendem a perder, a democracia cria raízes. E quando a democracia cria raízes a alternância no poder se torna tão rotineira que as pessoas passam a contar com ela. Em dezembro de 2021, setenta anos após a reconstituição da democracia alemã na sequência da Segunda Guerra Mundial, Angela Merkel, que por muito tempo servira como chanceler do país, aposentou-se. Naquele outono, seu Partido Democrata Cristão fora derrotado pelo Partido Social-Democrata. A cerimônia simples de posse do novo chanceler social-democrata mais pareceu um casamento no cartório, marcado pela assinatura e entrega de documentos. Os observadores tinham mais medo de pegar a última variante da covid do que da possibilidade de violência ou de uma tomada ilegal do poder. Quando o novo chanceler, Olaf Scholz, se encontrou com o adversário derrotado, o democrata-cristão Armin Laschet, no plenário do Reichstag, os dois se cumprimentaram com um soquinho amigável.

Como é que uma democracia chega aonde a Alemanha chegou, com uma transferência de poder sem dramas? O que faz com que a norma de aceitar a derrota se estabeleça?

Duas condições ajudam. Em primeiro lugar, fica mais fácil para os partidos aceitarem a derrota quando eles acreditam que têm uma chance razoável de voltar a ganhar no futuro.

Os peronistas podem ter ficado perplexos com a derrota eleitoral de 1983, mas continuavam sendo o maior partido da Argentina, com mais membros do que a soma de todos os demais. Seguros de que poderiam voltar a vencer, os líderes peronistas rapidamente passaram a cuidar para que isso acontecesse. Carlos Menem, que acabara de ser eleito governador da pequena província de La Rioja, no norte, começou a preparar sua candidatura a presidente logo após a derrota do partido em 1983. Conquistaria a presidência em 1989, e os peronistas venceram quatro das cinco eleições presidenciais seguintes.

Medo de perder

Embora a incerteza dos líderes federalistas sobre o futuro tenha dificultado a transição de 1801 nos Estados Unidos, muitos acabaram se mostrando confiantes de que logo recuperariam o poder. "Ainda não estamos mortos", declarou um deles três dias após a posse de Jefferson.[35] Fisher Ames aconselhou os colegas federalistas a aceitarem o novo status de oposição, pois "estaremos em posição de superioridade, e prontos para retomar as rédeas do governo com vantagem".[36] Da mesma forma, Oliver Wolcott Jr., secretário do Tesouro de Adams, esperava que os federalistas "continuassem sendo um partido, e que em pouco tempo recuperemos nossa influência".[37] Um federalista de Nova Jersey que começara a construir uma nova casa declarou mesmo que suspenderia as obras até que os federalistas voltassem ao poder.[38] (Isso acabou sendo um erro.)

A segunda condição que ajuda os partidos a aceitarem a derrota é a convicção de que perder o poder não provocará nenhuma catástrofe — de que uma mudança de governo não vai ameaçar a vida, os meios de subsistência ou os princípios mais amados do partido que sai e dos seus eleitores. As eleições muitas vezes parecem batalhas arriscadas, mas, se os riscos são altos *demais*, e os partidos derrotados temem perder *tudo*, haverá relutância em deixar o poder. Em outras palavras, é o medo exagerado de perder que faz os partidos se voltarem contra a democracia.

A redução dos riscos foi essencial para a transição de 1801 nos Estados Unidos. Em meio à campanha polarizada, muitos federalistas pintaram os republicanos como uma ameaça existencial, associando a vitória de Jefferson a uma revolução de estilo jacobino que condenaria os federalistas à pobreza e ao exílio, ou, pior ainda, os faria "andar com sangue pela cintura", nas palavras do senador federalista Uriah Tracy.[39] No fim das contas, porém, Hamilton e os outros líderes fundadores reconheceram que Jefferson era um pragmático e trabalharia dentro das regras do sistema existente.[40] Como escreveu Rufus King a um amigo federalista durante a campanha: "Não me parece que nosso governo ou a segurança de nossas propriedades possam ser, ou venham a ser, em qualquer grau material, afetados [por uma vitória de Jefferson]".[41] Negociações de bastidores parecem ter convencido os federalistas de que suas prioridades mais queridas

— como a Marinha, o Banco dos Estados Unidos e a dívida nacional — estariam protegidas com Jefferson.[42] Só por garantia, os federalistas em retirada lotaram os tribunais, criando dezesseis novos cargos de juiz federal e preenchendo-os com aliados.[43] Assim, deixaram o poder achando que a presidência vindoura não seria uma calamidade.[44] Ao ouvir o conciliatório discurso de posse de Jefferson, Hamilton concluiu que "o novo presidente não se deixará levar por inovações perigosas, e em questões essenciais seguirá os passos dos antecessores".[45]

Aceitar a derrota fica mais difícil quando os partidos têm medo — de não conseguir voltar a ganhar no futuro ou, mais fundamentalmente, de perder mais do que apenas uma eleição. Quando a derrota parece uma ameaça existencial para os políticos ou seus eleitores, eles ficam desesperados para evitá-la.

Esses medos costumam surgir durante períodos de profundas transformações sociais.

As pesquisas de psicologia política nos ensinam que o status social — o lugar em que alguém se situa em relação aos demais — pode influenciar poderosamente atitudes políticas.[46] Quase sempre avaliamos o nosso status social em termos do status dos grupos com os quais nos identificamos. Esses grupos podem ter como base classe social, religião, região geográfica, raça ou etnia, e o lugar onde se situam na hierarquia social mais ampla afeta imensamente nosso senso individual de autoestima. Mudanças econômicas, demográficas, culturais e políticas podem contestar hierarquias sociais existentes, elevando o status de alguns grupos e, inevitavelmente, diminuindo o status relativo de outros. O que a escritora Barbara Ehrenreich chamou de "medo de cair"[47] pode ser uma força poderosa. Um partido político, quando representa um grupo que acha que está perdendo terreno, costuma radicalizar. Com o estilo de vida dos seus eleitores aparentemente ameaçado, os líderes partidários se sentem pressionados a vencer a qualquer custo. Perder deixa de ser aceitável.

O medo existencial abortou o surgimento da democracia na Alemanha do começo do século xx. Às vésperas da Primeira Guerra Mundial, a Alemanha imperial era uma democracia incompleta, ainda dominada por um pequeno círculo de aristocratas de alto coturno, industriais e burocratas. Havia eleições nacionais, mas o poder de fato estava com a Prússia, cujas regras de sufrágio altamente restritivas favoreciam os ricos: um sistema de votação em camadas dava aos mais ricos efetivamente mais votos. Antes de 1903, não havia voto secreto; votar em público permitia que elites locais e autoridades do governo vigiassem como suas comunidades votavam. Mesmo depois de 1903, proprietários de terras e industriais pressionavam autoridades do governo para manipular os votos.

Havia muita demanda pública por reforma política. A Alemanha era uma economia industrial com uma vasta classe média e uma sociedade civil robusta. No entanto, os reformadores democráticos enfrentavam uma elite conservadora, reacionária, cada vez menor e por isso mesmo cada vez mais aterrorizada. Tradicionalmente dependentes de um sistema eleitoral fraudulento, os conservadores alemães e os proprietários de terras seus aliados estavam convencidos de que qualquer alteração nas regras eleitorais diluiria o seu poder, trazendo a derrota nas urnas. E a derrota nas urnas, acreditavam eles, poderia apressar o fim de toda a ordem aristocrática. A democracia, portanto, representava uma ameaça a tudo que defendiam. Grandes latifundiários temiam perder o controle da mão de obra barata no campo, e as tarifas protecionistas que sustentavam seu sistema agrícola ultrapassado. Os donos de fábricas nas prósperas regiões industriais temiam perder o controle sobre os operários, que se tornavam cada vez mais audaciosos com o avanço do movimento trabalhista.

Em suma, os conservadores prussianos temiam perder mais do que as eleições: temiam perder sua posição dominante na sociedade. Em maio de 1912, durante o último esforço pré-guerra para reformar o sistema de votação na Prússia, o líder conservador prussiano Ernst von Heydebrand ocupou o plenário do parlamento para defender apaixonadamente a velha ordem, insistindo que "o governo das massas indiferenciadas [...] é um ataque às leis básicas da natureza!".[48] Durante a Primeira Guerra Mundial, o general Erich Ludendorff, uma importante autoridade do governo, personificava a forma mais extrema de conservadorismo alemão. Em carta a um amigo, descreveu a democracia como "um terror sem fim".[49] "Com o sufrágio universal não dá para vivermos", escreveu ele. "Seria pior do que perder uma guerra!"

Assim, os conservadores alemães votaram reiteradamente (dezesseis vezes ao todo) para bloquear a reforma política. Motivados por um medo profundo da classe trabalhadora e do socialismo, resistiram à democratização até os últimos dias da Primeira Guerra Mundial.

Os CONSERVADORES ALEMÃES JAMAIS aprenderam de fato a perder até depois da Segunda Guerra Mundial. Mas de vez em quando até mesmo partidos democráticos estabelecidos desaprendem a perder. Para entender como e por quê, vejamos um cenário diferente: a Tailândia do século XXI. O país teve uma história política conturbada, com mais de uma dezena de golpes militares desde os anos 1930. Nos anos 1990, no entanto, a democracia parecia consolidada. Protestos populares puseram fim ao regime militar, e o Partido Democrata, que tinha sua base na classe média, e era desde sempre adversário dos militares, venceu as eleições de 1992.[50] Uma nova Constituição, uma década de crescimento econômico de dois dígitos e uma classe média em expansão e cada vez mais confiante tornavam o futuro democrático da Tailândia muito promissor. Alguns observadores supunham até que o país não tardaria a juntar-se às fileiras de outras democracias ricas do Leste da Ásia, como Japão, Coreia do Sul e Taiwan.[51]

Mas as coisas desandaram no começo do século XXI. Uma série de golpes militares destruiu a embrionária democracia tailandesa e reinstalou o Exército numa posição dominante. E, surpreendentemente, o Partido Democrata, que tinha encabeçado a luta pela democracia nos anos 1990, apoiou os golpes. O que aconteceu?

Um momento revelador veio no primeiro domingo de fevereiro de 2014. Era o dia da eleição. Em Bangcoc, uma gigantesca cidade de 10 milhões de habitantes, chegar aos locais de votação sempre foi difícil. Mas, no dia do pleito, estava ainda mais difícil. Manifestantes, na maioria das classes médias instruídas, entupiram as ruas.[52] Durante meses, eles organizaram reuniões com certo clima carnavalesco nas praças centrais de

Medo de perder 37

Bangcoc, nos shoppings e nos principais cruzamentos da cidade. Discursos políticos se misturavam com música ao vivo e telões de TV espalhados no meio da multidão. Universitários e profissionais voltando do trabalho se reuniam nas ruas com a bandeira tailandesa pintada no rosto, tirando selfies para postar no Facebook.[53] Atores, estrelas pop e herdeiros de algumas das famílias mais ricas e mais famosas da Tailândia compareceram. Num momento marcante de radical chic, Chitpas Bhirombhakdi, a herdeira de 28 anos da fortuna de 2,6 bilhões de dólares da família Singha, do setor de cervejaria, passou de escavadeira pelas barricadas da polícia. Quando policiais recorreram ao gás lacrimogêneo contra os manifestantes, ela postou fotos no Instagram lavando os olhos de seus compatriotas. "Pessoas que normalmente aparecem nas colunas sociais estavam lá", disse o editor do *Thailand Tatler* a um repórter da Reuters. "Toda essa gente de famílias importantes era chamada de minoria silenciosa. Pois então deixou de ser."

Apesar da atmosfera festiva, as reuniões tinham um objetivo sério: os manifestantes exigiam a renúncia da primeira-ministra eleita, Yingluck Shinawatra, a quem chamavam de corrupta — e, agora que ela tinha convocado uma eleição, saíram às ruas para protestar. Os organizadores do movimento, surpreendentemente, vinham do Partido Democrata. Encabeçado por Suthep Thaugsuban, ex-secretário-geral do partido, um grupo chamado Comitê de Reforma Democrática do Povo (PDRC, na sua sigla em inglês) organizou uma complexa campanha para impedir que o pleito se realizasse. Ativistas do comitê e do Partido Democrata impediram fisicamente o registro de candidatos, e líderes dos protestos pediam o boicote da eleição. Os democratas — ao que parece em sintonia com os manifestantes — acabaram tomando a decisão de não participar do pleito em sinal de protesto,[54] e dois dias antes da votação uma equipe de advogados pediu ao Tribunal Constitucional, em nome dos democratas, que declarasse a eleição inválida.[55] No dia da eleição, manifestantes atrapalharam a distribuição de cédulas eleitorais, pressionaram autoridades a fechar locais de votação e intimidaram eleitores.[56] A votação foi interrompida em quase 20% dos distritos.[57] Em muitos casos, mesários simplesmente não conseguiam atravessar a multidão de manifestantes para chegar às suas seções. Eleitores frustrados esperavam na fila, de título eleitoral na mão, cantando: "Eleição! Eleição! Queremos votar hoje!". Mas os manifestantes em Bangcoc, em sua maioria de classe média, tinham desistido do pleito. Um de seus slogans, proposto pela magnata do setor imobiliário Srivara Issara, quando se juntou ao movimento de protestos, era: "A retidão moral está acima da democracia!".[58]

Os manifestantes conseguiram frustrar a eleição de fevereiro de 2014, e o Tribunal Constitucional acabou decidindo por sua anulação. Em maio, a primeira-ministra Yingluck sofreu um processo de impeachment por uma questão técnica. Duas semanas depois, os militares, com a bênção do rei, decretaram a lei marcial, revogaram a Constituição e estabeleceram uma junta chamada Conselho Nacional da Paz e da Ordem, pondo fim à democracia tailandesa. Ativistas do PDRC comemoraram, entregando rosas aos soldados e agradecendo-lhes os serviços prestados. "É um dia de vitória", disse Samdin Lertbutr, um dos líderes dos protestos.[59] "Os militares fizeram o seu trabalho. E nós fizemos o nosso." Mais tarde o Partido Democrata aderiu ao governo militar, na prática endossando o golpe.[60]

Como é que um partido tradicional de classe média como o Democrata tailandês, que por tanto tempo se julgava um bastião da democracia, veio a rejeitar eleições e acatar um golpe militar?

O Partido Democrata era composto de profissionais, estudantes universitários e eleitores da classe média urbana — o tipo de gente que havia participado dos protestos do PDRC. Sua base concentrava-se em Bangcoc e em partes do sul da Tailândia. Mas Bangcoc não passa de uma ilha num país de 70 milhões, e os democratas jamais se esforçaram a sério para atrair rizicultores pobres, trabalhadores do setor agrícola, taxistas, pequenos comerciantes e outros eleitores da zona rural e de cidades pequenas que povoam o interior do país, ao norte de Bangcoc. Durante anos, isso não teve grande importância. Os milhões de eleitores do interior da Tailândia não cultivavam uma lealdade duradoura pelos partidos nacionais da distante Bangcoc, e seus votos muitas vezes eram comprados por mediadores políticos locais.[61] Essa fragmentação permitia que os democratas continuassem competitivos apesar de basicamente confinados a Bangcoc e

Medo de perder 39

ao sul. Mas tudo mudou no fim dos anos 1990. A crise financeira asiática de 1997 enfraqueceu a base popular dos partidos tradicionais, especialmente o Partido Democrata, permitindo que o magnata Thaksin Shinawatra e seu recém-formado partido Thai Rak Thai (Tailandeses Amam Tailandeses) vencessem com folga as eleições de 2001.

Thaksin foi um primeiro-ministro controvertido, cujo governo enfrentou uma série de denúncias de corrupção.[62] Mas era também um político astuto, que percebeu que medidas voltadas para as regiões rurais mais pobres do norte poderiam ser compensadoras do ponto de vista eleitoral. Em 2001, Thaksin fez campanha por um novo "contrato social" que incluía uma moratória de três anos das dívidas dos agricultores, subsídios para ajudar as aldeias a diversificarem sua economia, indo além do cultivo do arroz, e um ambicioso programa universal de saúde.[63] E ele cumpriu o prometido.[64] Seu governo gastou bilhões de dólares em políticas públicas destinadas aos eleitores mais pobres, fazendo da Tailândia um dos primeiros países de renda média do mundo com assistência médica universal.[65] As taxas de pobreza despencaram, sobretudo nas áreas rurais, e pela primeira vez em décadas os níveis de desigualdade também diminuíram.[66]

As políticas sociais de Thaksin tiveram reflexo positivo nas urnas. Nas eleições de 2005, seu Thai Rak Thai obteve notáveis 60% dos votos, quase o triplo dos democratas, que terminaram em segundo lugar. De repente, os democratas já não conseguiam competir. No ano seguinte, quando Thaksin, que enfrentava uma onda de críticas às suas transações financeiras, convocou novas eleições legislativas, os democratas vacilaram em seu compromisso com as normas democráticas e boicotaram a eleição (Thaksin voltou a vencer com maioria esmagadora), que pouco tempo depois foi anulada pelo Tribunal Constitucional. Meses mais tarde, os militares deram um golpe, obrigando Thaksin a exilar-se para não ser preso. Apesar de marcarem novas eleições para 2007, os militares baniram o partido de Thaksin.

A proibição não funcionou. Nas eleições de 2007, a vitória coube ao Partido do Poder Popular, uma nova agremiação que atuava como substituta do Thai Rak Thai e do exilado Thaksin. Quando ela também foi dissolvida, os seguidores de Thaksin se reagruparam num terceiro partido, o Pheu Thai. Sob a liderança da irmã de Thaksin, Yingluck Shinawatra, eles venceram as eleições parlamentares de 2011, conquistando quase o dobro das cadeiras dos democratas.

O Partido Democrata agora parecia incapaz de vencer eleições livres e limpas. Apesar das estreitas ligações com a monarquia e do apoio do establishment tailandês, ele perdeu cinco vezes seguidas entre 2001 e 2011.

Mas não foi só a incapacidade eleitoral dos democratas que levou seus apoiadores instruídos, profissionais e de classe média para as ruas em 2013 e 2014. Também não foi apenas a indignação dos eleitores contra a suposta corrupção do governo de Yingluck, ou uma proposta de projeto de lei de anistia que permitiria ao exilado Thaksin voltar para a Tailândia. A raiva tinha raízes mais profundas: a elite de Bangcoc ressentia-se cada vez mais das mudanças de equilíbrio de poder, riqueza e status na sociedade tailandesa. Por muito tempo ela ocupava o topo da hierarquia política, econômica e cultural da Tailândia. As universidades de maior prestígio ficavam em Bangcoc. Os ricos mandavam os filhos para estudar lá ou em universidades na Grã-Bretanha e nos Estados Unidos. Essas instituições de elite eram, por sua vez, o principal caminho para cargos de prestígio no setor privado e no governo. Embora governos aparecessem e desaparecessem com notável frequência no século XX, o círculo das elites de alto status continuava estável — e fechado.

Isso começou a mudar no governo de Thaksin. Desde 2001, a fatia dos pobres na renda nacional vinha aumentando, com redução da desigualdade, mas espremendo as classes médias urbanas.[67] Thaksin e Yingluck mobilizaram os pobres no interior como ninguém jamais havia feito, desafiando o aconchegante mundo centrado em Bangcoc que dominara a política tailandesa por décadas. Ainda que a reputação de Thaksin estivesse manchada por acusações de corrupção, evasão fiscal e abuso de poder, o contínuo êxito eleitoral do seu movimento não deixava dúvidas sobre seu persistente apelo popular.[68]

O que de fato sacudiu a elite social e política de Bangcoc no tocante às vitórias de Thaksin, portanto, foi *quem* estava ganhando na outra ponta.

Medo de perder

A herdeira da cervejaria Singha de Bangcoc, Chitpas Bhirombhakdi, uma glamurosa soldada de infantaria dos protestos de 2014, capturou esse sentimento ao declarar, numa entrevista concedida ao *Japan Times*, que faltava aos tailandeses um "verdadeiro entendimento"[69] da democracia, "sobretudo nas áreas rurais". Outro manifestante de destaque, Petch Osathanugrah, conhecida figura do mundo cultural e CEO de uma empresa tailandesa de bebidas energéticas, disse a um repórter: "Na verdade, não sou a favor da democracia. [...] Acho que não estamos preparados. Precisamos de um governo forte, como o da China ou o de Singapura — quase uma ditadura, mas para o bem do país".[70] A maioria dos manifestantes também pensava assim. Uma pesquisa de 2014 perguntou a 350 manifestantes se concordavam ou não com a declaração "Os tailandeses ainda não estão preparados para a igualdade de direito de voto".[71] Só 30% dos entrevistados disseram que a declaração era "uma grave ofensa aos princípios da democracia", ao passo que 70% concordaram com ela ou disseram: "Temos que aceitar a realidade".

Para muitos tailandeses de alta posição social, essa resistência à democracia era motivada pelo medo de perder tal posição. Embora as classes médias fossem as guardiãs das normas democráticas na Tailândia, na primeira década do século XXI, comentou o escritor Marc Saxer, elas logo

> descobriram que eram [...] minoria. Mobilizada por inteligentes empreendedores políticos, agora era a periferia que ganhava facilmente qualquer eleição. Sem se dar conta da ascensão de uma classe média rural que exigia participação plena na vida social e política, a classe média no centro interpretava as demandas por direitos iguais e bens públicos como "os pobres ficando gananciosos".[72]

Foi esse sentimento que alimentou os manifestantes em 2013-4. Seu grande objetivo, segundo o cientista político Duncan McCargo, era retornar a "uma suposta era pré-Thaksin na qual o sistema governante e seus apoiadores [ainda] pudessem dar as cartas, e os eleitores das províncias [pudessem] ser marginalizados".[73]

Muitos grupos de classe média que defenderam a democracia nos anos 1990 agora estavam apavorados com suas consequências. Foi por isso que, quando a primeira-ministra Yingluck tentou desarmar os protestos convocando novas eleições para 2014, os democratas rejeitaram seu chamado e boicotaram a eleição. Na verdade, não havia nada que os democratas tailandeses e seus aliados temessem *mais* do que eleições livres e limpas. Foi por isso também que os democratas, que no passado haviam feito oposição ferrenha a golpes e ao poder real absolutista, apoiaram sem alarde o golpe de 2014 e em seguida aderiram ao governo militar.[74] Quando a democracia fez surgir um movimento que contestava a predominância social, cultural e política da elite de Bangcoc, os democratas se voltaram contra a democracia.

O medo é quase sempre o que motiva a virada para o autoritarismo. O medo de perder o poder político e, talvez mais importante, o medo de perder a posição dominante na sociedade. Mas se o medo pode fazer com que partidos tradicionais se voltem contra a democracia, o que, exatamente, ele os leva a fazer? Na Tailândia, era fácil identificar os inimigos da democracia: pela 12ª vez na história do país, líderes militares tomavam o poder. Mas, em democracias mais estabelecidas, os métodos costumam ser mais difíceis de ver e de combater.

2. A banalidade do autoritarismo

No FIM DE JANEIRO DE 1934, os parisienses estavam inquietos. Pouco mais de uma década antes, a França tinha saído vitoriosa da Primeira Guerra Mundial. A maioria dos cidadãos franceses se acostumara a pensar no país, a mais antiga democracia da Europa, como modelo para o resto do continente. Em 1934, porém, o mundo parecia fora dos eixos. A Grande Depressão, uma série de ruidosos escândalos de corrupção, agitação nas ruas e um período de instabilidade governamental — treze primeiros-ministros em cinco anos — deixaram uma parcela da população furiosa e descontente.

Na tarde de 6 de fevereiro de 1934, dezenas de milhares de jovens raivosos — na maioria pertencentes a associações de veteranos e a milícias (ou "ligas") de direita que ostentavam nomes como Jeunesses Patriotes (Juventudes Patrióticas), Action Française (Ação Francesa) e Croix de Feu (Cruz de Fogo) — reuniram-se perto da Place de la Concorde, na altura do prédio da Assembleia Nacional da França, do outro lado do rio.[1] Embora divergissem em ideologia e objetivos, os grupos estavam unidos na hostilidade contra a democracia parlamentar. Alguns eram quase fascistas, tendo por modelo os camisas-negras de Mussolini. As Jeunesses Patriotes, por exemplo, admiravam o fascismo italiano e costumavam marchar pelas ruas de boinas e jaquetas azuis.[2] Uns poucos grupos desejavam fechar a Assembleia e substituí-la por um "Ministério de Segurança Pública" ou mesmo por um governo bonapartista restaurado.[3] Havia ainda os que só queriam impedir a contagem de votos no local, na esperança de instalar um governo de direita.[4] Mas todos se consideravam patriotas — adotando slogans como "A França para os franceses" — e pintavam seus adversários liberais e socialistas como fracos e até mesmo traidores.[5]

Naquela noite, os acontecimentos tomaram um rumo desagradável.[6] Uma multidão seguiu em direção à Assembleia Nacional. Um ônibus foi queimado. Dezenas de milhares de manifestantes atiravam cadeiras, grades de metal e pedras. Armados com longas varas com lâminas de barbear na ponta, eles marcharam aos gritos pela praça. Com a chegada da polícia montada, foram obrigados a recuar. Os manifestantes usavam as longas varas para ferir as pernas dos cavalos. Dentro da Assembleia, ouviam-se os tiros do lado de fora. "Estão atirando!", gritou um parlamentar. Assustados, os congressistas se lembraram dos cânticos de "Enforquem os deputados!" entoados diante do prédio poucos dias antes.[7] Alguns corriam em busca de proteção quando um deputado berrou: "Estão forçando as portas das câmaras!".[8] Jornalistas que estavam dentro do prédio foram para a galeria de imprensa, pendurando do lado de fora um cartaz que dizia: "Aviso aos manifestantes: não há deputados aqui!".[9] Um jornalista do *Guardian* de Manchester telefonou de seu esconderijo para os editores relatando o desenrolar dos acontecimentos. Suas palavras histéricas apareceram na primeira página do jornal no dia seguinte:

> Telefono de uma fortaleza sitiada. Ninguém pode sair da Câmara dos Deputados. Toda a área do lado sul do rio, adjacente à Câmara, está isolada pelas forças de segurança, e, enquanto falo, milhares de manifestantes tentam romper a barricada de furgões da polícia [para entrar no prédio].[10]

Mais policiais chegaram. Por fim, às dez e meia da noite, a polícia conseguiu rechaçar as tentativas de arrombar as portas. Houve vários mortos e centenas de feridos. Parlamentares tiveram que se esgueirar pela porta dos fundos, temendo pela vida. Um ministro tentou escapar, mas foi descoberto pelos manifestantes, que o arrastaram até o rio, cantando: "Vamos jogá-lo no Sena!". (Ele foi salvo por policiais que por acaso estavam nas imediações.)[11]

A democracia francesa sobreviveu ao assalto de 6 de fevereiro de 1934, mas saiu muito debilitada. O primeiro-ministro Édouard Daladier renunciou imediatamente. Foi substituído por Gaston Doumergue, político de

A banalidade do autoritarismo

direita que as ligas consideravam aceitável.[12] O objetivo de alguns insurgentes foi atingido: o governo de centro-esquerda de Daladier fora derrubado por pressão das ruas. Extremistas de direita, encorajados, se mobilizaram.

Muitos políticos franceses ficaram indignados com os tumultos. O presidente Albert Lebrun, um conservador moderado, denunciou os distúrbios como um "ataque às instituições republicanas".[13] Partidos de esquerda (socialistas e comunistas) e o centro liberal (os Radicais) condenaram conjuntamente o ataque.[14] Esses partidos, embora tivessem fortes divergências numa série de questões antes de 6 de fevereiro, começaram a se reaproximar, temendo que os distúrbios pressagiassem o fascismo. Até mesmo os comunistas de extrema esquerda, alguns dos quais tinham marchado contra a república em 6 de fevereiro, agora cerraram fileiras com os socialistas e os liberais.

No entanto, o principal partido conservador do país, a Fédération Républicaine, adotou uma posição notavelmente tolerante com esses grupos extremistas. Fundada em 1903, a Fédération tinha sido chefiada durante anos por Louis Marin, homem de sólidas credenciais republicanas.[15] Mas, no começo dos anos 1930, o partido se inclinou para a direita, primeiro namorando e depois abraçando abertamente os ativistas das Jeunesses Patriotes. Desde sempre tida como um partido de elite, a Fédération passou a depender dessa organização e de outras ligas de extrema direita como fonte de militância e de energia. Como os mesmos indivíduos apareciam em ambos os grupos, a fronteira entre o "partido" oficial e os violentos ativistas foi ficando difícil de definir.

Pelo menos 35 parlamentares da Fédération Républicaine pertenciam às Jeunesses Patriotes, e três líderes deste último grupo eram ao mesmo tempo líderes da bancada parlamentar da Fédération.[16] As Jeunesses Patriotes, trajando uniformes militares, cuidavam da segurança nas reuniões de partido da Fédération e ajudavam a conseguir votos no dia da eleição. Philippe Henriot, um destacado parlamentar da Fédération (que mais tarde viria a ser ministro da Propaganda do governo de Vichy aliado dos nazistas), descreveu as Jeunesses Patriotes como a "tropa de choque" de seu partido.[17]

O violento ataque de 6 de fevereiro de 1934 não serviu de alerta para a maioria dos conservadores franceses. Pelo contrário, os líderes da Fédération, instigados pelo ódio à esquerda, intensificaram seu apoio às ligas.

A simpatia dos conservadores convencionais pelos extremistas antidemocráticos foi um fator importante no ataque de 6 de fevereiro. Testemunhas relataram mais tarde que os insurgentes tinham cúmplices na própria Assembleia, incluindo a Fédération e outros políticos de direita.[18] Em 6 de fevereiro, o centro da ação foi a prefeitura de Paris, o Hôtel de Ville, que o historiador Serge Berstein descreveu como "uma espécie de quartel-general político dos acontecimentos do dia".[19] Na manhã do ataque, um grupo de políticos conservadores aparentemente respeitáveis, incluindo vereadores e parlamentares, se reuniu no Hôtel de Ville, ciente dos eventos que se desenrolavam. Alguns marcharam com os manifestantes ao longo da tarde. Políticos desse grupo colocaram seus nomes em folhetos a serem distribuídos e colados de antemão nos muros da cidade a fim de incentivar a ação nas ruas: "Este é um momento decisivo: a França inteira espera que a capital se manifeste; Paris fará ouvir sua voz!".[20]

Depois do ataque, outros conservadores de destaque tentaram minimizá-lo ou até justificá-lo. Construir o "significado do Seis de Fevereiro" tornou-se uma batalha política de alto risco.[21] Alguns jornais e políticos conservadores se recusaram a dar importância ao evento, qualificando-o de protesto legítimo de veteranos políticos e negando a existência de um complô para derrubar o governo.[22]

Mas quase todos os políticos conservadores e meios de comunicação tradicionais apresentaram um relato totalmente diferente. Os insurgentes, afirmaram eles, eram patriotas heroicos que haviam tentado salvar a república da corrupção, do comunismo e da disfunção política.[23] A polícia é que deveria ser condenada por sua brutalidade.[24] Um vice-presidente da Fédération Républicaine descreveu os insurgentes como "mártires que jamais poderiam ser louvados e honrados o suficiente, que pagaram com a própria vida. [...] O sangue derramado em 6 de fevereiro de 1934 será a semente de um grande despertar nacional".[25] O vereador Charles des Isnards, descrito como "o cérebro por trás do Seis de Fevereiro",[26] questionado mais tarde

A banalidade do autoritarismo

por ter apoiado um esforço violento para mudar o governo, respondeu: "Há momentos em que a insurreição é o mais sagrado dos deveres".[27]

Tendo primeiro ajudado e depois defendido publicamente o ataque de 6 de fevereiro, os conservadores franceses tentaram frustrar uma investigação oficial do incidente. No rescaldo do ataque, uma comissão de inquérito composta de 44 parlamentares produziu milhares de páginas de provas, com base em entrevistas, testemunhos, registros policiais e outros documentos. Pretendendo ser representativa da configuração da Assembleia Nacional, a comissão incluía parlamentares de direita.

Segundo a maioria dos relatos, o presidente da comissão, Laurent Bonnevay, um centrista, tentou conduzir uma investigação imparcial. Mas desde o início parlamentares de direita se esforçaram para enfraquecer a comissão. Recorrendo a fofocas e acusações publicadas na imprensa, eles tentaram reiteradamente impedir o trabalho de apuração de fatos, e queriam que o relatório final justificasse os atos dos insurgentes e os apresentasse como vítimas, ao mesmo tempo jogando quase toda a culpa pelos acontecimentos na Assembleia Nacional e na polícia.[28] Em busca de consenso, a comissão chegou a uma série atenuada de conclusões que se concentravam basicamente na resposta policial.[29]

Mas até mesmo essas conclusões cautelosas eram inaceitáveis para os parlamentares de direita da comissão. Assim, quando o presidente divulgou o que a comissão tinha apurado, um importante membro da Fédération Républicaine encabeçou uma tentativa de destruir o relatório, rejeitando formalmente as conclusões e propondo uma narrativa alternativa dos acontecimentos, segundo a qual os insurgentes eram "nobres", o governo e a polícia eram culpados e todas as prisões dos que haviam tentado invadir a Assembleia eram injustificadas. Os representantes da Fédération acabaram deixando a comissão de inquérito.[30]

O relatório da comissão foi, para todos os efeitos, ineficaz. Na ausência de responsabilização pelos acontecimentos de 6 de fevereiro, a democracia francesa saiu gravemente debilitada. Em seis anos, estaria morta.

O Seis de Fevereiro de 1934 foi um dia de grande significado para a democracia francesa. Mas o que tornou os acontecimentos desse dia tão importantes foi menos a atividade dos manifestantes nas ruas do que a reação de políticos conservadores tradicionais. A resposta deles acabou tendo um papel sutil, mas decisivo, na morte da própria democracia.

Políticos comprometidos com a democracia, ou o que o cientista político Juan Linz chamou de democratas leais, devem sempre fazer três coisas básicas.[31] Em primeiro lugar, devem respeitar o resultado de eleições livres e limpas, ganhando ou perdendo.[32] Isso significa consistentemente, sem hesitação, aceitar a derrota. Em segundo lugar, os democratas devem, sem meias-palavras, rejeitar a violência (ou a ameaça de violência) como meio de alcançar objetivos políticos. Políticos que apoiam golpes militares, organizam ataques, incentivam a insurreição, planejam atentados a bomba, assassinatos e outros atos terroristas, ou empregam milícias ou gangues para espancar adversários ou intimidar eleitores, não são democratas. Na verdade, qualquer partido ou político que viole *qualquer dessas regras básicas* deve ser visto como uma ameaça à democracia.

Mas há uma terceira atitude, mais sutil, exigida dos democratas leais: a manifesta obrigação de romper com forças antidemocráticas. Os assassinos da democracia sempre têm cúmplices — membros do establishment político que parecem agir de acordo com as regras da democracia, mas que, discretamente, as violam. Eles são aquilo que Linz chamou de democratas "semileais".[33]

De longe, os democratas semileais podem parecer democratas leais. Trata-se de políticos tradicionais, quase sempre de terno e gravata, que para todos os efeitos obedecem às regras do jogo e até progridem, jamais se envolvendo em atos de claro viés antidemocrático. Por isso, quando as democracias morrem, suas impressões digitais raramente são encontradas na arma do crime. Mas não nos enganemos: políticos semileais desempenham um papel vital, apesar de oculto, no colapso das democracias.[34]

Enquanto os democratas leais rejeitam, clara e consistentemente, a conduta antidemocrática, os democratas semileais são mais ambíguos em suas ações. Tentam se dar bem de qualquer jeito, ao mesmo tempo jurando

A *banalidade do autoritarismo*

49

apoio à democracia e fazendo vista grossa à violência ou ao extremismo antidemocrático. É essa ambiguidade que os torna tão perigosos. Figuras francamente autoritárias — como conspiradores golpistas ou insurgentes armados — agem à vista de todos. Sozinhos, muitas vezes não contam com apoio popular, nem têm legitimidade para destruir uma democracia. Mas, quando contam com uma mãozinha dos semileais, escondidos nos corredores do poder, se tornam muito mais perigosos. As democracias enfrentam problemas quando partidos tradicionais toleram, perdoam ou protegem extremistas autoritários — quando se tornam facilitadores do autoritarismo. Na verdade, ao longo da história, a cooperação entre autoritários e democratas semileais de aparência respeitável tem sido uma receita para o colapso democrático.[35]

Mas como distinguir um democrata leal de um democrata semileal? Um teste infalível é a resposta dos políticos a comportamentos violentos ou antidemocráticos *em seu próprio campo*. É fácil ser contra os autoritários do outro lado do espectro político. Os progressistas não perdem tempo para denunciar e se opor aos fascistas. Da mesma forma, os conservadores denunciam e se opõem aos esquerdistas radicais violentos. Mas o que dizer dos elementos antidemocráticos que surgem dentro de nosso próprio partido — uma ala jovem radical, uma facção emergente, um político recém-chegado ou um grupo aliado ao qual muitos líderes e ativistas do partido pertencem ou com o qual simpatizam? Ou talvez um novo movimento político que empolga boa parte da base partidária?

Diante de desafios como esses, os democratas leais seguem quatro regras básicas. Em primeiro lugar, *expulsam extremistas antidemocráticos de suas fileiras*, mesmo que seja preciso contrariar a base partidária. Nos anos 1930, por exemplo, o maior partido conservador da Suécia expulsou os 40 mil membros de sua ala jovem, a Organização Nacional da Juventude Sueca, que havia abraçado o fascismo e Hitler.[36] Já os semileais toleram e até abrigam extremistas antidemocráticos. Embora por vezes os desaprovem, eles preferem ficar calados, por conveniência política: têm medo de dividir o partido e acabar perdendo votos.

Em segundo lugar, os democratas leais *rompem todos os laços — públicos e privados — com grupos aliados que se envolvem em comportamentos antidemocráticos*. Não só evitam alianças com eles, mas também recusam seu endosso, evitam aparições públicas a seu lado e se abstêm de ter com eles conversas secretas ou a portas fechadas. Os democratas semileais, por sua vez, continuam a cooperar com extremistas, e podem até mesmo formar alianças com eles — como quando os republicanos de centro-esquerda na Espanha forjaram uma coalizão com esquerdistas que haviam participado de um levante armado em 1934.[37] O mais comum, porém, é a cooperação informal, não oficial. Os semileais podem manter distância dos extremistas em público, mas discretamente ainda trabalhar com eles ou aceitar seu apoio.

Em terceiro lugar, os democratas leais *condenam incquivocamente a violência política ou qualquer outra conduta antidemocrática*, ainda que sejam cometidas por aliados ou por grupos ideologicamente próximos.[38] Durante períodos de extrema polarização ou de crise, as posições antidemocráticas podem contar com considerável apoio das bases partidárias. Mesmo nesse caso os democratas leais resistem à tentação de tolerar, justificar ou abrigar tais posições. Em vez disso, eles as condenam em público. Quando apoiadores do candidato presidencial brasileiro derrotado Jair Bolsonaro invadiram o Congresso em janeiro de 2023, tentando anular os resultados da eleição, o presidente do partido do próprio Bolsonaro condenou de imediato e com vigor as ações. E, quando aliados ideológicos são responsáveis por atos violentos ou antidemocráticos, os democratas leais tomam providências para responsabilizá-los perante a lei.

Já os democratas semileais negam ou diminuem a importância dos atos violentos ou antidemocráticos cometidos por seus aliados. Eles podem atribuir a violência a armações dos adversários, minimizar a importância desses comportamentos, chamando a atenção para comportamentos parecidos (ou piores) do outro lado, ou mesmo justificá-los ou tolerá-los. Os semileais com frequência tentam se dar bem de qualquer jeito: reprovando os métodos dos perpetradores, mas simpatizando com seus objetivos, ou simplesmente ficando calados diante de ataques violentos à democracia.

Por fim, quando necessário, os democratas leais *somam forças com partidos pró-democráticos rivais para isolar e derrotar extremistas antidemocráticos*.

A banalidade do autoritarismo 51

Não é fácil. Forjar coalizões amplas para defender a democracia quase sempre exige que os democratas leais deixem (temporariamente) de lado princípios e objetivos políticos que lhes são caros e trabalhem com políticos de outro ponto do espectro ideológico para derrotar grupos com os quais têm maior proximidade ideológica. Já os democratas semileais se recusam a trabalhar com rivais ideológicos mesmo quando a democracia está em jogo.

Esses princípios de política democrática leal podem parecer simples e diretos, mas não são. Quando grande parte da base de um partido simpatiza com extremistas antidemocráticos, os líderes desse partido que denunciam tais extremistas, ou rompem com eles, quase sempre correm risco político substancial. Mas os democratas leais o fazem assim mesmo. E, nesse processo, ajudam a preservar a democracia.

Um bom exemplo de resposta democrática leal a um ataque autoritário vem da Espanha do começo dos anos 1980. A primeira democracia espanhola (1931-6) havia desmoronado em meio à polarização e à guerra civil. A conduta semileal dos dois principais partidos de centro-esquerda e centro-direita contribuiu para o colapso. Em 1934, socialistas e comunistas — com medo do fascismo — iniciaram uma insurreição armada para impedir que os conservadores se juntassem ao governo. Apesar disso, políticos tradicionais de centro-esquerda toleraram e mais tarde formaram com eles uma coalizão eleitoral.[39] E, da mesma forma, quando militares — receosos do comunismo — tramaram a derrubada do governo republicano em 1936, políticos conservadores tradicionais os apoiaram, mergulhando a Espanha na guerra civil e na ditadura.[40]

A democracia espanhola foi finalmente restaurada em 1976, depois de quatro décadas de autoritarismo de Francisco Franco. No começo da transição, o crescimento econômico foi lento, a inflação disparou e o país sofreu uma onda de ataques terroristas de separatistas bascos.[41] O primeiro-ministro Adolfo Suárez se tornou impopular.[42] Suárez já tinha enfurecido seus velhos aliados da direita franquista ao legalizar o Partido Comunista em 1977.[43] Parecia também que agora tinha caído em desgraça com o rei Juan Carlos, que continuava altamente influente, sobretudo entre os militares.[44]

Os socialistas, por muito tempo o grande pesadelo da direita, estavam prestes a vencer as próximas eleições.

No final de janeiro de 1981, Suárez anunciou sua renúncia. O parlamento se preparava para eleger seu sucessor, o centrista Leopoldo Calvo-Sotelo, em 23 de fevereiro. Mas, naquela tarde, às 18h23, enquanto os votos eram contados, duzentos guardas civis, chefiados pelo tenente-coronel Antonio Tejero, invadiram o Congresso empunhando pistolas e metralhadoras.[45] Sob o falso pretexto de que agiam a mando do rei, eles assumiram o controle do prédio do parlamento. Os golpistas tencionavam impedir a eleição de Calvo-Sotelo e obrigar o parlamento a eleger o general Alfonso Armada.[46] O general Armada era um velho assessor do rei Juan Carlos que aspirava a ser o De Gaulle espanhol.[47] Seus laços estreitos com Juan Carlos levaram os líderes do golpe a pensar que o rei os apoiaria.[48]

O tenente-coronel Tejero subiu à tribuna de arma erguida e gritando: "Atirem no chão! Atirem no chão!". Os soldados atiraram então no teto, obrigando parlamentares apavorados a se jogarem debaixo das cadeiras em busca de proteção. Apenas três homens se recusaram a se esconder: o primeiro-ministro Suárez; o vice-primeiro-ministro Manuel Gutiérrez Mellado, um velho general franquista que, indignado, encarou Tejero e teve de ser contido à força;[49] e Santiago Carrillo, um velho comunista que passara a vida combatendo os franquistas e permaneceu calmamente sentado fumando um cigarro.[50] Tanto Gutiérrez Mellado, que participara do golpe dado por Franco nos anos 1930, como Carrillo, um revolucionário de longa data, eram recém-chegados à democracia. Mas cada um deles arriscou o próprio corpo para defendê-la.[51]

O primeiro-ministro e 350 parlamentares foram mantidos reféns durante a noite. Tanques rolaram pelas ruas na vizinha Valência.[52] Soldados ocuparam as estações estatais de rádio e TV. A rádio tocava música militar.[53] Do lado de fora do parlamento, grupos de direita que apoiavam o golpe entoavam a canção fascista "Cara al sol".[54]

O golpe finalmente fracassou porque o rei se recusou a apoiá-lo. Pouco depois da meia-noite, ele apareceu na TV de uniforme militar e pronunciou um discurso em defesa da ordem democrática.

A banalidade do autoritarismo

Quase tão importante quanto isso, no entanto, foi a reação dos políticos espanhóis. Todo o espectro partidário, da esquerda comunista à direita dos ex-franquistas, denunciou o golpe. No parlamento, Manuel Fraga, destacada autoridade do governo de Franco e agora líder da direitista Aliança Popular, levantou-se de um salto e gritou: "Isto é um ataque à democracia!". Seus aliados parlamentares responderam aos gritos: "Viva a Espanha! Viva a democracia!". Quatro dias depois, mais de 1 milhão de pessoas marcharam pelas ruas de Madri, no que o jornal *El País* chamou na época de a "maior manifestação da história da Espanha".[55] Na linha de frente iam líderes de todos os partidos — o comunista Carrillo, o direitista Fraga, o líder socialista Felipe González e dirigentes da Unión de Centro Democrático — marchando lado a lado.[56] Politicamente isolados, os golpistas foram presos, julgados e condenados a trinta anos de prisão.[57] Depois disso, golpes passaram a ser impensáveis na Espanha, e a democracia fincou raízes.

É assim que se defende a democracia. Na Espanha, o dia 23 de fevereiro é comemorado publicamente como um momento de triunfo. Em 2006, no 25º aniversário do episódio, o parlamento divulgou uma declaração, endossada por todos os partidos, que descrevia o golpe como "a mais séria tentativa de violar liberdades à força e abortar o processo democrático na Espanha". Ninguém arranjou desculpas para a tentativa de golpe. Ninguém minimizou sua importância.

O COMPORTAMENTO SEMILEAL QUASE SEMPRE parece benigno. Afinal, costuma ser adotado por políticos respeitáveis que não participaram diretamente de qualquer ataque violento à democracia. Trata-se, no entanto, de uma percepção profundamente equivocada. A história nos ensina que quando políticos tradicionais tomam o caminho mais conveniente da semilealdade, tolerando ou justificando extremistas antidemocráticos, estes se fortalecem, e uma democracia aparentemente sólida pode desabar sobre si mesma.

Para começar, a semilealdade protege as forças antidemocráticas. Quando extremistas violentos contam com o apoio tácito de um partido tradicional, é maior a probabilidade de que sejam protegidos de processos legais ou da expulsão de cargos públicos. Vejamos uma vez mais a experiência francesa. Muitos dos conservadores tradicionais que apoiaram os insurgentes do Seis de Fevereiro ainda tiveram uma carreira política bem-sucedida. No dia dos ataques, o parlamentar Pierre Laval falou ao telefone com o tenente-coronel François de La Rocque, da Croix de Feu, dando-lhe conselhos táticos.[58] Como nunca foi responsabilizado por seu papel no ataque, o ambicioso Laval continuou sua rápida ascensão política: terminou servindo como vice-presidente e depois chefe de governo no regime de Vichy, formado em 1940 e alinhado com os nazistas.

Mas não só destacados membros da elite política foram protegidos. Na esteira do ataque, alguns manifestantes de direita feridos naquele dia formaram um grupo chamado de Vítimas do Seis de Fevereiro. Em vez de serem processadas, expulsas da vida pública ou proibidas de ocupar cargos no futuro, as "vítimas" eram tratadas como heróis em influentes círculos conservadores. Louis Darquier de Pellepoix, um notório antissemita, tornou-se presidente do grupo. A adrenalina da violência e seu próprio ferimento naquele dia lhe deram uma nova missão de vida, de acordo com seu biógrafo. Darquier achava que tinha ganhado "um prêmio de loteria".[59] Após a invasão alemã em 1940, ele e muitos de seus colegas também "vítimas" aderiram de maneira entusiástica ao regime de Vichy. Darquier se tornou comissário francês para assuntos judaicos, supervisionando a deportação de judeus para campos de concentração. Outro membro do grupo veio a ser presidente da câmara municipal de Paris em 1941. E um terceiro participante do Seis de Fevereiro — o notório poeta e escritor nacionalista Philippe Henriot — tornou-se o principal porta-voz radiofônico do governo de Vichy. Como afirmou o historiador Robert Paxton, os veteranos do Seis de Fevereiro "eram uma espécie de confraria, e havia candidatos a emprego durante o governo de Vichy sendo recomendados como 'bons homens do Seis de Fevereiro'".[60]

Além de proteger extremistas antidemocráticos, os semileais legitimam suas ideias. Numa democracia saudável, esses extremistas são tratados como escória e repudiados pela imprensa. Políticos, empresários e outros membros do establishment, temendo por sua reputação, evitam contato com eles. Mas um endosso tácito de políticos importantes pode mudar tudo, ajudando a normalizar os extremistas e sua ideologia. Assim, a grande imprensa começa a cobrir suas atividades como se eles fossem políticos normais, convidando-os para entrevistas e debates. Empresários podem resolver contribuir com dinheiro para suas campanhas. Consultores políticos que antes os evitavam agora começam a retornar suas ligações. E os políticos e ativistas que em conversas privadas simpatizavam com eles mas não ousavam dizê-lo publicamente podem decidir que agora é seguro fazê-lo.

Mais uma vez, o caso da França é instrutivo. No cerne do programa das Jeunesses Patriotes em 1934 estava uma ideia que durante décadas provocara enorme controvérsia na maior parte do establishment político: o desmonte do parlamento — e até mesmo da democracia da Terceira República. Com um número cada vez maior de conservadores passando a ver a democracia francesa como corrupta, disfuncional e repleta de comunistas e judeus, a "reforma constitucional" autoritária tornou-se uma bandeira da direita. Forças de direita radicalizadas falavam em termos apocalípticos do governo reformista da Frente Popular — que havia tomado posse em 1936 e era encabeçado por Léon Blum, um socialista judeu —, descrevendo-o como stalinista.[61] O slogan "Melhor Hitler do que Blum" popularizou-se na direita.[62] Os conservadores franceses se definiam tradicionalmente como nacionalistas, e muitos desprezavam a Alemanha, mas, em 1940, seu medo do comunismo, da infiltração soviética e de mudanças sociais no país os levara a aceitar os nazistas.[63]

Quando políticos de todo o espectro repudiam comportamentos violentos ou antidemocráticos, isso quase sempre isola os extremistas, contendo seu ímpeto e dissuadindo outros. Nos Estados Unidos dos anos 1950, o extremista anticomunista Joseph McCarthy tornou-se um pária depois de ser censurado pelo Senado numa votação bipartidária em 1954. Outros senadores "saíam do plenário" quando ele se levantava para falar, e "ninguém se mexia" quando ele convocava uma entrevista coletiva.[64] Mas quando partidos tradicionais toleram, justificam ou apoiam tacitamente extremistas antidemocráticos, envia-se o poderoso recado de que o custo desse tipo de comportamento foi reduzido. O efeito dissuasivo se evapora. A semilealdade não apenas normaliza as forças antidemocráticas; ela as incentiva, e talvez até as radicalize.

É a banalidade do autoritarismo.[65] Muitos dos políticos que presidem o colapso de democracias não passam de carreiristas ambiciosos tentando permanecer no cargo ou talvez conquistar uma posição mais elevada. Eles não se opõem à democracia por algum princípio profundamente arraigado; apenas são indiferentes a ela. Toleram ou justificam o extremismo antidemocrático porque esse é o caminho onde encontram menos resistência. Esses políticos muitas vezes dizem a si mesmos que estão fazendo apenas o que é preciso para seguir em frente. Entretanto, em última análise, tornam-se parceiros indispensáveis na extinção da democracia.

OS POLÍTICOS TRADICIONAIS PODEM ajudar a matar a democracia facilitando o extremismo antidemocrático, mas podem também enfraquecê-la de outra maneira: pelo jogo duro constitucional que via de regra está em conformidade com a letra da lei, mas que de forma deliberada mina o seu espírito.[66] Não estamos falando de políticas inescrupulosas, que existem em todas as democracias, mas do uso da lei como arma política. Qualquer Constituição, por mais brilhantemente desenhada que seja, pode ser usada para derrubar a democracia — de forma tecnicamente legal. Na verdade, é justamente isso que torna o jogo duro constitucional tão perigoso: os políticos não violam a lei de maneira aberta; suas mãos continuam limpas.[67]

É de vital importância, portanto, que os cidadãos sejam capazes de reconhecer o jogo duro constitucional quando se virem diante dele. Mesmo constituições e leis bem projetadas inevitavelmente contêm ambiguidades e brechas, estão sujeitas a múltiplas interpretações e podem ser aplicadas de diferentes formas (e em diferentes dosagens). Os políticos podem explorar

A banalidade do autoritarismo 57

essas ambiguidades para distorcer ou subverter o próprio objetivo com que as leis foram escritas. Isso acontece por quatro caminhos.

1. Explorar brechas

Nenhuma regra ou conjunto de regras é capaz de cobrir todas as possibilidades. Sempre haverá circunstâncias não explicitamente cobertas pelas leis e pelos procedimentos existentes. Um comportamento não explicitamente proibido — por mais inadequado que seja — muitas vezes acaba sendo permitido. É o que vemos na nossa vida diária: por exemplo, quando os filhos lembram que os pais "nunca disseram que não era permitido" fazer uma coisa que, na cabeça dos pais, era obviamente proibida. Quando uma regra não especifica que isso ou aquilo deve ser feito assim ou assado, surgem oportunidades de exploração. As sociedades costumam desenvolver normas — ou regras escritas — para preencher lacunas nas regras. Normas ajudam a incentivar comportamentos não exigidos por lei (como dar gorjetas ou cobrir a boca quando tossimos) e a desencorajar comportamentos não proibidos por lei (como ocupar dois assentos num ônibus ou trem lotado). Mas as normas não podem ser impostas legalmente. Embora sua violação possa provocar críticas, acusações e até mesmo ostracismo, qualquer pessoa disposta a arcar com esses custos pode desrespeitá-las impunemente.

Os políticos vivem explorando as lacunas nas regras, quase sempre de maneiras que enfraquecem a democracia. Um exemplo foi a recusa do Senado americano em 2016 a permitir que o presidente Barack Obama nomeasse um novo juiz para a Suprema Corte na vaga aberta com a morte do ministro Antonin Scalia. Pela Constituição, os indicados pelo presidente para a Suprema Corte precisam da aprovação do Senado, que, historicamente, usou com moderação seu poder de "aconselhar e consentir". A maioria dos indicados foi prontamente aprovada, mesmo quando o partido do presidente não era maioria na casa.[68] Na verdade, nos 150 anos transcorridos de 1866 a 2016 o Senado jamais impedira que um presidente eleito preenchesse uma vaga na Suprema Corte.[69] Todo presidente que tentou preencher uma vaga no tribunal antes da eleição de seu sucessor conseguiu fazê-lo (embora nem sempre na primeira tentativa).[70] Em março de 2016, no entanto, quando o presidente Obama indicou Merrick Garland — juiz altamente qualificado e moderado — para o tribunal, os republicanos do Senado se recusaram a realizar as audiências alegando se tratar de um ano de eleição. Negar ao presidente a prerrogativa de preencher uma vaga na Suprema Corte claramente viola o espírito da Constituição. Nesse caso, a manobra permitiu que os republicanos do Senado roubassem uma vaga na Suprema Corte (que Donald Trump preencheu com Neil Gorsuch em 2017). No entanto, como a Constituição não especifica quando o Senado deve decidir sobre candidatos presidenciais, o roubo foi inteiramente legal.

2. Uso excessivo ou indevido da lei

Algumas regras são projetadas para uso parcimonioso, ou apenas em circunstâncias excepcionais. São regras que exigem tolerância ou comedimento no exercício das prerrogativas legais. Vejamos o caso dos perdões presidenciais. Os presidentes dos Estados Unidos, se usassem de sua plena autoridade constitucional para conceder indultos, poderiam não apenas perdoar sistematicamente amigos, parentes e doadores, mas também assessores e aliados políticos que cometem crimes em seu nome já sabendo que, se forem apanhados, serão perdoados. O resultado seria um arremedo de Estado de direito.

Ou vejamos o caso do impeachment. Nas democracias presidencialistas, as constituições geralmente autorizam o legislativo a remover presidentes eleitos, mas somente *em circunstâncias excepcionais*. O impeachment de um presidente implica ignorar a vontade dos eleitores, o que é um acontecimento de grande importância para qualquer democracia. Por isso, ele deveria ser uma raridade — usado apenas quando os presidentes abusam dos seus poderes de maneira flagrante e perigosa. Tem sido assim nas duas democracias presidencialistas mais antigas do mundo: os Estados Unidos e a Costa Rica. Nos Estados Unidos, nos primeiros 230 anos a média de

A banalidade do autoritarismo

impeachments presidenciais foi de *um por século*. Nos 74 anos de história democrática contínua da Costa Rica, jamais um presidente foi removido antes de concluir o mandato.

Mas o poder de remover presidentes corre o risco de ser usado em excesso. Vejamos o caso do Peru. De acordo com o artigo 113 da Constituição peruana, a presidência fica "destituída" se o presidente morre, renuncia ou se dois terços do Congresso o consideram em estado de "permanente incapacidade física ou moral". O texto da lei não define "incapacidade moral". Historicamente, entendia-se, em sentido estrito, que isso queria dizer "incapacidade mental". Nos últimos anos, porém, em meio a um conflito cada vez mais intenso entre a presidência e o Congresso, os legisladores peruanos começaram a se valer da "incapacidade moral" para cobrir qualquer coisa considerada "eticamente questionável".[71] Assim, de repente, dois terços do Congresso passaram a poder remover o chefe de Estado praticamente por qualquer motivo, inaugurando o que um jornalista chamou de "temporada de caça aos presidentes".[72] Em 2018, o presidente Pedro Pablo Kuczynski renunciou diante de uma iminente votação do Congresso para removê-lo. Em novembro de 2020, o Congresso votou por destituir o sucessor de Kuczynski, Martín Vizcarra, mais uma vez alegando "incapacidade moral". Os peruanos elegeram Pedro Castillo presidente em 2021, mas os adversários de Castillo no Congresso lançaram uma iniciativa para destituí-lo quase imediatamente após sua posse. Tiveram êxito em dezembro de 2022, quando Castillo tentou ilegalmente fechar o Congresso. Assim, o Congresso destituiu três presidentes em quatro anos. Como disse o jornalista Diego Salazar, as coisas chegaram a tal ponto que, sempre que consegue reunir votos, a oposição remove o presidente. É só "uma questão de aritmética".[73]

Um exemplo chocante de uso indevido da lei para remover líderes eleitos vem da Tailândia, onde o primeiro-ministro Samak Sundaravej, aliado do ex-primeiro-ministro exilado Thaksin Shinawatra, foi removido do cargo em 2008 por minúcias técnicas. Amplamente conhecido por suas paixões culinárias, Samak tinha apresentado um popular programa na televisão por alguns anos antes de se tornar primeiro-ministro, deixando o programa logo depois de tomar posse. Mas Samak ainda apareceu quatro vezes no programa, preparando receitas como "Arroz Frito de Samak" e "Pernil de Porco ao Molho de Coca-Cola", recebendo um cachê de quinhentos dólares por programa, dinheiro que segundo ele foi gasto com ingredientes e transporte.[74] No entanto, num país polarizado em que milhares de manifestantes antigoverno ocupavam o terreno de sua residência oficial, o Tribunal Constitucional tailandês decretou que Samak tinha violado o artigo 267 da Constituição, que proíbe ministros do governo de exercerem outras atividades enquanto no cargo.[75] Samak foi obrigado a renunciar, e o governo pró-Thaksin desmoronou logo depois.

O uso indevido de dispositivos constitucionais pode matar as democracias. A maioria das constituições democráticas, por exemplo, permite que governos declarem estado de emergência, com a suspensão de direitos básicos. Em democracias saudáveis, esses dispositivos são governados por normas de tolerância: os políticos assumem o compromisso de só usá-los nas circunstâncias mais raras, como guerras ou desastres nacionais em grande escala, isto é, situações de real emergência. Não fosse assim, e governos declarassem estado de emergência de forma rotineira, privando os cidadãos de seus direitos básicos, a democracia estaria seriamente ameaçada.

No entanto, líderes de inclinação autocrática muitas vezes são tentados a abusar dos poderes que a Constituição lhes confere para casos emergenciais. Em 1975, a primeira-ministra indiana Indira Gandhi cedeu a essa tentação. O Partido do Congresso, ao qual ela era afiliada, encabeçara a luta pela independência da Índia. O pai de Indira, o herói da independência Jawaharlal Nehru, tornara-se o primeiro primeiro-ministro do país em 1947. O Partido do Congresso vencera todas as eleições parlamentares desde então.

Mas os anos 1970 foram uma década difícil. Reeleita em 1971, Gandhi enfrentou uma crescente onda de insatisfação popular e uma série de protestos. Jayaprakash Narayan, uma figura amplamente respeitada, emergiu da aposentadoria como o rosto da oposição.[76] Em 1975, a campanha anticorrupção de Narayan crescera a ponto de virar um movimento

A *banalidade do autoritarismo*

de massa.[77] Os problemas de Gandhi eram agravados por ameaças legais. Em 1971, um adversário político a acusara de utilizar recursos do governo em sua campanha (ao que parece, um funcionário do governo trabalhou por seis dias em sua campanha, que também fez uso de veículos do governo).[78] O Tribunal Superior de Allahabad decidiu a favor de Narayan, tornando Gandhi inelegível por seis anos. O Supremo Tribunal concedeu a Gandhi uma suspensão da pena, permitindo que ela recorresse da decisão — mas a primeira-ministra, atordoada, de repente se viu tendo que lutar pela sobrevivência política.[79] Narayan fez uma série de comícios pedindo sua renúncia.[80]

Gandhi e seus assessores vinham pensando havia meses numa maneira de tomar o poder, mas não sabiam ao certo como fazer isso.[81] Convocado à residência da primeira-ministra em 24 de junho, Siddartha Shankar Ray, um homem da confiança dela, mandou vir um exemplar da Constituição indiana da Biblioteca do Parlamento e passou a noite "examinando-a com rigor hermenêutico".[82] Ray fixou-se no artigo 352, que permitia ao governo declarar estado de emergência, com a suspensão de direitos constitucionais básicos, se a Índia fosse ameaçada por "guerra ou agressão externa ou distúrbio interno".[83] Herança do governo colonial, a cláusula jazia "adormecida" desde a independência.[84] Embora emergências nacionais tivessem sido declaradas durante guerras em 1962 e 1971, seria preciso haver o que os historiadores Jaffrelot e Anil chamaram de uma "interpretação muito tortuosa da lei" para declarar uma "emergência interna"; na verdade, o artigo 352 jamais tinha sido usado com essa finalidade.[85]

Na noite de 25 de junho de 1975, porém, Gandhi convenceu o presidente cerimonial da Índia, Fakhruddin Ali Ahmed, a assinar uma declaração de emergência, suspendendo os direitos constitucionais dos cidadãos. Em poucas horas a polícia estava batendo à porta de líderes oposicionistas para prendê-los.[86] Ao amanhecer, 676 políticos — entre os quais Narayan e os dirigentes dos principais partidos de oposição — estavam na cadeia.[87] Servindo-se de dispositivos como a Lei de Manutenção da Segurança Interna, antes usada contra contrabandistas, o governo prendeu mais de 110 mil críticos em 1975 e 1976.[88] Além disso, impôs uma rigorosa censura à mídia.[89] Com uma penada, a primeira-ministra Indira Gandhi apagou quase três décadas de democracia e estabeleceu uma autocracia "envolta em trajes constitucionais".[90]

3. Aplicação seletiva

Os governos podem punir rivais não só contornando a lei, mas também *aplicando-a*.[91] Onde quer que a não aplicação da lei seja a norma — casos nos quais as pessoas rotineiramente soneguem impostos, as empresas rotineiramente ignorem regulamentos de saúde, segurança ou meio ambiente, e autoridades públicas bem posicionadas rotineiramente usem sua influência para fazer favores a amigos e parentes —, a aplicação pode ser uma forma de jogo duro constitucional. Os governos podem fazer valer a lei de maneira seletiva, visando rivais. O governo até pode estar agindo de forma legal (afinal, está *aplicando a lei*), mas também está agindo de forma injusta, porque o rigor da lei é dirigido apenas a adversários políticos. Em outras palavras, a lei é utilizada como arma. Como teria dito o ditador peruano Óscar Benavides (1933-9): "Aos amigos, tudo. Aos inimigos, a lei".

Vladimir Putin é um mestre na aplicação seletiva. Quando ele chegou ao poder, em 2000, os empresários russos, ou "oligarcas", vinham enriquecendo, adquirindo ativos enquanto o governo privatizava grandes setores da economia e ganhando muito dinheiro à medida que a nova economia de mercado decolava, sem regulamentação ou supervisão efetivas. O suborno, a fraude, a evasão fiscal e regulatória eram práticas normais entre as empresas russas, o que significava que praticamente todos os oligarcas violaram a lei enquanto enriqueciam.[92] Na época da presidência de Boris Iéltsin, o governo fazia vista grossa a essas violações — tanto da parte de amigos como de inimigos.[93] Com Putin, a história foi outra. Em julho de 2000, apenas dois meses depois de assumir o cargo, ele convocou 21 dos mais destacados oligarcas russos para uma reunião no Kremlin e disse a eles que, se ficassem longe da política, não ia querer nem saber como tinham enriquecido.[94] Implícita, é claro, estava a ameaça de que aplicaria a lei contra aqueles que permanecessem ativos na política. A maioria dos empresários entendeu o recado. Os que não entenderam, como Boris Berezovski, cuja emissora de TV fazia coberturas criticando o governo, foram punidos. Berezovski perdeu seus veículos de comunicação e teve que ir para o exílio a fim de escapar de acusações de fraude e desvio de dinheiro. Quando Mikhail Khodorkovski, dono da petrolífera Yukos e o homem mais rico da Rússia, continuou a criticar Putin e a financiar partidos de oposição, foi preso e acusado de evasão fiscal, fraude, desvio de recursos e lavagem de dinheiro, além de outros crimes.[95] Passou uma década na cadeia. Berezovski e Khodorkovski estavam longe de ser inocentes; é quase certo que tenham violado a lei.[96] Mas foram punidos enquanto muitos oligarcas russos que violaram leis semelhantes mas cooperaram com Putin não foram.

4. Guerra jurídica

Por fim, os políticos podem redigir *novas* leis que, apesar de imparciais na aparência, são projetadas para prejudicar adversários. Trata-se de uma forma do que se costuma chamar de guerra jurídica.[97] A guerra jurídica foi usada com destaque na Zâmbia após a transição democrática do país, em 1991. O velho autocrata Kenneth Kaunda havia perdido uma eleição multipartidária para Frederich Chiluba, do Movimento pela Democracia Multipartidária. Quando Chiluba se preparava para tentar a reeleição, cinco anos depois, passou a temer a oposição de Kaunda e do antigo partido da situação, o Partido Unido para a Independência Nacional.[98] Dessa maneira, seis meses antes do pleito de 1996, o Movimento pela Democracia Multipartidária aprovou uma emenda constitucional estabelecendo novos requisitos para quem desejasse concorrer à presidência. Não só todos os candidatos teriam que ser zambianos por nascimento, mas também *seu pai e sua mãe* teriam que ser zambianos natos. E não poderiam ser chefes tribais. Por que esses novos requisitos? Um dos pais de Kaunda era natural do Malaui, e seu candidato a vice era um chefe tribal. Nas palavras da Human

Rights Watch, a reforma constitucional foi "feita sob medida para impedir que líderes específicos de oposição concorressem à presidência".[99] Como que para dissipar de vez qualquer dúvida sobre o objetivo da emenda, os legisladores do partido governante cantaram *Kaunda yamana!* (Kaunda já era!) depois de transformá-la em lei.[100]

A MAIORIA DAS AUTOCRACIAS DO SÉCULO XXI é construída por meio do jogo duro constitucional. O retrocesso democrático ocorre aos poucos, através de uma série de medidas a princípio razoáveis: novas leis que pretensamente visam garantir eleições limpas ou criar um judiciário mais eficiente; sentenças judiciais que reinterpretam leis existentes; leis adormecidas por muito tempo que são convenientemente redescobertas. Como as leis são expressas na terminologia legal, pode parecer que pouca coisa mudou. Não houve derramamento de sangue. Ninguém foi preso ou exilado. O parlamento continua aberto. Assim, as críticas às medidas do governo são descartadas como alarmismo, ou como birras partidárias. Mas, pouco a pouco, e às vezes quase imperceptivelmente, o domínio de campo passa para o outro time. O efeito cumulativo dessas medidas aparentemente inócuas é tornar a competição mais difícil para os adversários do governo — e, consequentemente, perpetuar no poder os que estão governando.

O modelo de construção de autocracia por meio do jogo duro constitucional é a Hungria de Viktor Orbán. Ao chegar ao poder em 2010, Orbán já tinha sido primeiro-ministro uma vez, de 1998 a 2002. Líder estudantil no movimento anticomunista, ele se apresentara primeiro como "liberal" e depois como democrata-cristão durante os inebriantes dias pós-comunistas dos anos 1990. Orbán governara democraticamente no primeiro mandato, e seu partido, Fidesz, se posicionara como de centro-direita tradicional. Depois de perder a eleição de 2002, no entanto, o Fidesz deu uma guinada claramente conservadora, etnonacionalista. Orbán, que havia estudado na Universidade de Oxford com uma bolsa concedida pelo húngaro-americano liberal George Soros, se reinventou. Ele sempre fora conhecido como um político implacável, de extraordinária ambição.[101] Poucos, no entanto, previram que ele enfraqueceria a democracia húngara ao retornar ao poder com o Fidesz em 2010.

Mas, como o próprio Orbán disse certa vez: "Na política, tudo é possível".[102] O assalto à democracia empreendido pelo Fidesz foi possibilitado por um escândalo que enfraqueceu o Partido Socialista Húngaro, seu rival: um primeiro-ministro socialista foi apanhado numa gravação admitindo ter mentido para os eleitores sobre o estado da economia. O subsequente colapso do partido permitiu que o Fidesz obtivesse uma vitória esmagadora em 2010. O tamanho da vitória do partido foi inflado pelo sistema eleitoral de maioria simples da Hungria, que transformou 53% dos votos numa maioria parlamentar de dois terços. Isso bastava para que o Fidesz reescrevesse sozinho a Constituição. E foi exatamente o que ele fez, quase de imediato.

Orbán usou a supermaioria parlamentar de seu partido para consolidar uma vantagem injusta sobre os adversários.[103] Uma de suas primeiras medidas foi expurgar juízes e preencher as vagas dos tribunais. Antes de 2010, os ministros do Tribunal Constitucional eram selecionados por uma comissão parlamentar formada por representantes de todos os partidos políticos.[104] A nova Constituição substituiu esse mecanismo multipartidário por um procedimento que permitia ao Fidesz usar sua supermaioria para nomear ministros unilateralmente.[105] Outra emenda à lei ampliou o Tribunal Constitucional de onze para quinze ministros, criando quatro vagas para o Fidesz preencher com aliados.[106] Em seguida Orbán afastou o presidente independente do Supremo Tribunal, András Baka, invocando uma lei que exigia que presidentes do Supremo Tribunal tivessem pelo menos cinco anos de prática na Hungria. Foi um claro exemplo de guerra jurídica: a nova lei obviamente visava atingir Baka, um juiz conceituado que servira por dezessete anos no Tribunal Europeu dos Direitos Humanos, mas não tinha os cinco anos de experiência exigidos na Hungria. Baka foi obrigado a se demitir.[107] Mas a coisa não parou por aí: o parlamento também aprovou uma lei antecipando a idade de aposentadoria dos juízes de setenta para 62 anos, forçando boa parte deles a se aposentar de imediato. Ao todo, 274 juízes foram obrigados a sair.[108] Embora a lei tenha sido posteriormente revogada por pressão da União Europeia, muitos dos juízes aposentados não foram reconduzidos ao cargo.[109] Em 2013, o judiciário já tinha sido capturado e transformado em "marionete do governo".[110] Como afirmou um ex-ministro do Tribunal Constitucional, Orbán deu "um golpe inconstitucional [...] sob o disfarce da constitucionalidade, por meios constitucionais".[111]

Orbán também lançou mão de caminhos "legais" para subjugar os meios de comunicação. Na maioria das democracias europeias, a televisão pública é uma importante — e independente — fonte de notícias (pensemos, por exemplo, na BBC). Era esse o espírito da lei na Hungria antes de 2010, ainda que a televisão pública húngara nunca tivesse sido tão independente como a BBC.[112] Sob Orbán, no entanto, a televisão pública tornou-se um braço de propaganda do governo.[113] Como parte de um processo de "reestruturação", autoridades do Fidesz demitiram mais de mil funcionários dos meios públicos de comunicação, incluindo dezenas de respeitados jornalistas e editores profissionais.[114] Os cargos foram preenchidos por leais seguidores políticos, e a cobertura da mídia pública tornou-se cruamente partidária.

Além disso, Orbán subjugou legalmente a mídia privada. O governo do Fidesz trabalhou nos bastidores para ajudar os amigos de Orbán na comunidade empresarial a adquirir os principais veículos de comunicação do país, ou a obter o controle acionário das empresas proprietárias dos meios de comunicação independentes. Os novos proprietários, favoráveis a Orbán, passaram então a pressionar a mídia independente a praticar a autocensura, ou, em alguns casos, simplesmente fecharam os veículos.[115] Em 2016, o *Népszabadság*, o maior jornal de oposição da Hungria, foi subitamente fechado, não pelo governo, mas pelos próprios empresários que o controlavam.[116]

Os poucos meios de comunicação remanescentes foram perseguidos de várias maneiras. Uma lei de 2010 proibiu a veiculação de reportagens "desequilibradas", "insultuosas" ou contrárias à "moralidade pública".[117] Os infratores da nova lei estariam sujeitos a multas de até 900 mil dólares. Um Conselho de Mídia, dominado por partidários leais do Fidesz, foi criado para aplicá-la.[118] Apesar da existência de leis parecidas em outros países, os governos democráticos evitam aplicá-las. Costumam exercer a tolerância. Mas o governo de Orbán jogou duro, e dezenas de empresas jornalísticas foram multadas em centenas de milhares de dólares.[119] O Conselho de Mídia também negava licença a meios de comunicação independentes com base em estreitas interpretações técnicas da lei. Em 2020, por exemplo, negou-se a renovar a concessão da Klubrádió, uma emissora de rádio progressista com 500 mil ouvintes diários, citando "infrações regulatórias".[120] De acordo com o diretor da Klubrádió, András Arató, as infrações incluíam o preenchimento incorreto de um formulário e o fato de a rádio ter informado que a duração de um de seus programas era de 45 minutos, quando, na verdade, era de cinquenta minutos.[121]

Esse jogo duro alterou drasticamente o cenário midiático. Um estudo revelou que, em 2017, 90% da mídia húngara estava nas mãos do governo Orbán ou de seus aliados no setor privado.[122] Cerca de 80% dos telespectadores e ouvintes de rádio recebiam apenas informações dadas pelo governo ou por seus partidários.[123]

Por fim, o governo de Orbán recorreu ao jogo duro constitucional para inclinar o eleitorado a seu favor. Em primeiro lugar, tomou conta da Comissão Eleitoral, que antes de 2010 era nomeada através de consenso multipartidário. Cinco em cada dez assentos eram preenchidos por delegados de cada um dos cinco maiores partidos do parlamento, e os outros cinco por acordo entre governo e oposição. Isso impedia que qualquer partido controlasse o processo eleitoral.[124] Mas o Fidesz abandonou essa prática e preencheu com seus partidários os cinco assentos não ocupados por delegados, formando uma maioria que passou a controlar a Comissão Eleitoral.[125]

Assim politizada, a comissão descaradamente manipulou o formato dos distritos eleitorais parlamentares — prática conhecida como *gerrymandering* — a fim de super-representar redutos rurais do Fidesz e sub-representar redutos urbanos da oposição.[126] Um grupo independente de especialistas calculou que a oposição precisava conquistar 300 mil votos a mais do que o Fidesz para obter maioria parlamentar.[127] O ex-primeiro-ministro

Gordon Bajnai queixou-se de que as novas regras davam ao Fidesz "uma vantagem de trinta metros [...] numa prova de cem metros".[128]

Em outro ato de guerra jurídica, o governo proibiu a veiculação de anúncios de campanha na mídia comercial.[129] Em teoria, a lei afetava todos os partidos de maneira igual, mas, uma vez que tanto a mídia pública como a mídia privada tendiam fortemente para o Fidesz, a proibição acabou por limitar severamente a capacidade da oposição de atingir o eleitorado. Assim, o sistema eleitoral não era nem "limpo nem livre".[130]

Esses esforços deram resultado. Na eleição de 2014, o Fidesz perdeu 600 mil votos em relação a 2010; sua fatia do eleitorado caiu de 53% para 45%.[131] Apesar disso, o partido conquistou o mesmo número de cadeiras de 2010, mantendo o controle de dois terços do parlamento mesmo sem ter obtido a maioria dos votos. O Fidesz repetiu o truque em 2018, conquistando dois terços do parlamento com menos de metade dos votos populares.[132] Em 2022, o partido derrotou uma ampla coalizão oposicionista, reforçando o ditado popular segundo o qual Orbán "não pode ser derrotado em circunstâncias 'normais'".[133]

Assim, Viktor Orbán realizou uma proeza extraordinária: não só destruiu uma democracia plena como o fez usando meios quase inteiramente legais. Não houve derramamento de sangue, não houve prisões em massa, não houve prisioneiros ou exilados políticos. Apesar disso, como resumiu Bajnai, "a espinha dorsal da democracia húngara foi sistematicamente quebrada, vértebra por vértebra".[134]

Embora alguns métodos de Orbán pareçam novos, ele na verdade seguiu um manual que tem centenas de anos. A rigor, a prática do jogo duro constitucional foi aperfeiçoada em uma das mais antigas repúblicas do mundo: os Estados Unidos, onde seus efeitos foram igualmente devastadores.

3. Aconteceu aqui

Wilmington, na Carolina do Norte, estava em franco crescimento no final da década de 1890. Fundada na costa da economia escravagista do século XVIII, a cidade portuária tornou-se o centro de um sistema industrializado inovador de produção algodoeira nos anos que se seguiram à Guerra Civil.[1] Novas linhas férreas traziam algodão das regiões produtoras do interior para os armazéns de tijolo de Wilmington, onde prensas modernas produziam fardos de algodão com eficiência nunca vista.[2] A maior empregadora da cidade, a Alexander Sprunt & Son, era a maior exportadora de algodão dos Estados Unidos.[3] E, nos seus armazéns, docas e depósitos de madeira, trabalhadores brancos e negros trabalhavam lado a lado como carregadores, transportadores e estivadores.[4]

Maior cidade da Carolina do Norte, Wilmington era majoritariamente negra. E, com a expansão de sua economia no pós-Guerra Civil, uma série de negócios de propriedade de negros tinham surgido — barbearias, mercearias, restaurantes, açougues, e em pouco tempo consultórios médicos e uma banca de advogados.[5] A Wilmington negra ficou mais rica, o que deu origem a uma vibrante vida de sociedades literárias, bibliotecas públicas, ligas de beisebol e um jornal de propriedade de negros.[6] No centro da comunidade havia igrejas, como a Igreja Metodista Episcopal Africana de Santo Estêvão, com sua grande assembleia de fiéis, e a Igreja Episcopal de São Marcos, frequentada pelas famílias negras mais abastadas.[7]

Embora o projeto de Reconstrução do governo federal depois da Guerra Civil tivesse perdido força no fim dos anos 1870, e o Partido Democrata, que se autoproclamava defensor da supremacia branca, tivesse usado de violência e fraude eleitoral para retomar o controle da maior parte dos governos estaduais e locais em todo o Sul, muitos negros continuavam bravamente a votar. E, na última década do século XIX, seus votos deram origem a uma nova política em Wilmington e em toda a Carolina do Norte.

O grande estímulo foi o surgimento do Partido Populista, voltado para agricultores brancos pobres e meeiros insatisfeitos que se sentiam ignorados pela rica classe mercantil que dominava o Partido Democrata.[8] Em 1893, enquanto o país mergulhava numa depressão econômica, os populistas da Carolina do Norte forjaram uma aliança com o Partido Republicano, que ainda contava com um forte apoio dos eleitores afro-americanos. A Fusão, como a aliança foi chamada, reuniu eleitores negros e brancos pobres das áreas rurais numa ambiciosa coalizão birracial.[9] Seu objetivo era ampliar a instrução pública, regular poderosos monopólios empresariais e fortalecer os direitos de voto, enfraquecidos desde o fim da Reconstrução.

Essa improvável coalizão virou de pernas para o ar a política do estado, e assustou o establishment do Partido Democrata. A chapa da Fusão conquistou ampla maioria no legislativo estadual da Carolina do Norte em 1894, e em 1896 angariou o governo do estado e elegeu George Henry White para a Câmara dos Deputados — na época, ele era o único congressista afro-americano dos Estados Unidos. O legislativo dominado pela Fusão restaurou as eleições diretas para cargos locais e adotou o que tem sido chamado de "provavelmente a lei eleitoral mais justa e democrática do Sul pós-Reconstrução".[10] Como resultado, os republicanos negros e os populistas brancos conquistaram cargos públicos em todo o estado.[11] Em Wilmington, foram eleitos três vereadores negros. Dez dos 21 policiais e quatro subdelegados eram negros. Magistrados negros atuavam nos tribunais. O tesoureiro, o carcereiro e o médico-legista do condado eram negros. Havia inspetores de saúde negros, escrivães negros e um superintendente de ruas negro. Carteiros negros entregavam a correspondência em casas de negros e brancos. O funcionário mais bem pago do estado era um afro-americano, John Dancy, que chefiava o escritório da alfândega federal em Wilmington.

Por um momento, dava para perceber na cidade os indícios de uma democracia multirracial.[12] Embora profundas antipatias e desigualdades raciais persistissem, os cidadãos negros votavam, e os políticos *precisavam deles* para se eleger. Isso parecia abrir a porta para uma democracia mais inclusiva, num momento em que os Estados Unidos entravam num novo século.

No entanto, esse momento de promessa democrática seria fugaz. O avanço da política multirracial desencadeou uma reação feroz. Para muitos brancos, imersos nas normas da supremacia branca, essas mudanças eram inadmissíveis. E o establishment do Partido Democrata, que dominava a política estadual desde o fim da Reconstrução, lançou uma investida contrarrevolucionária.[13] Assim, em 1898, um grupo de destacados democratas, entre os quais o presidente estadual do partido, Furnifold Simmons, o aspirante a governador Charles Brantley Aycock e o editor do *News & Observer* de Raleigh, Josephus Daniels, deram início ao que viria a ser uma violenta cruzada para restaurar o domínio branco. As eleições vindouras de meio de mandato, em dezembro, definiriam a composição do legislativo estadual, agora controlado pela Fusão. Juntas, essas figuras importantes da política da Carolina do Norte planejaram uma implacável campanha jornalística de mentiras e ódio empreendida pelo *News & Observer*, enquanto políticos democratas atiçavam o medo dos brancos de uma "dominação negra". Alfred Moore Waddell, um carismático veterano da Guerra Civil que ajudaria a comandar um violento movimento contra essas mudanças políticas em Wilmington, declarou que "os brancos que colonizaram este país [...] devem governá-lo sozinhos".[14]

Com o apoio do Partido Democrata, mais de oitocentos clubes da Associação pelo Governo Branco foram formados em toda a Carolina do Norte.[15] No entanto, como mais de 56% da população de Wilmington era negra, e os cidadãos negros votavam em massa no Partido Republicano, estava claro que o "governo branco" não seria restaurado por meios democráticos.[16] Como reconheceu um líder democrata num comício: "Não podemos superar os negros em termos numéricos. Por isso mesmo temos de superá-los na fraude, na contagem de votos ou no tiro".[17]

E foi exatamente isso que os democratas fizeram. Os moradores brancos de Wilmington começaram a estocar armas, levando um jornalista de Washington, DC, a comentar que a cidade parecia estar se "preparando mais para um cerco do que para uma eleição".[18] Os brancos formaram milícias chamadas Camisas Vermelhas, que patrulhavam as ruas com carabinas Winchester, surrando, chicoteando e intimidando negros e advertindo-os que não votassem.[19] A cidade, à beira do rio Cape Fear, foi tomada pelo terror. As milícias eram respaldadas pelo Partido Democrata (que as abastecia de camisas vermelhas, alimentos e bebidas) e estimuladas pelo *News & Observer*.[20] Políticos democratas instigaram os brancos a um delírio de violência. Num comício eleitoral em outubro de 1898, com a presença de "sessenta dos cidadãos mais importantes de Wilmington" no palco atrás dele, Waddell declarou: "Vamos nos render a uma ralé maltrapilha de negros? [...] Mil vezes não! [...] É preciso acabar com as condições intoleráveis em que vivemos. Estamos decididos a mudá-las [mesmo] que seja preciso abarrotar o rio de cadáveres".[21]

Com a aproximação do dia do pleito, uma atmosfera de intimidação e violência assombrava a cidade.[22] Camisas-vermelhas aterrorizavam os bairros negros e ameaçavam funcionários locais, enquanto os democratas de Wilmington exigiam que a Fusão retirasse todos os seus candidatos a cargos do condado.[23] Temendo violência, o governador Daniel Lindsay Russell concordou, e toda a chapa de candidatos republicanos do condado desistiu de concorrer. Na véspera da eleição, Waddell disse a uma multidão de camisas-vermelhas:

> Vocês têm que cumprir o seu dever. Esta cidade, este condado e este estado devem se livrar da dominação negra de uma vez por todas. [...] Vocês descendem de nobres ancestrais. São anglo-saxões. [...] Quando forem às urnas amanhã, se encontrarem um negro votando, digam-lhe que saia, e, se ele se recusar, matem-no! Atirem na hora. Vamos ganhar amanhã mesmo que seja preciso recorrer às armas.[24]

No dia da eleição, a Associação pelo Governo Branco enviou "observadores" para os postos de votação, jornais locais aconselharam negros a não votar e camisas-vermelhas patrulharam as ruas a cavalo.[25] Poucos negros se arriscaram a sair, e muitos dos que o fizeram foram afastados sob a mira das armas. Em distritos de maioria negra, assim que as urnas fecharam, gangues de democratas entraram nos locais de votação, ameaçaram funcionários e fraudaram diretamente as urnas com votos falsos.[26] Como era de esperar, os democratas venceram, conquistando 98 das 118 cadeiras no legislativo estadual.

Como na cidade de Wilmington só haveria disputa por reeleição em 1899, o que deixava muitos negros em posição de poder, os democratas não se limitaram a roubar a eleição. Assim, em 10 de novembro, eles deram um golpe violento.[27] Num dos episódios de terrorismo doméstico mais brutais da história americana, uma multidão de pelo menos quinhentos defensores da supremacia branca, armados e trajando suas camisas vermelhas paramilitares, marcharam pelas ruas da cidade atirando em passantes, atacando igrejas negras e reduzindo a cinzas o único jornal da cidade de propriedade de negros. Como David Zucchino vividamente descreve em seu livro *Wilmington Lie*, homens negros foram abatidos a tiros na rua e dentro de casa. Pelo menos 22 (e possivelmente sessenta) moradores negros foram mortos, e mais de 2 mil tiveram que fugir da cidade.[28] A multidão branca invadiu a prefeitura e, armas em punho, forçou todos os membros do governo birracial da cidade — incluindo o prefeito, o chefe de polícia e oito vereadores — a renunciar.[29] Acompanhados dos políticos da Fusão e de muitos dos cidadãos negros mais influentes de Wilmington, eles foram expulsos da cidade sob a mira de armas e banidos para sempre.[30] Waddell, o líder do golpe, tornou-se o novo prefeito.[31]

Dias antes, o congressista afro-americano George Henry White, da Carolina do Norte, tinha visitado na Casa Branca seu correligionário republicano, o presidente William McKinley, a quem alertou sobre o golpe iminente e implorou que enviasse policiais federais para proteger o governo de Wilmington.[32] MacKinley preferiu não intervir.

Depois de recuperar o poder em toda a Carolina do Norte, os democratas se apressaram a emendar a Constituição estadual a fim de impor uma série de restrições ao direito de voto, incluindo uma taxa de votação, prova de alfabetização e requisitos de propriedade.[33] O número de eleitores negros registrados no estado caiu de 126 mil em 1896 para 6100 em 1902, e sua taxa de comparecimento despencou de 87% na eleição para governador em 1896 para quase zero em 1904.[34] Em Wilmington, desde que três vereadores negros foram removidos à força do cargo em 1898, nenhum afro-americano serviu na câmara municipal até 1972.[35]

O GOLPE DE WILMINGTON OCORREU quase no fim de um experimento ambicioso, mas em última análise fracassado, de democratização no Sul dos Estados Unidos. A conclusão da Guerra Civil havia desencadeado uma série de reformas constitucionais e legislativas que transformaram o sistema político americano.[36] O historiador Eric Foner descreve a era da Reconstrução como a "segunda fundação" dos Estados Unidos, um momento em que a ordem constitucional foi desfeita e refeita, levando a um "experimento notável e inédito em democracia inter-racial".[37] Nem direitos iguais nem direitos de voto — dois elementos básicos da democracia moderna — foram consagrados na Constituição original. Ao estabelecer esses direitos e conceder ao governo federal a autoridade de fazê-los cumprir, a segunda fundação representou um grande passo rumo à democratização dos Estados Unidos — pelo menos no papel.

Os alicerces legais da democracia multirracial foram lançados entre 1865 e 1875, e resultaram basicamente de três emendas constitucionais. A 13ª Emenda (1865) aboliu a escravidão. A 14ª Emenda (1868) estabeleceu a cidadania por direito de nascença e a igualdade formal perante a lei, dando origem aos direitos contemporâneos ao devido processo legal e à proteção igualitária.[38] Por fim, a 15ª Emenda (1870) proibiu restrições ao direito de voto com base em raça. Numa comemoração à aprovação da 15ª Emenda, Frederick Douglass declarou: "Jamais houve revolução mais completa".[39]

As Emendas da Reconstrução foram acompanhadas pelas Leis da Reconstrução de 1867, que colocaram antigos estados confederados sob governo federal militar e condicionaram a readmissão na União à aprovação da 14ª Emenda e à redação de uma nova constituição estadual garantindo o sufrágio negro.[40] Autoridades federais lançaram uma gigantesca campanha para registrar eleitores negros recém-alforriados.

Então a Lei dos Direitos Civis de 1875 ampliou a garantia de tratamento igual conferida pela 14ª Emenda para lugares "públicos" do dia a dia, como bondes, restaurantes, teatros e hotéis.[41] O preâmbulo da lei reconhecia "a igualdade de todos os homens perante a lei" e declarava ser "dever do governo em todas as relações com as pessoas distribuir justiça igual e exata a todos, seja qual for sua origem, raça, cor ou crença".[42]

As reformas da Reconstrução foram obra de um único partido: o Republicano.[43] Os democratas se opuseram à 13ª Emenda, que viam como uma violação dos direitos de propriedade. (Como disse um democrata do Kentucky: "Se abrirmos mão do nosso direito de escravizar, em qual dos nossos direitos estaremos seguros?".)[44] Eles se opuseram igualmente à 14ª Emenda, insistindo que o governo dos Estados Unidos era "feito para homens brancos" e que a cidadania deveria ser reservada à "raça caucasiana".[45] E, por fim, se opuseram também à 15ª Emenda, argumentando principalmente que os negros eram inferiores.[46] No Congresso, nenhum democrata — fosse do Norte ou do Sul — votou a favor da 14ª ou da 15ª Emendas, ou de qualquer projeto de lei da era da Reconstrução sobre direitos de voto e direitos civis.[47] Todas essas emendas foram aprovadas exclusivamente com votos republicanos. A democratização dos Estados Unidos depois da Guerra Civil foi uma questão estritamente partidária.

Embora quase todo o Partido Republicano tenha apoiado a Reconstrução na fase inicial, a maior parte da energia — e a visão de uma democracia multirracial — veio da chamada facção radical do partido.[48] Os dois principais líderes radicais eram o senador Charles Sumner, de Massachusetts, e o deputado Thaddeus Stevens, da Pensilvânia. Stevens e Sumner eram, ao que tudo indica, genuínos democratas raciais.[49] Na verdade, era justamente por isso que eram chamados de radicais pelos adversários. Sua visão da democracia, na qual direitos civis e direitos de voto eram estendidos a todos os homens (e, em algumas de suas aspirações, a todas as *mulheres*), independentemente de raça, refletia convicções morais profundas, radicadas no avivamento religioso do Grande Despertar de antes da Guerra

Civil.[50] Num extraordinário discurso proferido no Senado em fevereiro de 1866, Sumner explicou seu apoio à 14ª Emenda nos seguintes termos:

> Mostre-me uma criatura, com aspecto ereto, olhando para o céu, feita à imagem de Deus, e eu lhe mostrarei um homem que, seja de qualquer país ou raça, seja escurecido pelo sol equatorial ou empalidecido pelo frio setentrional, é como você um filho do Pai Celestial, e igual a você no acesso a todos os direitos da Natureza Humana. Não é possível lhe negar esses direitos sem demonstrar impiedade.[51]

Sumner insistia em direitos políticos iguais para todos os indivíduos, fossem eles (na terminologia severa da época) "caucasianos, mongóis, malaios, africanos ou americanos", porque todos eram "feitos à imagem de Deus".[52]

Mas não foram os republicanos radicais que inventaram as ideias básicas do primeiro experimento dos Estados Unidos com a democracia multirracial. Na verdade, eles herdaram uma tradição, forjada por uma geração de ativistas e escritores negros de antes da Guerra Civil. Já nos anos 1820, abolicionistas negros, quase todos em Boston e adjacências, começaram a utilizar, como afirmou Sandra Gustafson, uma "retórica profética a fim de promover um ideal *multirracial* de república moderna" fundamentado em plenos direitos de cidadania e igualdade perante a lei.[53]

Os líderes desse movimento eram escritores como David Walker, um negro nascido livre, residente em Boston, mas originariamente de Wilmington, e Maria Stewart, a primeira mulher americana a proferir um discurso para uma plateia mista de homens e mulheres.[54] Em *Appeal to Colored Citizens of the World*, Walker visava em particular as hipocrisias de uma república "cristã" exclusivamente branca. Walker, Stewart e outros ativistas faziam parte da pequena mas vibrante comunidade negra livre surgida nas ruas estreitas da época colonial de Beacon Hill, em Boston, onde se localizava também a African Meeting House, considerada a primeira igreja negra dos Estados Unidos. Durante as décadas de 1820 e 1830, eles não só lutaram contra a escravidão, mas também defenderam uma nova ideia: a do "cidadão de cor".[55] Rejeitando propostas — endossadas por muitos inimigos importantes da escravidão — de devolver os escravos libertos à África, eles desbravaram caminhos exigindo plenos direitos de cidadania nos Estados Unidos, inspirados pela promessa de igualdade contida "na mais sagrada de todas as escrituras políticas americanas", a Declaração de Independência.[56] O movimento aos poucos se tornou birracial. O conceituado abolicionista William Lloyd Garrison foi influenciado pelas ideias de Walker, e seu jornal antiescravagista, *The Liberator*, publicava escritos de Stewart. E, nos anos 1840, o jovem Charles Sumner, que costumava ser visto conversando com bostonianos negros, trabalhou com a comunidade afro-americana de Beacon Hill, defendendo, como advogado, a dessegregação das escolas públicas de Massachusetts.[57]

A democracia multirracial genuína, como sabiam Walker e seus colegas ativistas, exigia proteções legais universais. Essa questão acabou se revelando difícil até mesmo para alguns republicanos. Por exemplo, uma proposta que garantia o direito de voto a *todos* os homens adultos estava sendo analisada no âmbito dos debates em torno da 15ª Emenda, mas alguns republicanos do Norte a consideravam abrangente demais.[58] Embora quase todos fossem favoráveis a proteções ao direito de voto dos negros no Sul, muitos não estavam nada inclinados a estender tais proteções, em seus estados, aos imigrantes: irlandeses católicos, no caso dos republicanos do nordeste; e chineses, no caso dos republicanos do oeste. O senador Henry W. Corbett, do Oregon, dizia que estender o direito de voto aos homens negros era um ato "abençoado" pelo "Grande Governante do universo", mas que o mesmo não se aplicava aos imigrantes chineses.[59] Em suma, a coalizão por uma democracia genuinamente racial era frágil.

No fim das contas, o sufrágio universal perdeu para uma proposta mais limitada que proibia restrições com base em raça ou "servidão anterior". O objetivo, claramente, era proteger os eleitores negros no Sul. Outras formas de exclusão, também no Norte, continuaram dentro da legalidade. Essa brecha era essencial, porque abria a possibilidade de restringir o direito de voto com base em motivos não raciais, como saber ler e ter propriedades. Taxas de votação, taxas de registro e "testes" para eliminar eleitores "indesejáveis" também passaram. Assim, a incompletude da 15ª Emenda resultou não só da resistência sulista, mas também de ambiguidades de republicanos do Norte com relação a eleitores que não fossem homens brancos protestantes.

Apesar dessas limitações, a Reconstrução transformou a política sulista. Dentro de um ano, a porcentagem de homens negros nos Estados Unidos que em tese podiam votar disparou de 0,5% para 80,5%, com todo esse aumento vindo do território da antiga Confederação.[60] Em 1867, pelo menos 85% dos homens afro-americanos estavam registrados para votar em Alabama, Flórida, Louisiana, Mississippi, Carolina do Norte e Carolina do Sul.[61]

O sufrágio negro teve consequências de longo alcance. Os afro-americanos eram a maioria da população na Louisiana, no Mississippi e na Carolina do Sul, quase a maioria no Alabama, na Flórida e na Geórgia, e formavam cerca de 40% da população na Carolina do Norte e na Virgínia.[62] Em 1867, os eleitores negros registrados superavam numericamente os brancos em grande parte do Sul Profundo.[63] Os afro-americanos começaram a assumir cargos públicos em todo o Sul, e em grande número em certos locais. A maioria dos delegados nas convenções constitucionais da Louisiana e da Carolina do Sul na era da Reconstrução era negra.[64] Os afro-americanos conquistaram a maioria das cadeiras no legislativo da Carolina do Sul e quase a maioria na Louisiana; os legislativos do Mississippi e da Carolina do Sul elegeram presidentes negros em 1872.[65] Havia vice-governadores negros na Louisiana, no Mississippi e na Carolina do Sul, e secretários estaduais negros no Mississippi, na Carolina do Sul e na Flórida.[66] Em todo o Sul Profundo, afro-americanos ocupavam posições importantes, como juízes de paz, supervisores de condado, comissários eleitorais e até xerifes.[67]

Mais de 1300 americanos negros ocuparam cargos públicos durante a Reconstrução.[68] Nesse período, dezesseis foram eleitos para a Câmara dos Deputados e para o Senado, e mais de seiscentos para os legislativos estaduais.[69] Em visita ao legislativo da Carolina do Sul no fim dos anos 1860, James Pike, um jornalista do Norte, comentou em tom de crítica:

Aconteceu aqui

"O órgão é quase literalmente um parlamento negro. [...] O presidente é negro, o secretário da presidência é negro, os porteiros são negros, os mensageiros são negros, o presidente do Comitê de Métodos e Recursos é negro, e o capelão é negro retinto".[70] Tratava-se, concluiu Pike, de uma "sociedade subitamente virada de pernas para o ar".

Menos de dois anos após o fim da escravidão, as comunidades brancas do Sul estavam acostumadas a uma rígida hierarquia social. Normas de supremacia branca eram quase universais. Mas agora, de repente, a igualdade racial e o sufrágio negro — impostos por tropas federais — haviam se tornado realidade.

A perspectiva de uma democracia racial ameaçava os brancos sulistas de várias maneiras. No front econômico, a antiga elite de proprietários de escravos temia perder seu controle irrestrito da mão de obra negra. No front político, o direito de voto negro punha em risco o poder político do Partido Democrata, sobretudo em estados nos quais os afro-americanos eram a maioria ou quase a maioria do eleitorado.

Por fim, e talvez o mais importante, a democracia prometia virar de cabeça para baixo as hierarquias sociais e raciais já arraigadas. No meio da campanha pró-supremacia branca de 1898, Josephus Daniels, editor do *News & Observer* de Raleigh, escreveu que a vida durante a Restauração "não poderia ser pior. Havia xerifes negros, secretários negros, um senador estadual negro — os negros assumiram o controle de tudo, até que a situação ficou intolerável".[71] Muitos brancos passaram a ter medo da "dominação negra".[72] Esses temores eram atiçados por políticos e jornalistas democratas, que se valiam de editoriais, charges racistas e reportagens sensacionalistas para estabelecer uma narrativa falsa de violência e corrupção política negras.[73] Em particular, a perspectiva de democratização das *relações sociais* — mulheres brancas interagindo livremente com homens negros — provocou uma "histeria" de acusações infundadas de estupro de "negros contra brancas".[74] Segundo a historiadora Glenda Gilmore, a ampla disseminação do mito do perigo sexual representado por homens negros foi a mais clara expressão do forte medo associado à derrubada de toda uma ordem social.[75]

Assim, muitos brancos sulistas viam a Reconstrução e a democracia multirracial como ameaças existenciais. Mais tarde, Ben Tillman, senador pela Carolina do Norte e defensor da supremacia branca, recordaria num discurso de 1907 no plenário do Senado: "Sentíamos os alicerces de nossa civilização desmoronar sob os pés, e não havia dúvida de que seríamos engolfados pelo dilúvio negro de bárbaros que nos cercavam, derramado sobre nós pelo Exército sob as Leis da Reconstrução".[76]

Para o congressista Hernando Money, do Mississippi, viver de acordo com "a ofensiva teoria do governo da maioria" era como "colocar nosso pescoço debaixo do pé de um selvagem disfarçado".[77]

Reacionários brancos responderam ao surgimento da democracia multirracial lançando uma campanha terrorista sem precedentes na história americana.[78] Como os cidadãos negros eram maioria, ou quase maioria, em quase todos os estados do Sul, a volta dos defensores da supremacia branca ao poder exigiria, nas palavras de W. E. B. Du Bois, "força bruta".[79] Respaldados pelo Partido Democrata, os supremacistas brancos organizaram uma série de grupos paramilitares, com nomes como Whitecaps, White Brotherhood, Pale Faces e Knights of the White Camellia [Bonés Brancos, Fraternidade Branca, Caras Pálidas e Cavaleiros da Camélia Branca].[80] O maior deles, a Ku Klux Klan, apareceu no Tennessee no começo de 1866, e logo se espalhou pelo Sul. O grupo empreendeu uma violenta onda de terror durante a qual incontáveis casas, negócios, igrejas e escolas de negros foram atacados; milhares de americanos negros foram mortos; e muitos outros foram espancados, açoitados, estuprados e obrigados a fugir.[81] Políticos republicanos — negros e brancos — foram fisicamente agredidos, e até assassinados.[82]

O terror da Ku Klux Klan causou severos danos às organizações republicanas, e manteve os eleitores negros longe das urnas, fazendo pouco caso das eleições e permitindo que os democratas tomassem o poder de maneira inconstitucional em todo o Sul — processo que eles, eufemisticamente, chamaram de "Redenção".[83] Na Louisiana, uma "guerra civil de assassinatos secretos e intimidação" foi responsável pela morte de pelo menos quinhentos afro-americanos.[84] Na Geórgia, o terror da Ku Klux

Aconteceu aqui

Klan produziu um estrago tão grande na participação negra na eleição presidencial de 1868 que onze condados com maioria negra não registraram um único voto republicano.[85] Em 1871, a pressão da Ku Klux Klan possibilitou a retomada dos legislativos estaduais pelos democratas e forçou o governador republicano, Rugus Bullock, a renunciar e fugir do estado.[86] Na Carolina do Norte, a violência do grupo enfraqueceu os republicanos e permitiu que os democratas conquistassem uma maioria à prova de veto no legislativo estadual; eles aproveitaram a oportunidade para submeter o governador republicano a um processo de impeachment e removê-lo.[87]

Em resposta a essa onda de terrorismo, o presidente Ulysses S. Grant e o Congresso de maioria republicana aprovaram uma série de leis conferindo poder ao governo federal para supervisionar eleições locais e combater a violência política.[88] Uma lei de 1870 autorizou o presidente a nomear supervisores eleitorais federais com poderes para acusar formalmente qualquer pessoa envolvida em atos de fraude eleitoral, intimidação ou supressão de eleitores com base na raça.[89] Já a Lei da Ku Klux Klan, de 1871, permitia ações judiciais federais e até mesmo intervenção militar para combater iniciativas que visassem privar os cidadãos de seus direitos básicos. Essas leis eram inéditas no sentido de conceder autoridade ao governo federal para intervir em estados a fim de proteger direitos civis básicos e o direito de voto — essencial para a democracia multirracial.

De início, esses mecanismos de aplicação da lei funcionaram. Com a ajuda de tropas federais, centenas de membros da Ku Klux Klan foram presos e processados em 1871 e 1872, sobretudo na Flórida, no Mississippi e na Carolina do Sul.[90] Em 1872, as autoridades federais tinham "quebrado a espinha dorsal da Klan e produzido um drástico declínio na violência em todo o Sul".[91] Segundo o historiador James McPherson, a eleição de 1872 foi "a mais justa e democrática no Sul até 1968".[92]

Em termos políticos, porém, a Reconstrução se revelou difícil de sustentar. O Partido Republicano acabou se dividindo. Uma facção conhecida como Republicanos Liberais passou a criticar os custos da aplicação da lei. Dando prioridade a questões como livre-comércio e reforma do serviço público, e céticos quanto ao sufrágio negro, os liberais começaram a pôr em dúvida a sabedoria do projeto de Reconstrução, preferindo uma atitude política mais conveniente, do tipo "deixar para lá".[93] A coalizão democrática multirracial foi mais prejudicada ainda pela depressão de 1873, o que deu aos democratas uma vitória expressiva na Câmara dos Deputados em 1874.[94] A opinião pública se voltou contra a intervenção federal no Sul, e o ativismo pelos direitos civis perdeu força de tal maneira que o *The New York Times* declarou que a "era da política moral" tinha acabado.[95] Nesse novo clima político, as tropas federais começaram a ser retiradas.

Essa mudança de cenário permitiu uma segunda onda de Redenção. Em 1875, os democratas do Mississippi lançaram uma campanha de violência — conhecida como Plano Mississippi — destinada a recuperar o legislativo estadual. Como observou Foner, atos terroristas eram "cometidos à luz do dia por homens que não usavam qualquer disfarce", desencorajando severamente o voto negro nas eleições de 1875 e dando aos democratas o controle do legislativo estadual.[96] Em seguida, eles submeteram o vice-governador afro-americano a um processo de impeachment e obrigaram o governador republicano, Adelbert Ames, a renunciar e deixar o estado.[97] Na Carolina do Sul, a eleição de 1876 foi prejudicada pelo terror dos camisas-vermelhas e pela fraude descarada.[98] Naquilo que um observador descreveu como "uma das maiores farsas já vistas", o democrata Wade Hampton, um antigo oficial confederado, reivindicou o cargo de governador do estado.[99]

Em 1877, quando Rutherford B. Hayes, sucessor de Grant na presidência, mandou retirar quase todas as tropas federais que ainda supervisionavam o Sul (como parte de um acordo para solucionar a disputada eleição presidencial de 1876), a Reconstrução, para todos os efeitos, estava encerrada.[100] Os democratas tinham tomado o poder em todos os estados sulistas, à exceção da Flórida e da Louisiana.[101] No total, quase 2 mil americanos negros haviam sido assassinados em atos de terror nos dez anos que se seguiram à Guerra Civil, uma taxa de assassinatos mais ou menos equivalente à do Chile de Pinochet nos anos 1970.[102]

Mas as perspectivas de democracia multirracial não estavam completamente extintas.[103] Afinal, boa parte dos fundamentos legais da Reconstrução — como a 14ª e a 15ª Emendas e, na maioria dos estados sulistas, as constituições da era da Reconstrução — permaneceu intacta.[104] E os afro-americanos continuaram a votar (embora em menor número), quase sempre formando grupos no dia da eleição a fim de evitar ataques violentos. Na verdade, a participação negra foi notavelmente elevada na maior parte do Sul no começo da década de 1880. Segundo uma estimativa, mais de dois terços dos homens negros adultos votaram na eleição presidencial de 1880.[105]

A persistência do voto negro impediu que os democratas consolidassem seu domínio. Em meio à depressão agrária dos anos 1880 e do começo da década de 1890, outras forças — Independents, Greenbackers, Readjusters, Farmer's Alliance e, a partir de 1892, o Partido Populista — conquistaram apoio entre agricultores brancos insatisfeitos e, muitas vezes, trabalhando com os republicanos, forjaram coalizões birraciais para desafiar o regime de partido único dos democratas.[106] Uma chapa birracial dos Readjusters conquistou o governo da Virgínia em 1881. Chapas do Partido Populista ou da Fusão — com o apoio de muitos eleitores negros — quase conquistaram o governo estadual do Alabama em 1892, da Virgínia em 1893, da Geórgia em 1894 e da Louisiana e do Tennessee em 1896. E, como vimos, uma chapa da Fusão populistas-republicanos conquistou o governo da Carolina do Norte em 1896.[107]

Essas coalizões birraciais renovaram a sensação de ameaça no establishment democrata supremacista branco.[108] Mais uma vez, o espectro da "dominação negra" virou refrão entre os democratas.[109] Na Louisiana, o *Daily Advocate*, de Baton Rouge, advertiu que o governo republicano comandaria a "africanização do estado" e descreveu a Fusão como uma "grave ameaça à nossa civilização".[110] Os democratas continuavam com medo até mesmo na Carolina do Sul, onde o sufrágio já era restringido pela notória Lei das Oito Urnas — sistema no qual os eleitores tinham que depositar seus votos em urnas separadas para cada cargo, e todos os votos depositados em urnas erradas eram anulados, efetivamente privando os analfabetos do direito de voto. Como disse o governador John P. Richardson: "Agora temos o governo de uma minoria de 400 mil [brancos] sobre uma maioria de 600 mil [negros]. [...] Hoje, a única coisa que nos separa do governo deles é um frágil estatuto — a Lei das Oito Urnas".[111]

De fato, as táticas de terror e fraude que reconduziram os democratas ao poder nos anos 1870 não eram soluções permanentes. E os líderes democratas tinham receio de que atos de flagrante violência atraíssem a atenção do país e levassem a uma retomada da fiscalização e da aplicação da lei pelo governo federal.[112] Assim, a partir do fim dos anos 1880, a reação contra a democracia multirracial assumiu uma nova forma: democratas em todo o Sul começaram a minar a democracia por meio dos canais *legais*. De 1888 a 1908, eles reescreveram constituições estaduais e leis eleitorais a fim de privar os afro-americanos do direito de voto.[113] Não havia possibilidade de anular a 14ª e a 15ª Emendas, mas, como disse um jornal sulista, "nossa intenção [...] é torná-las letra morta no código de leis".[114] E foi exatamente isso que os democratas fizeram, desenvolvendo aquilo que o congressista republicano Jonathan Dolliver chamou de "maquinaria legal [...] que, de forma cavalheiresca, aboliu por completo a forma republicana de governo".[115]

Essas técnicas "cavalheirescas" eram puro jogo duro constitucional. Democratas sulistas dedicaram-se a descobrir formas de explorar brechas na lei a fim de restringir o acesso às urnas. Como já vimos, a 15ª Emenda padecia de uma grave vulnerabilidade: só proibia os estados de negarem o direito de voto "por motivo de raça, cor ou condição de servidão anterior". Buscando restringir o sufrágio negro, mas cientes de que violações flagrantes da 15ª Emenda traziam o risco de intervenção federal, os brancos sulistas "evitavam cuidadosamente violar a emenda de maneira aberta", de acordo com o historiador jurídico Michael Klarman, e em vez disso procuravam "contornar e derrotar seu objetivo declarado".[116]

De estado em estado, foi exatamente isso que os democratas sulistas fizeram, concebendo "engenhosos artifícios", ou novas restrições não proibidas explicitamente pela Constituição, como taxas de votação, testes de alfabetização e requisitos de propriedade e residência que, se vigorosamente aplicados, tornariam impossível para a maioria dos afro-americanos se registrar e votar.[117] Ao visar os afro-americanos, entre os quais são maiores os índices de analfabetismo e a falta de condições materiais para pagar a taxa de votação, essas leis violavam claramente o espírito da 15ª Emenda — e da própria democracia. Outro verdadeiro teste de alfabetização veio com a introdução do "voto australiano" (ou secreto), que exigia que os cidadãos votassem em cédulas produzidas pelo governo — e sozinhos na cabine de votação, onde não podiam contar com a ajuda de um amigo alfabetizado.[118] O voto secreto, atraente para os democratas porque efetivamente impossibilitava os analfabetos de votarem, visava atingir os eleitores negros incapazes de entender a cédula sem ajuda. Um modelo dessa cédula foi adotado no Tennessee em 1889, e em vários outros estados sulistas. Embora seu louvável objetivo fosse eliminar a "corrupção" e a fraude eleitorais, a intenção no contexto era clara.[119] Como disse o vice-secretário estadual do Arkansas, o voto secreto "funciona muito bem, de maneira silenciosa, satisfatória e bela, e rezo a Deus para que cada estado sulista possa em breve adotar o modelo, que neutraliza em grande parte a maldição da 15ª Emenda, o crime mais negro do século XIX".[120]

Enquanto tramavam seus planos nos legislativos estaduais do Sul, os democratas iam aprendendo uns com os outros (e com muitos estados do Norte, como Connecticut e Massachusetts, onde testes de alfabetização direcionados a imigrantes irlandeses já estavam em vigor).[121] O Mississippi serviu como modelo inicial: uma convenção constitucional de 1890 adotou uma taxa de votação, um teste de alfabetização e o voto secreto.[122] Na década seguinte, esses "engenhosos artifícios" foram adotados pela maioria dos estados sulistas.[123] Como explicou o legislador estadual Anthony Sayre, do Alabama, as leis acabariam por "eliminar os negros da política, e de forma perfeitamente legal".[124]

Mas essas estratégias "legais" apresentavam um dilema: colhiam também os eleitores brancos pobres e analfabetos — na maioria leais aos democratas no Sul — em sua rede de privação do direito de voto. Para contornar essa dificuldade, os democratas costumavam aplicar a lei de maneira seletiva. Assim, os escrivães locais que aplicavam os testes de alfabetização, e eram quase sempre (brancos) nomeados pelos democratas, julgavam os negros analfabetos com maior rigor. A aplicação seletiva era facilitada por "cláusulas de compreensão", segundo as quais os escrivães decidiam se prováveis eleitores analfabetos demonstravam uma "compreensão" da Constituição com base em partes de seu texto lido em voz alta.[125] Por fim, os legislativos de Louisiana, Carolina do Norte, Alabama e Geórgia adotavam "cláusulas de anterioridade", que permitiam o registro de eleitores (brancos) analfabetos e sem propriedades que tivessem votado antes de 1867 ou descendessem de eleitores pré-1867.[126] Apesar de parecerem neutras, essas cláusulas discriminavam os afro-americanos, que antes de 1867 não podiam votar.

Em 1908, todos os estados da antiga Confederação haviam adotado taxas de votação e sctc aplicavam testes de alfabetização.[127] Como proclamou triunfalmente o *Memphis Appeal* no momento em que o Tennessee introduziu a taxa de votação, as novas leis haviam trazido uma "solução prática, constitucional e satisfatória para o problema da raça".[128] Num dos raros casos de privação do direito de voto em larga escala em toda a história, os democratas do Sul obstruíram a embrionária transição dos Estados Unidos para uma democracia multirracial.[129]

Restava uma barreira contra esse processo "legal" de privação de direitos: o judiciário federal. A Suprema Corte dos Estados Unidos poderia ter funcionado como um escudo jurídico, aparando os ataques dos estados aos direitos de voto.[130] Afinal, as leis estaduais que restringiam intencionalmente os direitos de voto dos negros iam de encontro à proibição de discriminação racial instituída pela 15ª Emenda.

Nos anos 1890, grupos de ativistas dos direitos civis começaram a mover ações contra os governos dos estados e condados em protesto contra a enxurrada de novas leis visando os negros.[131] De 1895 a 1905, a Suprema Corte julgou seis contestações a essas tentativas de privação de direitos. O caso mais decisivo foi *Giles contra Harris* (1903), que o constitucionalista Richard Pildes descreve como "uma das decisões mais importantes da história da Suprema Corte dos Estados Unidos".[132]

O processo foi movido por Jackson Giles, um ex-escravo e zelador que havia se tornado diácono de uma igreja congregacional, militante republicano e presidente da Associação do Sufrágio de Homens de Cor do Alabama, contra a Junta de Registradores do Condado de Montgomery.[133] A ação, levada à Suprema Corte em nome de Giles e de outros 5 mil cidadãos negros de Montgomery, foi motivada pela promulgação de uma nova Constituição no Alabama em 1901, que praticamente impossibilitava o registro de eleitores negros. Depois de aprovado seu texto, apenas 3 mil dos mais de 180 mil homens negros adultos do Alabama estavam aptos a se registrar.[134] O principal arquiteto da nova Constituição tinha deixado claras suas intenções: "O que queremos fazer? Ora, dentro dos limites impostos pela Constituição Federal, estabelecer a supremacia branca neste estado".[135]

A decisão da Suprema Corte foi proferida por maioria e o voto condutor do acórdão foi relatado por Oliver Wendell Holmes Jr., que nascera numa família antiescravagista de Massachusetts, fora ferido três vezes como soldado da União na Guerra Civil e chegara ao tribunal por recomendação de Henry Cabot Lodge, senador republicano por Massachusetts e um dos principais proponentes da legislação de direitos de voto em 1890. Mas as terríveis experiências de Holmes durante a guerra haviam feito dele um pragmático, que via com cínico ceticismo as ideias transformadoras.[136] Esse ceticismo — e, no fundo, uma falta de compromisso com a ideia do sufrágio negro — fez com que ele se guiasse por uma jurisprudência conservadora cada vez mais volumosa, como os *Casos de Direitos Civis* de 1883, que sustentavam que o Congresso não tinha autoridade constitucional para proteger os cidadãos negros da discriminação em hotéis e teatros, trens ou outros espaços públicos.[137] Um historiador jurídico qualificou o voto de Holmes como "a análise mais dissimulada" da história da Suprema Corte.[138] Holmes sustentou que, uma vez que o reclamante alegava que o sistema de registro de eleitores do Alabama era fraudulento, se o tribunal lhe concedesse amparo legal e acrescentasse seu nome à lista de eleitores, acabaria sendo cúmplice da fraude.[139] Além disso, opinou que o tribunal não deveria intervir, porque qualquer ordem que desse seria inexequível, dada a ausência de tropas federais ou supervisores eleitorais para fazê-la cumprir. Holmes, o aristocrata da Nova Inglaterra, achava pura e simplesmente que o tribunal não deveria sujar as mãos. E, assim, a Suprema Corte se recusou a revogar as restrições raciais à votação no Alabama, optando por cruzar os braços enquanto a privação de direitos avançava.

A decisão do caso *Giles contra Harris* em 1903 foi um golpe mortal no primeiro experimento americano de democracia multirracial. Depois de conquistarem a presidência e as duas casas do Congresso em 1892, os democratas revogaram seções essenciais das leis da era da Reconstrução que protegiam os direitos de voto.[140] Quase no fim da vida, o grande abolicionista e ativista dos direitos civis Frederick Douglass lamentou que "princípios que todos nós julgávamos estabelecidos de maneira firme e permanente [...] tenham sido audaciosamente atacados e derrubados".[141]

NÃO PRECISAVA SER ASSIM. Uma breve abertura política no final dos anos 1880 havia apresentado um caminho alternativo — um caminho que, se fosse tomado, talvez pusesse o país numa rota diferente.

Em 1888, Benjamin Harrison, um ex-senador republicano por Indiana e defensor de proteções mais robustas aos direitos de voto, foi eleito presidente, e os republicanos recuperaram o controle das duas casas do Congresso. Além disso, o sufrágio negro e a aplicação federal de leis eleitorais permaneceram no programa do partido,[142] que exigia "uma legislação eficiente para assegurar a integridade e a pureza das eleições".[143]

Dois influentes líderes republicanos, o senador George Frisbie Hoar e o deputado Henry Cabot Lodge (mais tarde senador dos Estados Unidos), puseram-se a elaborar um plano nacional a fim de proteger os direitos de voto. Hoar e Lodge eram de Massachusetts e tinham assimilado os "sentimentos radicais e abolicionistas" de seu estado natal.[144] Os legisladores prepararam um projeto de lei que protegia os direitos de voto no Sul e supervisionava as eleições no Norte, ao estender a supervisão federal da Lei de Execução de 1870 a *todos* os distritos congressionais.[145] O projeto conferia a supervisores federais independentes (indicados por tribunais) autoridade para examinar minuciosamente todas as etapas do processo eleitoral, e permitia que cidadãos de cada distrito do país solicitassem supervisão das eleições em seu distrito.[146] Foi sem dúvida o projeto de lei mais ambicioso da história americana no tocante aos direitos de voto, superando até mesmo a Lei dos Direitos de Voto de 1965 em sua abrangência geográfica, e teria alterado de maneira fundamental a forma de conduzir eleições nos Estados Unidos.

No verão de 1890, sólidas maiorias republicanas nas duas casas do Congresso pareciam prestes a aprovar o projeto de lei apresentado por Lodge.[147] O presidente Harrison estava pronto para assiná-lo. O projeto fora aprovado pela Câmara dos Deputados em julho de 1890 com o apoio de todos os republicanos, à exceção de dois.

Então as coisas começaram a desandar.

O senador republicano William Stewart, de Nevada, um rico proprietário de minas de prata, começou a trabalhar nos bastidores em conluio com democratas do Sul e um pequeno grupo de senadores republicanos dos pouco povoados estados do oeste para sabotar o que os sulistas agora chamavam de "Lei da Força". No dia da aprovação do projeto na Câmara, Stewart foi visitado em seus aposentos no Hotel Shoreham, em Washington, DC, pelo deputado Benton McMillin, do Tennessee, que havia apoiado a Confederação na Guerra Civil. Em suas memórias, Stewart escreveu: "[McMillin] quis saber o que eu pensava da medida e se eu achava que seria aprovada no Senado. Eu lhe disse que era totalmente contra o projeto, mas que a única possibilidade de derrubá-lo no Senado era recorrendo à postergação".[148]

Em setembro de 1890, dois senadores republicanos da Pensilvânia sugeriram adiar a votação do projeto de Lodge no Senado a fim de priorizar um projeto de lei sobre tarifas, e assim ele ficou para depois das eleições de meio de mandato de 1890. Mas a esmagadora derrota republicana nas eleições de meio de mandato — os democratas conquistaram o controle da Câmara — comprometeu suas perspectivas. Obstinado, o senador Hoar voltou a submeter o projeto de lei ao plenário do Senado. Mas então William Stewart chocou seus colegas republicanos ao insistir em um novo adiamento, pedindo que outra medida fosse votada antes: o abandono do padrão-ouro por uma moeda baseada na prata. Surgiram suspeitas de que alguns republicanos (aqueles, como Stewart, com interesses ligados a minas de prata, que lucrariam muito com tal projeto) estavam ajudando a retardar o projeto de lei eleitoral em benefício dos democratas sulistas em troca do apoio dos democratas à reforma da moeda.[149] Com efeito, oito republicanos "prata" votaram com os democratas para deixar de lado o projeto de lei eleitoral em favor do projeto de lei da prata.[150]

Em janeiro de 1891, quando o projeto de Lodge foi enfim debatido no Senado, os democratas minoritários recorreram à última ferramenta de obstrução de que dispunham no Senado, o chamado *filibuster* — proferindo discursos noite adentro, apresentando propostas de emenda impossíveis, estendendo o debate e perambulando à toa pelos corredores a fim de impedir a formação de quórum.[151] Numa desesperada tentativa de aprovar o projeto, líderes republicanos propuseram uma mudança nas regras do Senado para permitir que o *filibuster* fosse encerrado com uma votação de maioria simples, dessa forma possibilitando que a maioria do Senado votasse a favor do projeto de lei de Lodge.[152] Mas a medida foi bloqueada por uma coalizão de democratas e de republicanos "prata" do oeste, que tinham votado pela reforma da moeda.[153] E assim foi enterrado o projeto de lei de Lodge, que poderia ter preservado a lisura das eleições em todo o país.

Sem proteção federal aos direitos de voto, qualquer aparência de democracia no Sul logo desapareceu: a participação negra nas eleições despencou de 61% em 1880 para impensáveis 2% em 1912.[154] Na Louisiana, no Mississippi e na Carolina do Sul, estados de *maioria afro-americana*, apenas 1% ou 2% dos negros podiam votar.[155] Em 1876, Robert Toombs, um destacado político da Geórgia, havia declarado: "Deem-nos uma convenção e eu darei um jeito nela para que o 'povo' governe e o negro nunca mais seja ouvido".[156] Dentro de uma geração, seu desejo — compartilhado por supremacistas brancos em todo o Sul — se concretizou.

O Sul sucumbiu a quase um século de autoritarismo.[157] A privação dos direitos dos negros minou a competição política e consolidou em seu

lugar o governo de partido único em todo o Sul.[158] Em cada estado pós-
-confederado, à exceção do Tennessee, o Partido Democrata manteve o
poder de forma ininterrupta por mais de setenta anos. Em cinco estados
os democratas exerceram o poder continuamente por *mais de um século*.
Nas palavras de W. E. B. Du Bois, "a democracia só não morreu no coração
da gente negra".[159]

4. Por que o Partido Republicano abandonou a democracia

Quase um século após o fim da reconstrução, o presidente Lyndon Johnson, diante de uma sessão conjunta do Congresso em novembro de 1963, declarou: "Já falamos muito neste país sobre direitos iguais. Falamos por cem anos, ou mais. É hora de escrever o próximo capítulo, e escrevê-lo nos livros da lei".[1]

Numa guinada histórica, o Partido Democrata de Johnson, com sua ala liberal agora suplantando a ala conservadora sulista, tornava-se o maior defensor dos direitos civis nos Estados Unidos. Se a Reconstrução havia sido a "segunda fundação" do país, as decisões dos tribunais e as reformas que culminaram na Lei dos Direitos Civis de 1964 e na Lei dos Direitos de Voto de 1965 representaram uma "terceira fundação", estabelecendo um alicerce jurídico mais sólido para a democracia multirracial. Dessa vez as reformas foram apoiadas por maiorias em ambos os partidos. Mas, como a facção segregacionista do Partido Democrata de Johnson se opunha veementemente aos direitos civis, a verdade é que essas leis não teriam sido aprovadas sem forte apoio republicano.

Uma das figuras-chave nesse processo foi o deputado republicano William McCulloch, de Ohio, um conservador do Meio-Oeste e membro do Comitê Judiciário da Câmara. Descendente de abolicionistas de Ohio, McCulloch foi um dos defensores da Lei dos Direitos Civis de 1964. Sob sua liderança, 80% dos republicanos votaram a favor do projeto (aos quais se somaram 61% dos democratas da Câmara).[2] Da mesma forma, no Senado — que, por causa do *filibuster*, era tradicionalmente um cemitério de legislações sobre direitos civis —, o líder da minoria republicana, Everett

Dirksen, de Illinois, mobilizou o apoio de seu partido à lei. No fim das contas, mais de 80% dos senadores republicanos votaram a favor do projeto, sendo acompanhados por 69% dos democratas.[3] De acordo com seu biógrafo, Dirksen considerava essa conquista política a mais significativa de sua carreira.[4] A Lei dos Direitos de Voto de 1965 também teve o apoio majoritário de ambos os partidos. Trinta republicanos do Senado votaram a favor, e um contra. Assim, num momento crítico em meados do século xx, o Partido Republicano desempenhou um papel vital na aprovação dos direitos civis e nas reformas dos direitos de voto, ajudando os Estados Unidos a passarem para um sistema mais democrático.

Sessenta anos depois, esse mesmo partido se tornou irreconhecível: tendo sido fundamental para a aprovação da Lei dos Direitos de Voto de 1965, ele rejeitou unanimemente a legislação federal destinada a restaurá-la em 2021.[5] Mas o Partido Republicano fez mais do que voltar as costas aos direitos de voto. Nas palavras da sóbria publicação britânica *The Economist*, ele "voltou as costas à democracia".[6]

Na verdade, um mês antes de Donald Trump tentar subverter a eleição presidencial de 2020, um importante senador republicano, Mike Lee, pôs em dúvida o princípio básico da própria democracia: "O objetivo não é a democracia, e sim a liberdade, a paz e a prosperidade".[7] Ele tuitou: "Queremos que o ser humano prospere. E a democracia absoluta pode constituir um impedimento a isso".

Durante décadas, os republicanos foram um partido tradicional de centro-direita, não muito diferente do Partido Conservador da Grã-Bretanha, do Partido Conservador do Canadá ou da União Democrata Cristã da Alemanha. A maioria de seus líderes compartilhava um amplo compromisso com a democracia. Não mais.

O Instituto V-Dem (Variedades de Democracia), que rastreia a democracia global, atribui aos principais partidos políticos do mundo uma nota anual de "iliberalismo", que mede seus desvios de normas democráticas como o pluralismo e os direitos civis, a tolerância à oposição e a rejeição à violência política.[8] A maioria dos partidos conservadores europeus costuma receber uma nota muito baixa, sugerindo um forte compromisso com a democracia. Assim também o Partido Republicano dos Estados Unidos — até o fim dos anos 1990. No século XXI, a nota do partido disparou. Em 2009, o V-Dem concluiu que, em termos de compromisso com a democracia, o Partido Republicano era agora "mais parecido com partidos autocráticos governantes como o AKP turco e o Fidesz húngaro do que com os típicos partidos governantes de centro-direita".[9]

Por que o Partido Republicano saiu dos trilhos?[10] E o que isso significa para a democracia americana?

PARADOXALMENTE, as raízes da transformação do Partido Republicano estão em sua reação à mesma democracia multirracial que ele ajudou a construir. Essa transformação não ocorreu da noite para o dia. Na primeira metade do século XX, os republicanos eram o partido dos empresários e dos ricos, com facções que incluíam grupos manufatureiros do Nordeste, agricultores do Meio-Oeste, conservadores de cidadezinhas e eleitores brancos protestantes fora do Sul.[11] Essa coalizão permitiu que os republicanos dominassem a política nacional no fim do século XIX e no começo do século XX: nas quatro décadas entre 1890 e 1930, o Partido Republicano controlou a presidência por trinta anos e o Senado por 32. Mas as coisas mudaram nos anos 1930, à medida que a Grande Depressão e o New Deal reformulavam a política americana. Milhões de eleitores urbanos de classe operária — negros e brancos — passaram a rejeitar os republicanos, estabelecendo os democratas do New Deal como o novo partido majoritário.[12] Os democratas ganharam cinco eleições presidenciais consecutivas entre 1932 e 1948. Os republicanos corriam o risco de se tornar uma "minoria permanente".[13]

O Partido Republicano estava diante do mesmo "dilema conservador" enfrentado ao longo da história por legendas conservadoras: como pode um partido de elites econômicas estender seu apelo para um eleitorado mais amplo e ao mesmo tempo preservar os interesses, o poder e o estilo de vida de seus principais eleitores?[14]

Para quebrar a maioria do New Deal, fez o que se espera que os partidos perdedores façam numa democracia: foi em busca de novos eleitores. Depois da Segunda Guerra Mundial, os dirigentes republicanos voltaram os olhos para o Sul.[15] Como legenda da Reconstrução, o Partido Republicano quase não havia tido presença no Sul segregacionista em meados do século. Na verdade, como observaram dois historiadores do Sul, o termo "republicano" ainda era usado como "xingamento" na região.[16]

Mas mudanças que ocorriam no Partido Democrata abriram uma brecha. No fim dos anos 1930, a ala liberal do Partido Democrata forjou uma aliança com a Associação Nacional para o Progresso de Pessoas de Cor e com o Congresso de Organizações Industriais a fim de promover os direitos civis, pressionando por leis contra o linchamento, pela abolição das taxas de votação e por leis trabalhistas justas.[17] Aos poucos, a coalizão dos direitos civis passou a dominar o partido.[18] Enquanto Franklin D. Roosevelt havia evitado a questão, Harry Truman se tornou o primeiro presidente democrata a adotá-la abertamente, e pela primeira vez os democratas incluíram direitos civis como um princípio forte em sua plataforma de 1948. A mudança não agradou aos brancos sulistas, 98% dos quais ainda apoiavam a segregação no começo da Segunda Guerra Mundial.[19] Em 1938, no debate parlamentar sobre a legislação contra o linchamento, o senador segregacionista Josiah Bailey, da Carolina do Norte, advertira seus colegas democratas de que o apoio aos direitos civis destruiria o partido no Sul. Bailey lembrou que, quando os republicanos do século XIX tentaram impor a Reconstrução no Sul, "nós nos ressentimos e os odiamos com um ódio intenso que sobreviveu a gerações".[20] Os democratas não poderiam acomodar direitos civis e brancos sulistas por muito tempo.

Rachaduras na coalizão democrata apareceram em 1948, quando o governador segregacionista da Carolina do Sul, Strom Thurmond, respondeu à plataforma pró-direitos civis do partido abandonando-o e lançando uma candidatura presidencial de terceira via com o recém-formado Partido Democrata dos Direitos dos Estados (ou "Dixiecrat").[21] A rebelião Dixiecrat deixou claro que o "sólido Sul" dos democratas já não era tão sólido, e os líderes republicanos viram uma oportunidade de construir uma nova maioria. Em 1950 e 1951, o presidente do Comitê Nacional Republicano, Guy Gabrielson, viajou pelo Sul, comentando, num discurso em Little Rock, que a raiva dos brancos sulistas contra Truman fazia da região um "grande campo de caça".[22] De início, os líderes do Partido Republicano divergiram sobre a melhor maneira de avançar na região. Enquanto conservadores como Gabrielson buscavam alinhar-se com os Dixiecrats, o presidente Dwight Eisenhower lançou a Operação Dixie, que tinha como objetivo fazer do Partido Republicano a casa dos moderados urbanos e suburbanos do Sul.[23]

Os conservadores acabaram se impondo. Eventos de grande destaque, como a decisão do caso *Brown contra o Conselho de Educação*, de 1954, o boicote aos ônibus de 1955-6 em Montgomery e o envio de tropas federais para integrar a Little Rock Central High School provocaram uma resistência branca generalizada no Sul.[24] No começo dos anos 1960, informou o jornalista Robert Novak, muitos líderes republicanos de direita "vislumbravam substancial ouro político a ser garimpado na crise racial, tornando-se [...] o Partido do Homem Branco".[25] Essa é a lógica por trás da "Longa Estratégia Sulista" — um esforço de uma década de duração para atrair "sulistas brancos que se sentiam alienados, irritados e ressentidos por políticas que concediam igualdade e procuravam nivelar o campo de jogo para os grupos" minoritários.[26]

Esses esforços começaram para valer em 1964, ano em que foi promulgada a Lei dos Direitos Civis. Embora a maioria dos republicanos do Congresso tenha votado a favor da lei, forças poderosas pressionavam na direção oposta.[27] A principal delas era o senador Barry Goldwater, o candidato presidencial do Partido Republicano em 1964. Seguindo uma estratégia que ele próprio descreveu como "caçar onde os patos estão", Goldwater correu vigorosamente atrás do voto sulista branco.[28] Assim, ele votou contra a Lei dos Direitos Civis, defendeu os "direitos dos estados" e fez campanha em todo o Sul, apoiado entusiasticamente pelo segregacionista Strom Thurmond.[29] Embora tenha sofrido uma derrota acachapante em 1964, Goldwater venceu com facilidade no Sul Profundo.

A revolução dos direitos civis abalou o sistema partidário dos Estados Unidos.[30] Depois de 1964, os democratas começaram a se estabelecer como o partido dos direitos civis, atraindo uma maioria de eleitores negros. Os republicanos, por sua vez, se reposicionaram aos poucos como o partido do conservadorismo racial, dirigindo-se a eleitores que resistiam ao desmantelamento das hierarquias tradicionais e acabando por se tornar o que o ex-estrategista do partido Stuart Stevens chama de, "para todos os efeitos, o Partido Branco" dos Estados Unidos.[31] De fato, em *todas as eleições presidenciais desde 1964* o Partido Republicano recebeu a maior fatia de votos de eleitores brancos.

O conservadorismo racial rendia bons dividendos eleitorais. Nos anos 1960, quase 90% da população americana era branca. E pesquisas de opinião pública mostravam uma considerável apreensão dos brancos — tanto no Norte como no Sul — no tocante à questão dos direitos civis.[32] Embora o apoio à segregação formal tivesse diminuído, a maior parte dos brancos nos *dois* grandes partidos se opunha a políticas governamentais destinadas a combater a segregação, como a adoção do transporte escolar integrado e ações afirmativas.[33] A reação branca foi intensificada pelos distúrbios urbanos de 1965-8.[34] Em 1966, pesquisas revelavam que a "desordem social" tinha passado à frente dos direitos civis como a maior preocupação dos eleitores, e, numa pesquisa ao final daquele ano, 85% dos brancos disseram que os negros estavam andando "rápido demais" na direção da igualdade racial.[35]

O ressentimento cada vez maior dos brancos contra os direitos civis daria força ao que o estrategista Kevin Phillips chamou de maioria republicana emergente.[36] Numa sociedade dividida por questões de raça e ainda majoritariamente branca, disse Phillips, o Partido Republicano poderia reconquistar o status de maioria "caso os democratas pudessem ser rotulados de 'Partido do Homem Negro' e os republicanos se estabelecessem como defensores das tradições raciais sulistas".[37] A chave para a nova maioria republicana eram os brancos do Sul. Apesar dos laços tradicionais que eles mantinham com os democratas, Phillips acreditava que "abandonariam o partido em revoada no minuto em que se tornasse um partido negro".[38]

Embora apelos abertamente racistas já não fossem aceitáveis, políticos republicanos poderiam atrair brancos racialmente conservadores utilizando uma linguagem implícita ou "codificada" que ressaltasse "a lei e a ordem" e opondo-se ao transporte escolar integrado e outras medidas de dessegregação.[39] Essa foi a essência da estratégia sulista de Richard Nixon, e deu certo: em 1968, 80% dos brancos sulistas votaram em Nixon ou no candidato de terceira via George Wallace, um antigo segregacionista.[40] Quatro anos depois, Nixon conquistou 75% dos votos de Wallace a caminho de uma reeleição esmagadora.[41]

Ronald Reagan deu continuidade à estratégia sulista. Ele havia se mostrado contrário à Lei dos Direitos Civis e à Lei dos Direitos de Voto nos anos 1960 e continuou adotando os "direitos dos estados" até os anos 1980.[42] Num ato marcado por inegável simbolismo, lançou sua campanha presidencial de 1980 na Feira Agropecuária do Condado de Neshoba, em Filadélfia, no Mississippi, onde três ativistas dos direitos civis tinham sido brutalmente assassinados em 1964.[43] Mas Reagan acrescentou uma nova ponta de ataque: uma estratégia branca *cristã*.[44]

Os cristãos evangélicos brancos, concentrados no Sul, não tinham um partido preferencial antes de 1980.[45] Em 1976, dividiram seus votos entre Jimmy Carter e Gerald Ford. No fim da década de 1970, no entanto, líderes evangélicos, tendo à frente o reverendo Jerry Falwell, entraram na briga partidária, ao fundar a organização Moral Majority.[46] Múltiplas questões os levaram a entrar na política, por exemplo a oposição aos direitos dos homossexuais, a Emenda da Igualdade de Direitos e a decisão *Roe contra Wade*, em 1973.[47] Mas, como reconheceu mais tarde o ativista da direita cristã Paul Weyrich, um grande catalisador foram os esforços do governo Carter para pôr fim à segregação em escolas cristãs particulares, com a suspensão de isenções fiscais para aquelas que continuassem segregando.[48] Sob a liderança de Falwell, a Moral Majority adotou o Partido Republicano e fez campanha por Reagan em 1980.[49] Reagan, por sua vez, defendia os pontos de vista evangélicos, incorporando boa parte deles à plataforma republicana.[50] Assim, conseguiu atrair eleitores brancos sulistas e evangélicos para o Partido Republicano.[51] Ele foi reeleito em 1984 com 72% dos votos de brancos sulistas e 80% dos votos de evangélicos brancos.[52]

A "Grande Virada Branca" ajudou a tornar realidade a nova maioria republicana de Phillips.[53] Os republicanos passaram a ser o principal partido dos Estados Unidos, vencendo todas as eleições presidenciais de 1968 a 1988, com exceção do pleito pós-Watergate, em 1976. Em 1994 conquistaram a Câmara dos Deputados pela primeira vez desde 1955.[54] No ano seguinte, controlavam a Câmara, o Senado e trinta governos estaduais.

Mas a Grande Virada Branca, se levou a uma nova maioria republicana, também criou um monstro. Na virada do século, pesquisas mostravam que a maioria dos republicanos brancos tinha alta pontuação no quesito que os cientistas políticos chamam de "ressentimento racial".[55] As notas de ressentimento racial se baseiam no nível de concordância ou discordância individual quanto a quatro declarações incluídas no Estudo Nacional das Eleições Americanas:[56]

1. Irlandeses, italianos, judeus e muitas outras minorias superaram o preconceito e abriram seu caminho na sociedade. Os negros deveriam fazer o mesmo sem quaisquer favores especiais.
2. Gerações de escravidão e discriminação criaram condições que tornam difícil para os negros abrir seu caminho na sociedade e sair da classe baixa.
3. Nos últimos anos, os negros receberam menos do que merecem.
4. O verdadeiro problema é que algumas pessoas não se esforçam o bastante; se os negros se esforçassem mais, poderiam ser tão bem-sucedidos quanto os brancos.

O sucesso na conquista de sulistas e outros brancos com alta pontuação em ressentimento racial criou um problema comum entre os partidos de elites conservadoras que se apegam a um novo e energizado eleitorado: o Partido Republicano ficou vulnerável à captura.[57] Nesse caso, foi capturado por sua *base racialmente conservadora*. E isso é relevante porque, embora os republicanos ainda fossem em sua maioria brancos e cristãos no século XXI, esse já não era o caso dos Estados Unidos.

A SOCIEDADE AMERICANA SE TORNOU bem mais diversificada no fim do século XX e começo do século XXI.[58] A Lei de Imigração e Nacionalidade de 1965, aprovada com forte apoio bipartidário, abriu as portas para uma longa onda de imigração, particularmente da América Latina e da Ásia. A porcentagem de americanos brancos não hispânicos caiu de 88% em 1950 para 69% em 2000, e apenas 58% em 2020.[59] Os americanos de origem africana, hispânica e asiática, além dos povos nativos, agora compunham 40% da população dos Estados Unidos.[60] Entre os americanos de menos de dezoito anos, eram maioria.[61] Em todo o país, bairros e escolas estavam mais integrados.[62] De acordo com dados do censo demográfico, a porcentagem de americanos brancos moradores de bairros predominantemente brancos caiu de 78% em 1990 para 44% em 2020.[63] As taxas de casamentos inter-raciais dispararam, assim como a porcentagem de americanos que se identificam como multirraciais.[64] A diversidade religiosa também aumentou, e os Estados Unidos se tornaram acentuadamente menos cristãos. Enquanto mais de 80% dos americanos se identificavam como brancos e cristãos (protestantes ou católicos) em 1976, esse número caiu para apenas 43% em 2016.[65]

Essas transformações alteraram a face da política americana. Nas últimas quatro décadas, o número de parlamentares não brancos aumentou mais de quatro vezes.[66] O número de afro-americanos no Congresso (Câmara e Senado) passou de dezessete em 1980 para 61 em 2021.[67] No mesmo período, o número de membros hispânicos ou latino-americanos subiu de seis para 46; o de asiático-americanos saltou de seis para dezessete; e o de nativos americanos foi de zero para cinco. A Suprema Corte também parece bem diferente agora: enquanto em 1966 os nove ministros eram homens brancos, em 2022 eles eram uma minoria (quatro em nove).

Uma crescente diversidade étnica e o movimento pela igualdade racial deram origem ao que Jennifer Hochschild, Vesla Weaver e Traci Burch chamam de nova "ordem racial".[68] Ao contrário de "ordens raciais" anteriores, marcadas por claros limites entre grupos étnicos e hierarquias raciais estabelecidas (com os brancos no topo), as mudanças do fim do século XX e começo do século XXI tornaram indistintas as fronteiras de raça e enfraqueceram essas hierarquias. Essas mudanças se manifestaram de várias formas, incluindo uma representação maior de famílias não brancas e mestiças na televisão e nas telas de cinema; contestações nas salas de aula e nas redações de jornais a narrativas históricas arraigadas que ignoravam o passado racista dos Estados Unidos; e a tolerância cada vez menor da sociedade a comportamentos racistas.

Além disso, no começo do século XXI os americanos passaram a adotar cada vez mais os princípios básicos da democracia multirracial. O apoio público à imigração e à diversidade aumentou de modo firme e constante.[69] Em 2018, de acordo com o Pew Research Center, 60% dos americanos concordavam que "um número cada vez maior de recém-chegados fortalece a sociedade americana" e que a diversidade étnica faz dos Estados Unidos "um lugar melhor para viver".[70] Os americanos demonstravam também um compromisso crescente com a igualdade racial. Em 1973, apenas 35% apoiavam leis proibindo a discriminação na venda de imóveis e 64% preferiam deixar que os proprietários decidissem; em 2015, 79% dos americanos apoiavam a proibição da discriminação na venda de imóveis.[71] E, segundo o Gallup, a porcentagem de americanos que acham que novas leis de direitos civis são necessárias para reduzir a discriminação contra os negros subiu de 26% em 2003 para 60% em 2020.[72]

As atitudes em relação à diversidade e à igualdade racial mudaram mais acentuadamente entre os americanos mais jovens, que são menos brancos e menos cristãos do que os mais velhos. Numa pesquisa feita em 2014 pelo Public Religion Research Institute, apenas 29% dos entrevistados com idade de dezoito a 29 anos se identificaram como brancos e cristãos, contra 67% dos entrevistados com mais de 65 anos.[73] As gerações mais novas também são consideravelmente menos conservadoras em questões de raça e imigração (e de gênero e orientação sexual).[74] Em 2018, o Pew revelou que 52% dos millennials acreditavam que a discriminação é "o principal motivo para que os negros não avancem hoje em dia", em comparação com 36% da geração baby boomer e 28% da chamada Geração Silenciosa.[75]

A proteção legal desigual sem dúvida persistiu pelo século XXI, e atos de discriminação racial e outros abusos contra direitos civis continuaram.

Mas as violações passaram a ser cada vez mais contestadas, tanto na esfera política como jurídica.[76] Devido à mudança da opinião pública e à eficácia de organizações como a Associação Nacional para o Progresso de Pessoas de Cor e o Fundo Mexicano-Americano de Defesa Legal e Educação, além de movimentos sociais como o Black Lives Matter, atos de racismo e discriminação costumam desencadear escândalos públicos e sérios esforços (ainda que nem sempre bem-sucedidos) para processar os infratores.[77]

O avanço da democracia multirracial refez os Estados Unidos. Mas também representou uma ameaça eleitoral para o Partido Republicano do final do século xx. Ele continuava sendo um partido esmagadoramente branco e cristão; em 2012, quatro em cada cinco eleitores republicanos eram brancos e cristãos (ou seja, protestantes ou católicos).[78] Mas a fatia cristã e branca do eleitorado americano encolhia rapidamente: de 75% nos anos 1990, ficou reduzida a pouco mais de 50% do eleitorado nos anos 2010.[79]

A eleição (2008) e reeleição (2012) de Barack Obama expuseram as limitações da estratégia sulista do Partido Republicano.[80] Em 1980, Ronald Reagan conquistou 55% dos votos de eleitores brancos e traduziu esse número numa vitória esmagadora em 44 estados. Trinta e dois anos depois, Mitt Romney obteve uma fatia ainda maior (59%) dos votos de brancos, *mas ainda assim perdeu a eleição.*

A crescente diversidade dos Estados Unidos não significou necessariamente a ruína do Partido Republicano. A demografia não determina o destino político. Identidades sociais e políticas estão sempre evoluindo, muitas vezes de maneira imprevista, influenciadas tanto pelas circunstâncias como por estratégias partidárias. Os partidos podem se adaptar e descobrir novas maneiras de atingir amplos eleitorados — e frequentemente o fazem. Mas aqueles que não se adaptam a mudanças sociais e demográficas se arriscam a sofrer desastres eleitorais.

Vejamos o caso do Partido Republicano na Califórnia. A recente onda de imigração na Califórnia transformou um estado mais de 80% branco nos anos 1950 num estado majoritariamente não branco no fim do século.[81] Ao longo do século xx, a Califórnia pendeu para os republicanos, que

Por que o Partido Republicano abandonou a democracia

elegeram treze dos dezessete governadores do estado no período. Mas, no começo dos anos 1990, com a economia em recessão, o governador republicano, Pete Wilson, que pretendia se reeleger em 1994, viu-se em péssima colocação nas pesquisas eleitorais.

A fim de recuperar sua posição, Wilson recorreu ao forte ressentimento entre a maioria branca do estado, então em declínio. Como os brancos ainda formavam 80% do eleitorado naquela época, superando de longe os votos latino-americanos (8%), uma postura anti-imigração parecia uma boa aposta política.[82] Assim, Wilson deu uma forte guinada para a direita, apoiando uma controvertida iniciativa popular, a Proposta 187, que restringia o acesso de imigrantes sem documentação à assistência médica e à educação e exigia que professores, médicos e enfermeiros denunciassem às autoridades qualquer pessoa suspeita de não ter os documentos necessários.[83] Além disso, Wilson pediu a suspensão temporária da imigração legal e o fim da política de cidadania por direito de nascença. Foi reeleito graças a uma esmagadora maioria de 62% de votos dos eleitores brancos.[84] A Proposta 187 também prosperou, com 63% dos votos de brancos, apesar da oposição de mais de três quartos dos latino-americanos e da maioria dos americanos de origem africana e asiática.[85] Os republicanos apoiaram ainda iniciativas populares nos anos 1990 que proibiam a ação afirmativa em empregos do setor privado e no ensino superior e restringiam o ensino bilíngue nas escolas públicas.[86]

Apesar de inicialmente bem-sucedida nas urnas, a estratégia anti-imigração do Partido Republicano na Califórnia acabou sendo contraproducente, uma vez que não só o estado se diversificou como também, em pouquíssimo tempo, os imigrantes de primeira ou segunda geração estavam votando. Em 2000, os não brancos já eram maioria no estado, e em 2021 cerca de 60% dos *eleitores* californianos eram não brancos.[87] Tendo alienado essa maioria emergente em troca de ganhos eleitorais de curto prazo, os republicanos sofreram um colapso político de proporções históricas. Perderam o controle do legislativo estadual em 1996 e nunca mais o recuperaram. Perderam todas as eleições para o Senado desde 1992. E, com a exceção de Arnold Schwarzenegger, um político moderado de fora do sistema político tradicional que se tornou governador num referendo revogatório em 2003, nunca mais conquistaram o governo do estado. A filiação ao Partido Republicano despencou de maneira tão vertiginosa que em 2016 ficou em terceiro lugar no estado, atrás dos democratas e de "outros".[88]

O que aconteceu com o Partido Republicano na Califórnia não era inevitável. Tornar-se representante da maioria branca cristã em declínio *foi uma opção política*. Essas escolhas são tentadoras: oferecem consideráveis recompensas de curto prazo. Mas, como a Califórnia bem demonstra, podem acabar sendo desastrosas.

Os líderes nacionais do Partido Republicano estavam cientes desses riscos já no começo do século XXI. Reince Priebus, que se tornou presidente do Comitê Nacional Republicano em 2011, tinha um gráfico em seu escritório na sede do comitê mostrando o crescimento da população hispânica e o correspondente nível de apoio branco de que um candidato republicano a presidente precisaria para ganhar futuras eleições.[89] A linha subiu inexoravelmente a partir de 2012. Como disse o jornalista Jeremy Peters: "A conclusão era inegável. Não havia como o Partido Republicano sobreviver apenas com uma fatia cada vez maior de votos de eleitores brancos".[90] Lindsey Graham, senador republicano pela Carolina do Sul, foi ainda mais curto e grosso, observando, em 2012: "Não estamos produzindo brancos irritados em quantidade suficiente para continuar no mercado por muito tempo".[91]

Para alguns líderes nacionais do Partido Republicano, a solução era clara: se não conseguia mais conquistar maiorias nacionais apelando aos eleitores cristãos brancos e conservadores, a legenda precisava atrair novos eleitorados, sobretudo entre não brancos. Isso significava evitar o erro cometido pelos republicanos da Califórnia. Em 2005, o presidente do comitê, Ken Mehlman, reconheceu que o partido havia apelado para o racismo no passado e rejeitou publicamente a prática, declarando: "Estou aqui hoje como presidente dos republicanos para lhes dizer que erramos".[92] Michael Steele, que em 2009 se tornou o primeiro afro-americano a presidir o Comitê Nacional Republicano, proclamou o fim da estratégia sulista e criou um "departamento de coalizões" a fim de desenvolver estratégias de expansão da base eleitoral do partido.[93]

Mas o esforço mais destacado para ampliar o eleitorado republicano veio no rescaldo da reeleição de Barack Obama em 2012, quando o presidente do Comitê Nacional Republicano, Reince Priebus, lançou o que ele chamou de "a avaliação eleitoral mais abrangente" já realizada após a derrota de um partido.[94] Seu relatório final, conhecido como a "autópsia" do Comitê Nacional Republicano, criticou severamente a obsessão pelos eleitores brancos, advertindo que o partido estava ficando "marginalizado" por "não trabalhar fora dos limites do seu eleitorado básico".[95] Reconhecendo que os Estados Unidos hoje "têm outra configuração", a autópsia recomendava que os republicanos fossem mais "acolhedores e inclusivos" com os não brancos.[96] O maior temor era de que os eleitores hispânicos percebessem que o Partido Republicano "não os quer nos Estados Unidos".[97] Se o partido não parasse de "falar apenas consigo mesmo", seria "cada vez mais difícil para os republicanos vencer uma eleição presidencial no futuro próximo".[98] Uma das principais recomendações do relatório era que o partido apoiasse uma reforma das leis de imigração que oferecesse a imigrantes sem documentos um caminho para a cidadania.[99]

A autópsia de 2013 foi outro exemplo do que se supõe que partidos derrotados façam numa democracia: adaptar-se a mudanças no eleitorado. Preocupados com a crescente vulnerabilidade eleitoral do Partido Republicano em face de uma sociedade em transformação, líderes nacionais como Mehlman, Steele e Priebus tentaram afastar a legenda do caminho "racializado" em que este havia embarcado nos anos 1960. Mas grande parte da base republicana — líderes locais, ativistas e eleitores confiáveis nas eleições primárias que dominam a organização de base do partido — estava se radicalizando e empurrando os republicanos em outra direção.

De fato, ao mesmo tempo que líderes do Comitê Nacional Republicano davam entrevistas coletivas expondo seus planos para atrair americanos não brancos, republicanos em nível estadual — apoiados pelos mesmos líderes do comitê — se empenhavam em dificultar o voto desses cidadãos.[100] A participação eleitoral de negros, latino-americanos, asiático-americanos e eleitores mais jovens, ou o que Ronald Brownstein chamou de "coalizão dos ascendentes", aumentou de maneira acentuada em 2008 e 2012.[101] Em

2012, pela primeira vez na história dos Estados Unidos a taxa de comparecimento dos negros excedeu a dos brancos.[102] Enquanto a maioria dos partidos muda de *estratégia* em resposta à derrota eleitoral, a resposta do Partido Republicano em muitos estados foi mudar — na verdade, encolher — o eleitorado.

Após a vitória dos republicanos nas eleições de meio de mandato de 2010, nas quais conquistaram o controle de onze legislativos estaduais e estabeleceram supermaiorias em vários outros, o Partido Republicano conduziu uma onda de reformas defensivas destinadas a restringir o acesso às urnas.[103] Muitos desses projetos eram "leis de identificação do eleitor", exigindo que os eleitores se identificassem com fotos emitidas pelo governo. Antes de 2005, nenhum estado americano exigia identificação com foto para votar, e antes de 2011 isso só acontecia na Geórgia e em Indiana.[104] Mas, de 2011 a 2016, treze estados — todos comandados por republicanos — aprovaram rigorosas leis de identificação com foto.[105] As leis foram adotadas por razões em princípio razoáveis: combater a fraude e evitar que uma pessoa votasse no lugar de outra. Mas havia dois problemas. Primeiro, os casos de fraude eleitoral — sobretudo aquela em que uma pessoa vota por outra — são praticamente inexistentes nos Estados Unidos.[106] Sob o presidente George W. Bush, o Departamento de Justiça lançou uma enorme campanha para identificar e punir crimes de fraude às urnas,[107] mas não encontrou praticamente nenhum caso. De centenas de milhões de votos depositados, apenas 35 eleitores foram condenados por fraude entre 2002 e 2005. A maioria dos casos tinha a ver com erros simples ou violações das leis de registro eleitoral. Nenhum deles teria sido evitado por uma lei de identificação do eleitor.

As leis de identificação, portanto, foram a solução para um problema que não existia, o que significa que é quase certo que seu objetivo *não* era impedir a fraude. Na verdade, a intenção era dificultar o voto para certos americanos — sobretudo negros, latino-americanos e pobres. Este é o segundo problema das leis de identificação do eleitor: a parcialidade. Exigir identificação para votar não é um ato inerentemente antidemocrático. A maioria das democracias exige. Mas, ao contrário do que acontece em

Por que o Partido Republicano abandonou a democracia 107

outras democracias do mundo, nos Estados Unidos não há um sistema nacional de identificação, e muitos cidadãos não têm a carteira de identidade com foto exigida pelas leis. Segundo um estudo do Brennan Center for Justice, mais de 10% dos cidadãos em idade de votar em 2012 não possuíam uma carteira de identidade com foto emitida pelo governo.[108] O problema era mais grave entre eleitores pobres e pertencentes a minorias.[109] Em 2011, por exemplo, quando o Texas aprovou uma lei de identificação do eleitor, a probabilidade de eleitores negros registrados não terem o documento necessário para votar era duas vezes maior do que a de eleitores brancos.[110] E a probabilidade de eleitores latino-americanos registrados não terem uma carteira de identidade válida era três vezes maior do que a de eleitores brancos.

A supressão eleitoral foi especialmente severa nos estados com maior equilíbrio de eleitores democratas e republicanos. Na Flórida, por exemplo, os republicanos reduziram o período de votação antecipada de duas semanas para oito dias, e o último domingo antes do dia da eleição — quando muitos afro-americanos tradicionalmente votam — foi excluído.[111] A medida atingiu os eleitores negros com severidade desproporcional: embora constituíssem apenas 13% do eleitorado da Flórida, os afro-americanos representavam mais de um terço dos eleitores do estado que recorriam ao voto antecipado.[112] A nova legislação impunha novos e onerosos requisitos aos grupos dedicados ao registro de eleitores; por exemplo, eles tinham que entregar formulários preenchidos dentro de 48 horas, sob pena de pagar pesadas multas.[113] A lei era tão radical que levou a League of Women Voters a suspender sua campanha de registro de eleitoras no estado.[114] Finalmente, em 2011, o governador Rick Scott restabeleceu uma lei estadual recém-revogada que privava criminosos do direito de voto, tornando a Flórida um dos três estados americanos (ao lado do Kentucky e da Virgínia) que impediam criminosos de votar — mesmo depois de terem cumprido pena.[115] A medida atingiu com severidade desproporcional os afro-americanos: na esteira da decisão de Scott, espantosos 21% dos adultos afro-americanos do estado tiveram seu direito de voto negado.[116]

Na Carolina do Norte, leis de votação antecipada e registro eleitoral imediato adotadas nos primeiros anos do século XXI resultaram em um aumento substancial na participação: o estado saiu do 37º lugar em comparecimento às urnas em 1996 para o 11º lugar em 2012.[117] A participação negra subiu 65% entre 2000 e 2012, e em 2008 e 2012 superou a participação branca.[118] Mas, em 2012, depois de assumir o controle do governo e do legislativo estadual, o Partido Republicano aprovou uma nova lei de votação eliminando o registro eleitoral imediato, encurtando o período de votação antecipada, proibindo os condados de estenderem o horário de votação em caso de filas longas demais e impondo uma das leis de identificação do eleitor mais rigorosas e racialmente tendenciosas do país.[119] De acordo com uma análise, os legisladores republicanos "coletaram [...] dados sobre os tipos de identificação que os negros tinham e não tinham e então adaptaram a lista de carteiras de identidade eleitoralmente aceitáveis de modo a favorecer os brancos".[120] Quando a lei foi enfim derrubada num tribunal federal, este comentou que ela atingia os afro-americanos "com precisão quase cirúrgica".

Esse é um exemplo clássico de guerra jurídica: legislação em teoria destinada a combater a fraude, mas na verdade projetada para reduzir a participação de eleitores de baixa renda, de grupos minoritários e jovens. Como reconheceu o ex-estrategista republicano Stuart Stevens, os republicanos "não estão no mesmo compasso do país. E sabem disso, razão pela qual querem mudar o jeito de votar das pessoas. Trata-se apenas de uma variação da taxa de votação e do teste de alfabetização".[121] Um ex-assessor legislativo republicano no Wisconsin observou numa reunião de líderes do Partido Republicano em 2015 que os senadores republicanos "estavam eufóricos com as ramificações" de uma nova lei de identificação do eleitor, muitos deles ressaltando as "perspectivas de supressão de eleitores de minorias e universitários".[122] Dos onze estados com maior comparecimento negro às urnas em 2008, sete adotaram novas restrições ao voto depois de 2010, e, dos doze com o maior índice de crescimento da população hispânica entre 2000 e 2010, nove aprovaram leis eleitorais mais restritivas no mesmo período.[123]

Estudos mostraram que, até hoje, as leis de identificação do eleitor tiveram efeitos modestos.[124] Mas isso não as torna menos danosas. Quando lutou com Shane Mosley com luvas adulteradas, em 2009, o campeão de boxe meio-médio Antonio Margarito foi suspenso do esporte por um ano — apesar de ter perdido a luta.[125] Só por ser ineficaz o comportamento antidemocrático não se torna aceitável. Além disso, os efeitos marginais são importantes. A eleição presidencial de 2000 foi decidida por 537 votos no estado da Flórida. A eleição de 2020 foi decidida por 40 mil votos em três estados. Mesmo mudanças modestas na taxa de comparecimento às urnas podem distorcer os resultados de uma eleição apertada.

Os POLÍTICOS REPUBLICANOS TALVEZ TEMESSEM perder eleições no começo do século XXI, mas muitos de seus eleitores temiam perder algo muito maior: o próprio país, ou, mais precisamente, seu lugar nele.[126] Ao longo da história americana, os protestantes brancos ocuparam o topo de uma hierarquia racial aparentemente inabalável.[127] Da fundação aos anos 1960, cargos de poder e prestígio foram ocupados, quase sem exceção, por brancos protestantes. Mesmo no final dos anos 1980, apenas homens brancos haviam sido presidentes, vice-presidentes, presidentes da Câmara, líderes da maioria no Senado, ministros da Suprema Corte, presidentes do Federal Reserve e do Estado-Maior Conjunto.[128] Até 1989, todos os governadores de estado haviam sido brancos. Essa hierarquia racial garantia aos americanos brancos um mínimo de posição na sociedade — "um piso de vidro que permitia que vissem tudo que havia abaixo, sem jamais cair".[129] W. E. B. Du Bois deu a isso o nome de "salário psicológico" da branquitude.[130] Por mais de duzentos anos, essa hierarquia racial estava implícita.

No século XXI, essa situação mudou drasticamente. Não só os Estados Unidos já não eram esmagadoramente brancos, como também as arraigadas hierarquias raciais perdiam força.[131] Contestações ao longo domínio social dos brancos deixaram muitos deles com um sentimento de alienação, deslocamento e privação.[132] Uma pesquisa realizada em 2015 pelo Public Religion Research Institute perguntou aos americanos se eles achavam que, em linhas gerais, sua cultura e estilo de vida tinham mudado "para melhor" ou "para pior" desde os anos 1950.[133] Enquanto a grande maioria de afro-americanos, hispano-americanos e americanos sem filiação religiosa respondeu que as coisas tinham mudado para melhor, 57% dos brancos e 72% dos cristãos evangélicos brancos afirmaram o contrário.

Mas a reação foi além da nostalgia. O nivelamento de antigas hierarquias sociais produziu um senso de injustiça entre os brancos.[134] Quando se cresce com certa posição garantida na sociedade, a perda desse status pode parecer injusta.[135] Na verdade, muitos americanos brancos começaram a sentir-se vítimas.[136] Pesquisas mostraram que a percepção pelos brancos de um "viés antibranco" cresceu de maneira consistente a partir dos anos 1960; no começo do século XXI, a maioria dos americanos brancos achava que a discriminação contra os brancos tinha se tornado um problema pelo menos tão grande quanto a discriminação contra os negros.[137]

Esses sentimentos foram turbinados pela presidência de Obama.[138] Embora o presidente Obama fosse um político moderado, pesquisas do cientista político Michael Tesler mostram que sua eleição teve um poderoso efeito radicalizador nas atitudes políticas dos americanos.[139] A presidência de Obama deixou evidente para todos os americanos a transição para a democracia multirracial. A simples presença de uma família afro-americana na Casa Branca, mostrada nas telas de TV dia após dia, tornou as novas realidades demográficas e políticas impossíveis de ignorar.[140] Muitos americanos brancos temiam que o país onde haviam crescido estivesse sendo tirado deles.

Boa parte da resistência à democracia multirracial assumiu a forma do nacionalismo cristão branco,[141] ou do que o sociólogo Philip Gorski descreve como a convicção de que "os Estados Unidos foram fundados por cristãos (brancos) e de que os cristãos (brancos) correm o risco de tornar-se uma minoria (nacional) perseguida".[142] Os "cristãos brancos" eram agora menos um grupo religioso do que um grupo étnico e político.[143] Embora os cristãos evangélicos brancos fossem mais propensos a cultivar essas crenças, elas eram compartilhadas por um número cada vez maior de católicos brancos conservadores e nacionalistas brancos não religiosos.[144]

Assim, embora fossem protestantes que antes ocupavam o topo das hierarquias sociais dos Estados Unidos e embora tenham sido protestantes evangélicos brancos que ingressaram no Partido Republicano no fim do século xx, os "cristãos brancos" que passaram a dominar o Partido Republicano no começo do século xxi eram um grupo diversificado de americanos unidos pelo desejo de "tornar o cristianismo branco culturalmente dominante de novo".[145]

O nacionalismo cristão branco ajudou a alimentar o movimento Tea Party, surgido em fevereiro de 2009 — mais ou menos um mês depois de Obama tomar posse.[146] Na sequência de uma série de protestos em todo o país em 15 de abril daquele ano, o Tea Party rapidamente se tornou um movimento gigantesco, com centenas de organizações locais, quase meio milhão de membros e cerca de 45 milhões de apoiadores.[147] Tratava-se de um movimento reacionário clássico, formado de maneira desproporcional por protestantes brancos mais velhos, decididos a "recuperar o país".[148] Pesquisas mostraram que os membros do Tea Party eram em sua grande maioria contra a imigração e os muçulmanos, e resistentes à diversidade étnica e cultural.[149] Segundo os cientistas políticos Christopher Parker e Matt Barreto, eles julgavam estar "perdendo seu país para grupos que não reconhecem como 'verdadeiros' americanos".[150]

Assim, enquanto os líderes do Comitê Nacional Republicano debatiam estratégias no rescaldo da derrota de 2012, os republicanos comuns experimentavam uma sensação de perda existencial. Comentaristas populares da mídia de direita estimulavam esse desespero. Na noite da reeleição de Obama, o apresentador Bill O'Reilly, da Fox News, declarou que "o establishment branco agora é minoria. [...] Os Estados Unidos já não são mais como antes".[151] No dia seguinte, Rush Limbaugh disse a seus ouvintes: "Fui dormir ontem à noite pensando que fomos numericamente superados. [...]. Fui dormir [...] pensando que perdemos o país".[152] A base cristã branca dos republicanos não só se radicalizou diante de uma suposta ameaça existencial como, para todos os efeitos, capturou o partido. Como foi que isso aconteceu?

Ao longo da maior parte do século xx, o ressentimento racial não foi uma questão partidária. *Ambos* os partidos possuíam em suas fileiras conservadores raciais — defensores das tradicionais hierarquias de raça. Com efeito, muitos brancos sulistas conservadores continuaram apoiando os democratas ao longo dos anos 1990. Mas os políticos republicanos haviam passado quatro décadas recrutando brancos sulistas, conservadores e evangélicos, estabelecendo o Partido Republicano como a casa indiscutível daqueles que temiam mudanças culturais e demográficas.[153] Segundo o cientista político Alan Abramowitz, a proporção de republicanos brancos com pontuação alta nas pesquisas de "ressentimento racial" aumentou de 44% na década de 1980 para 64% durante a era Obama.[154]

O Partido Republicano não era, claro, uma entidade monolítica. Nem todos os seus eleitores eram conservadores em questões de raça. Mas, ao longo da era Obama, brancos racialmente conservadores tinham se tornado sólida maioria no partido.

Isso era muito importante: os eleitores republicanos radicalizados exerceram grande influência nas primárias, quando candidatos extremistas — muitos deles apoiados pelo Tea Party — derrotaram republicanos convencionais ou os empurraram para a direita.[155] O processo de radicalização foi ajudado pela evisceração da liderança do Partido Republicano. A ascensão de grupos externos bem financiados (com o patrocínio dos irmãos Charles e David Koch e de outros bilionários) e de influentes meios de comunicação de direita, como a Fox News, deixou o partido especialmente vulnerável à captura.[156]

Desafiados pelos eleitores ativistas da base do partido que um pesquisador descreveu como "irritada com tudo", os líderes do Partido Republicano lutaram para se afastar da política de ressentimento branco.[157] Republicanos no Congresso tentaram unir o partido em apoio à reforma das leis de imigração, a principal recomendação da "autópsia" de 2013.[158] O deputado Paul Ryan, que mais tarde presidiria a Câmara, implorou a figuras da mídia de direita que aceitassem um projeto de lei oferecendo aos imigrantes ilegais um caminho para a cidadania. Numa conversa telefônica com Rush Limbaugh, porém, Ryan foi rechaçado. Limbaugh o "interrom-

Por que o Partido Republicano abandonou a democracia　　113

peu imediatamente", dizendo: "Entendo a sua posição, Paul, mas meus ouvintes não querem saber".[159] Na verdade, pesquisas mostravam que a maioria dos republicanos era contra a legislação que oferecia um caminho para a cidadania.[160] Depois que o líder da maioria, Eric Cantor, perdeu uma primária para um ativista do Tea Party que havia feito campanha contra a imigração, os republicanos da Câmara desistiram de vez da reforma.

As primárias presidenciais de 2016 ofereceram outra oportunidade para os republicanos tomarem um caminho mais inclusivo. De início, o favorito da disputa, Jeb Bush (casado com uma mexicana e fluente em espanhol), adotou a autópsia de 2013. Uma de suas principais assessoras, Sally Bradshaw, havia ajudado a redigir o relatório. De acordo com Bradshaw, a campanha de Bush tentou "incentivar o partido a mudar, seguindo as mudanças demográficas".[161] Bush disse a seus assessores: "Não sou um candidato do ressentimento. Não vou fazer campanha apelando ao ressentimento".[162]

Já Donald Trump adotou uma abordagem diferente, indo junto com a multidão, muitas vezes alimentando seus piores impulsos. Trump testava ideias durante os comícios de campanha. "O público nos diz para onde ir", declarou.[163] Trump logo percebeu que o mantra com tinturas raciais do Tea Party sobre "recuperar o país" era essencial para conquistar os conservadores raciais que agora dominavam o eleitorado republicano nas primárias.[164] Enquanto seus rivais no partido relutavam em recorrer a apelos abertamente racistas, nativistas ou demagógicos, Trump se apressou a deixar esses escrúpulos de lado. Sua disposição única de dizer e fazer coisas que outros republicanos rejeitavam como preconceituosas, racistas ou cruéis lhe permitiu dominar o mercado de votos do ressentimento branco. Como escreveu a cientista política Ashley Jardina, a campanha de Trump sinalizou aos eleitores brancos que ele tinha a intenção de "preservar a hierarquia racial".[165] De fato, estudos mostram que republicanos brancos que achavam que o status de seu grupo estava ameaçado eram os mais propensos a apoiar Trump nas primárias.[166] Como disse muito bem Ezra Klein, "Trump não sequestrou o Partido Republicano. Ele o compreendeu".[167]

A presidência de Trump acelerou a radicalização do Partido Republicano. Seu êxito mostrou que a política identitária branca era uma fórmula de sucesso dentro do partido, o que levou muitos políticos republicanos — novos e velhos — a imitar seu estilo e suas posições. Ao mesmo tempo, muitos dos que se recusaram a seguir o exemplo de Trump ou se retiraram ou foram derrotados nas primárias.[168] Em 2020, não havia no Partido Republicano nenhuma facção anti-Trump minimamente significativa, o que praticamente extinguiu vozes da oposição conservadora a seu extremismo.

A presidência de Trump deixou o Partido Republicano profundamente mergulhado na política do ressentimento branco. Uma pesquisa de 2021 revelou que 84% dos eleitores de Trump diziam "temer que a discriminação contra os brancos aumentasse significativamente nos próximos anos".[169] Apoiadores de Trump também adotaram a "teoria da grande substituição", segundo a qual um conluio de elites estava usando a imigração para substituir a população branca "nativa". Originalmente promovida por supremacistas brancos periféricos na Europa, a "teoria da grande substituição" criou raízes nos Estados Unidos depois de 2016. Em 2017, durante um comício da extrema direita em Charlottesville, na Virgínia, os participantes gritavam: "Vocês não vão nos substituir!" e "Os judeus não vão nos substituir!".[170] Os supremacistas brancos que cometeram o massacre de latino-americanos em El Paso, no Texas, em 2019, e de afro-americanos em Buffalo, Nova York, em 2002, escreveram manifestos endossando a "teoria da grande substituição".[171]

Personalidades da mídia de direita os incentivavam. Laura Ingraham disse a seus telespectadores: "Os democratas [...] querem substituir vocês, eleitores americanos, por cidadãos recém-anistiados e por um número cada vez maior de imigrantes".[172] O mais influente propagador da "teoria da grande substituição" era Tucker Carlson, apresentador do noticiário de TV a cabo de maior audiência da televisão americana. De acordo com uma investigação do *The New York Times*, em mais de quatrocentas ocasiões entre 2017 e 2021, Carlson e seus convidados afirmaram que as elites estavam usando a imigração para forçar mudanças demográficas.[173] Carlson disse aos telespectadores que os democratas estavam tentando alterar a composição racial do país [...] para reduzir o poder político de pessoas cujos antepassados viveram aqui e aumentar drasticamente a proporção de americanos recém-chegados do Terceiro Mundo. [...] É horrível. [...] Em termos políticos, essa política é chamada de a "grande substituição" — a substituição de americanos por pessoas mais obedientes vindas de países distantes.[174]

No fim da presidência de Trump, portanto, o medo e o ressentimento empurraram um número notavelmente grande de republicanos para o extremismo. Uma pesquisa de 2021 patrocinada pelo American Enterprise Institute revelou que 56% dos republicanos concordavam que "o estilo de vida americano tradicional está desaparecendo tão rapidamente que talvez precisemos recorrer à força para salvá-lo".[175] O terreno estava preparado para um ataque à própria democracia.

JÁ RELACIONAMOS TRÊS PRINCÍPIOS que os partidos democráticos precisam adotar: sempre aceitar os resultados de eleições justas, vencendo ou perdendo; rejeitar inequivocamente o uso da violência para conquistar ou manter o poder; e romper laços com extremistas antidemocráticos. Como se saiu o Partido Republicano?

Comecemos pela aceitação dos resultados eleitorais. Poucos princípios são mais essenciais à democracia do que a admissão da derrota. Ao perder eleições, os partidos precisam ser capazes de reconhecer a vitória do adversário, se reorganizar e trabalhar para (re)construir maiorias perdidas. O Partido Republicano perdeu essa capacidade.

Donald Trump tinha um longo histórico de não aceitar derrota. Durante a corrida presidencial de 2016, disse reiteradamente a seus apoiadores que a eleição estava sendo manipulada contra ele, e declarou em várias ocasiões — até mesmo no último debate presidencial — que talvez não aceitasse os resultados se perdesse.[176] Depois de perder no voto popular em 2016, Trump rejeitou o resultado, afirmando com insistência: "Venci no voto popular se subtrairmos os milhões de pessoas que votaram de forma ilegal".[177] Além disso, alegou fraude quando os democratas venceram as eleições de meio de mandato de 2018.[178]

Não surpreende, portanto, que o presidente Trump tenha rejeitado os resultados da eleição de 2020. Em seu discurso na Convenção Nacional Republicana, ele declarou: "A única maneira de nos tirarem esta eleição é se ela for fraudada".[179] E repetiu essa alegação durante toda a campanha de outono.[180]

Em novembro de 2020, pela primeira vez na história americana um presidente se recusou a aceitar a derrota. No dia da eleição, tarde da noite, quando a contagem dos votos começou a favorecer Joe Biden, Trump anunciou que o pleito havia sido uma "fraude contra o povo americano. [...] Estávamos nos preparando para ganhar esta eleição. Na verdade, nós ganhamos esta eleição. [...] Isto é uma grande fraude contra nosso país".[181] Apesar dos apelos de seus assessores, Trump jamais aceitou publicamente o resultado da votação nem reconheceu a derrota.[182] Em vez disso, conduziu uma campanha de dois meses para anular os resultados do pleito, pressionando dezenas de governadores, autoridades eleitorais dos estados e líderes dos legislativos estaduais a adulterar ou revogar os resultados.[183] Chegou a pedir ao secretário estadual da Geórgia, Brad Raffensperger, para cometer uma fraude à moda antiga, dizendo a ele: "Só preciso encontrar 11780 votos" — um a mais do que a vantagem oficial de Biden no estado.[184] E inclusive discutiu a ideia de empregar a Guarda Nacional para apreender urnas em todo o país, levando a aterrorizada diretora da CIA, Gina Haspel, a dizer ao chefe do Estado-Maior Conjunto, o general Mark Milley: "Estamos a caminho de um golpe da direita".[185] Por fim, o grupo mais próximo de Trump concebeu um plano para bloquear a vitória de Biden impedindo a certificação do voto do Colégio Eleitoral.[186] Como parte desse plano, aliados em dezesseis estados onde Biden venceu prepararam certificados falsos declarando Trump vitorioso.[187] Então, Trump insistiu (sem êxito) com o vice-presidente Mike Pence, que presidiu a sessão conjunta do Congresso responsável pela certificação dos votos, que declarasse as eleições naqueles estados "sob suspeita" e se recusasse a computar seus votos, deixando Trump com a maioria dos votos restantes.[188]

Mas Trump não foi o único a não aceitar a derrota; a maior parte do Partido Republicano não aceitou. Durante semanas após a eleição, a maioria dos políticos da legenda se recusou a reconhecer publicamente a vitória de Biden. Em 16 de dezembro de 2021, apenas 25 parlamentares republicanos no Congresso a tinham reconhecido.[189] O Republican Accountability Project, uma iniciativa política lançada por republicanos em defesa da democracia e contra Trump, avaliou as declarações públicas dos 261 membros republicanos do Congresso, perguntando se eles tinham dúvidas quanto à legitimidade da eleição.[190] Surpreendentemente, 224 (80%) disseram que sim. E, em 6 de janeiro, quase dois terços dos republicanos da Câmara votaram contra a certificação dos resultados.[191]

Muitos líderes republicanos importantes apoiaram o esforço de Trump para subverter a eleição. O senador Lindsey Graham, da Carolina do Sul, ligou para o secretário estadual da Geórgia, Raffensperger, e perguntou se ele poderia invalidar todos os votos enviados por correio em condados com altas taxas de incompatibilidade nas assinaturas — potencialmente revertendo o resultado eleitoral no estado.[192] O senador Mike Lee, de Utah, enviou uma mensagem de texto ao chefe de gabinete da Casa Branca, Mark Meadows, dizendo que, "se um pequeno número de estados conseguir que seus legislativos nomeiem listas alternativas de delegados [do Colégio Eleitoral], talvez haja uma chance" de subverter a eleição.[193] Em seguida, ele disse a Meadows que estava trabalhando "catorze horas por dia" para convencer legislativos estaduais a enviarem listas diferentes de eleitores ao Colégio Eleitoral. O senador Ted Cruz, do Texas, propôs a criação de uma "comissão eleitoral" com o objetivo específico de realizar uma "auditoria de dez dias [da eleição] em caráter de emergência", criando uma oportunidade para que os legislativos de estados decisivos enviassem diferentes listas de eleitores.[194]

Republicanos em nível estadual ajudaram nesses esforços. Dezessete procuradores-gerais estaduais republicanos entraram com uma ação na Suprema Corte tentando invalidar os resultados na Geórgia, na Pensilvânia, no Michigan e no Wisconsin. Num estudo realizado com legisladores estaduais republicanos nos nove estados onde a eleição presidencial de 2020 foi mais disputada, o *The New York Times* descobriu que 44% dos legisladores do Partido Republicano haviam tomado medidas para "desacreditar ou subverter" os resultados do pleito.[195] No Arizona, na Pensilvânia e no Wisconsin, a maioria esmagadora fez exatamente isso.[196]

De alto a baixo, portanto, a maior parte do Partido Republicano se recusou a aceitar publicamente os resultados da eleição de 2020. "A Grande Mentira", como os resultados ficaram conhecidos, tornou-se artigo de fé entre os ativistas do partido e um teste decisivo para os candidatos nas primárias republicanas.[197]

Além de não aceitar a derrota, os republicanos violaram o segundo princípio da política democrática: a rejeição inequívoca à violência. Depois de 2016, mas sobretudo depois de 2020, um número cada vez maior de políticos do Partido Republicano passou a adotar uma retórica agressiva e a tolerar comportamentos violentos.[198] Alguns congressistas da legenda, como Lauren Boebert, Matt Gaetz, Paul Gosar e Marjorie Taylor Greene, mantinham laços com grupos paramilitares como os Proud Boys e os Oath Keepers, e começaram a lançar mão de uma retórica violenta, aludindo até mesmo ao assassinato de rivais no Congresso.[199]

Em abril de 2020, manifestantes armados ligados ao Partido Republicano estadual bloquearam o trânsito e se reuniram perto da sede do governo em Lansing, no Michigan, a fim de protestar contra as restrições impostas pela governadora Gretchen Whitmer por conta da covid-19.[200] O presidente Trump os aplaudiu, tuitando: "Libertem o Michigan!".[201] Duas semanas depois, eles invadiram a sede do legislativo estadual.[202]

Ao longo do verão de 2020, vários deputados republicanos pregaram a violência contra manifestantes do movimento Black Lives Matter.[203] O deputado Matt Gaetz tuitou: "Agora que vemos claramente a Antifa como um grupo de terroristas, será que podemos caçá-los como fazemos com aqueles do Oriente Médio?".[204] Líderes republicanos acolheram Kyle Rittenhouse, o rapaz de dezessete anos que atravessou divisas estaduais com um fuzil e matou dois manifestantes em Kenosha, no Wisconsin.[205] Trump recebeu Rittenhouse em seu "quartel-general" de Mar-a-Lago, enquanto Marjorie Taylor Greene apresentou um projeto de lei para lhe conceder a

Medalha de Ouro do Congresso.[206] Os republicanos também defenderam Mark e Patricia McCloskey, um casal de St. Louis que abriu fogo contra manifestantes desarmados do Black Lives Matter, escolhendo os McCloskey como oradores especiais na convenção do Partido Republicano em 2020.[207]

A retórica violenta subiu de tom após o pleito de 2020. Autoridades eleitorais do Arizona, da Geórgia, do Michigan, da Pensilvânia, do Wisconsin e de outros estados decisivos foram ameaçadas de morte por apoiadores de Trump no rescaldo da eleição.[208] Uma pesquisa de 2022 realizada com autoridades eleitorais revelou que uma em cada seis havia recebido ameaças no trabalho, e que 30% sabiam de alguém que tinha deixado o cargo por, ao menos parcialmente, medo.[209] No Wisconsin, alguns sites do Partido Republicano nos condados avisaram aos republicanos que "se preparassem para a guerra".[210]

Por fim, o presidente Trump incitou uma violenta insurreição, numa tentativa de impedir a transferência pacífica do poder. Na manhã de 6 de janeiro, ele recomendou a seus apoiadores que marchassem para o Capitólio e impedissem a certificação dos votos do Colégio Eleitoral. Quando o ataque começou, ele não fez nada para detê-lo. Em vez disso, *ajudou* a insurreição, recusando-se, por mais de três horas, a aprovar pedidos para o envio da Guarda Nacional.[211] Às seis da tarde, enquanto o Capitólio era evacuado, Trump disse a seus seguidores para "lembrarem este dia para sempre".[212] Ele jamais condenou o assalto ao Capitólio. A rigor o aprovou, dizendo a um repórter: "Houve quem dissesse que era 1776. Se a eleição foi fraudada, se está sendo roubada, por que não invadir o Capitólio?".[213] Mais tarde, Trump descreveria a insurreição como "o maior movimento na história do país para restaurar a grandeza dos Estados Unidos [*Make America Great Again*]".[214]

Os principais líderes republicanos condenaram vigorosamente o ataque ao Capitólio, mas muitos políticos do partido reagiram de forma mais ambígua. O deputado Andrew Clyde o comparou a uma "visita turística normal",[215] e o senador Ron Johnson — fazendo eco, estranhamente, aos conservadores franceses na esteira dos tumultos de 6 de fevereiro de 1934 — disse nunca ter se sentido "realmente ameaçado" pelos insurgentes, uma vez que se tratava de "pessoas que amam este país".[216] A deputada Marjorie Taylor Greene declarou tempos depois que a insurreição de 6 de janeiro teria tido êxito se ela a tivesse comandado, acrescentando que sob sua liderança os insurgentes "estariam armados".[217] Quando a Câmara dos Deputados estabeleceu uma comissão para investigar o ataque, o Comitê Nacional Republicano o acusou de perseguir "cidadãos comuns engajados num discurso político legítimo".[218]

O flerte dos republicanos com a violência continuou depois do Seis de Janeiro.[219] Durante as primárias de 2022, o *The New York Times* encontrou mais de cem anúncios de televisão republicanos em que os candidatos brandiam ou disparavam armas de fogo.[220] Não conseguimos pensar em nenhum outro partido em qualquer democracia ocidental contemporânea na qual candidatos tenham abraçado a violência de forma tão aberta.

Tão importante quanto o franco autoritarismo de líderes como Trump e Marjorie Taylor Greene, no entanto, era o fato de o Partido Republicano validá-lo. Forças autoritárias só têm êxito quando toleradas e protegidas por políticos tradicionais. Ao se deparar com comportamentos antidemocráticos de sua própria gente, espera-se que democratas leais (o conceito de Juan Linz) denunciem publicamente esse comportamento, rompam laços com os indivíduos ou grupos responsáveis e, se necessário, somem forças com rivais a fim de isolar extremistas antidemocráticos e responsabilizá-los. E, de maneira crucial, espera-se que ajam dessa forma mesmo contrariando seus interesses políticos. Romper com extremistas antidemocráticos é o terceiro princípio da conduta democrática.

Liz Cheney portou-se com lealdade para com a democracia após a eleição de 2020. Embora seja uma conservadora linha-dura, e uma rival ferrenha do Partido Democrata, Cheney não só reconheceu a vitória de Biden como também denunciou os esforços do presidente Trump para subverter os resultados, chamando-os de uma "cruzada para minar a democracia".[221] Cheney rompeu com Trump após a insurreição de 6 de janeiro, declarando: "O presidente dos Estados Unidos convocou a multidão, organizou a multidão e alimentou as chamas do ataque".[222] Em 13 de janeiro de 2021, Cheney esteve entre os dez deputados republicanos que votaram pelo impeachment de Trump. Por fim, ela trabalhou com rivais para responsabilizá-lo, unindo-se a sete democratas na comissão do Congresso instituída para investigar o ataque, na condição de vice-presidente.

Responsabilizar Trump pelo Seis de Janeiro não era do interesse de Cheney no curto prazo. Depois de votar a favor do impeachment de Trump, ela recebeu centenas de ameaças de morte, foi removida da liderança dos republicanos na Câmara, expulsa do Partido Republicano no Wyoming, repreendida pelo Comitê Nacional Republicano e derrotada nas primárias por um rival apoiado por Trump.[223] A lealdade à democracia prejudicou sua carreira política.

Outros nove deputados do Partido Republicano votaram pelo impeachment de Trump, e sete senadores pela sua condenação. Esses votos exigiram coragem política. Na verdade, a maioria dos dezessete parlamentares republicanos que votaram pelo impeachment ou pela condenação de Trump se aposentaram ou foram derrotados nas primárias realizadas antes da eleição de 2022.

Infelizmente, esses dezessete democratas leais eram minoria. A maior parte dos líderes republicanos optou por agir como o que Juan Linz chamou, conforme vimos, de democratas semileais, dizendo seguir as regras democráticas quando, na verdade, apoiavam um comportamento autoritário. O líder da maioria no Senado, Mitch McConnell, e o líder da minoria na Câmara, Kevin McCarthy, seguiram ao pé da letra o manual do democrata semileal. Dedicaram-se a pôr panos quentes nas coisas durante toda a presidência de Trump, aceitando o comportamento antidemocrático do presidente e escudando-o contra tentativas de impeachment e remoção.[224] Tanto McConnell como McCarthy sabiam que Biden havia ganhado a eleição de 2020 e estavam incomodados com a recusa de Trump a reconhecer a derrota.[225] Ambos ficaram horrorizados com a insurreição de 6 de janeiro, pela qual responsabilizaram Trump, e em conversas privadas diziam a colegas que ele deveria ser afastado.[226] McConnell descreveu o assalto ao Capitólio como um ato de "terrorismo" cometido por pessoas que haviam sido "alimentadas com mentiras proferidas pelo homem mais poderoso do mundo".[227] McCarthy responsabilizou Trump pelo ataque e disse a colegas da Câmara que ele deveria renunciar.[228] McCarthy e McConnell viam a 22ª Emenda como um recurso possível para removê-lo da presidência, e McConnell de início apoiou o impeachment, declarando: "Se isso não é caso de impeachment, eu não sei o que mais poderia ser".[229]

Quando ficou claro que a maioria dos eleitores republicanos continuava leal a Trump, no entanto, líderes do Partido Republicano retomaram a atitude de apaziguamento. McCarthy teve uma "mudança extraordinária de postura", suspendendo todas as críticas ao comportamento antidemocrático de Trump e visitando-o em Mar-a-Lago.[230] Ao final, foi um dos 197 deputados republicanos que votaram contra o impeachment do presidente, e McConnell se juntou aos 43 dos cinquenta republicanos do Senado que votaram a favor de sua absolvição. Sob a liderança de McConnell, os senadores republicanos impediram ainda a criação de uma comissão independente para investigar a insurreição de 6 de janeiro. Semilealdade como manda o figurino.

Mas os republicanos não se limitaram a proteger Trump. Continuaram a abraçar sua figura. Antes de deixar a Casa Branca, consta que Trump disse ao presidente do Comitê Nacional Republicano que pretendia sair do Partido Republicano e formar sua própria legenda. Um partido comprometido com a democracia teria se separado ali de um líder que acabara de tentar um golpe. Mas o comitê, disposto a manter Trump a qualquer custo, ameaçou deixar de pagar suas despesas legais e reter sua lista de e-mails de campanha caso ele saísse.[231] E a maioria dos líderes republicanos, como McConnell e McCarthy, jurou apoiá-lo se ele fosse o futuro candidato do partido.[232]

Os líderes republicanos exemplificaram perfeitamente o que chamamos de "banalidade do autoritarismo". McCarthy e McConnell não tentaram ativamente minar a democracia; apenas preferiram priorizar suas próprias carreiras a defendê-la. Ambos calcularam que seus interesses políticos estariam mais bem servidos se apoiassem o autoritarismo de Trump, em vez de opor-se a ele. McConnell acreditava que uma comissão independente sobre o Seis de Janeiro reduziria a capacidade republicana de recuperar a maioria no Senado em 2022.[233] E McCarthy sonhava, acima de

Por que o Partido Republicano abandonou a democracia 123

tudo, com a presidência da Câmara. Como havia muitos aliados de Trump na bancada republicana da Câmara, McCarthy provavelmente perderia o seu apoio caso tivesse votado a favor do impeachment ou endossado uma comissão sobre o Seis de Janeiro, pondo em risco seu sonho.[234] Numa entrevista no National Mall, em Washington, uma grande esplanada apinhada de monumentos, o jornalista Jonathan Karl perguntou a McCarthy por que ele não havia responsabilizado Trump pelo Seis de Janeiro, por uma questão de princípio. "Se o senhor agir corretamente", disse Karl, "quem sabe um dia não haverá uma estátua sua por aqui?"[235] McCarthy riu e respondeu com uma pergunta: "Onde está a estátua de Jeff Flake?". Ele se referia ao ex-senador do Arizona que havia enfrentado Trump e fora obrigado a aposentar-se politicamente antes da hora. Dessa forma, McCarthy passou a integrar uma longa linhagem de políticos semileais — na Europa do entreguerras, na América Latina da Guerra Fria, e na Hungria, na Tailândia e na Venezuela de hoje — prontos a sacrificar a democracia no altar da conveniência política.

Será que devemos mesmo esperar que os políticos se levantem para defender a democracia? Outro país, a Argentina, nos mostra como as coisas podem ser feitas. Em 1987, a Argentina era uma frágil democracia, tendo sofrido seis golpes militares entre 1930 e 1976.[236] As duas principais agremiações políticas do país, o Partido Peronista e a Unión Cívica Radical, tinham sido semileais no passado, apoiando golpes contra os rivais — e, consequentemente, condenando a Argentina a meio século de instabilidade e fracasso democrático. Como já vimos, o país voltou à democracia em 1983, depois de uma brutal ditadura militar. A transição não foi fácil. Os peronistas estavam fora do poder, e o novo presidente, Raúl Alfonsín, da Unión Cívica Radical, lutava contra a hiperinflação e a agitação trabalhista generalizada. Como resultado disso, seu apoio popular desmoronou. Em abril de 1987, na semana da Páscoa, um grupo de oficiais militares conhecidos como *carapintadas* (por causa da tinta de camuflagem que usavam no rosto) se rebelou, tomando o Campo de Mayo, uma importante base militar perto de Buenos Aires. Muitos *carapintadas* tinham lutado heroicamente na guerra com a Grã-Bretanha pelas Ilhas Falklands/Malvinas, perdida pelos argentinos. Sua hostilidade contra Alfonsín vinha do fato de o presidente ter concordado com o julgamento de militares envolvidos na brutal repressão da ditadura e na violação de direitos humanos.[237]

Para a oposição peronista, a rebelião apresentava um dilema. Os *carapintadas* tinham a mesma ideologia nacionalista do peronismo, e vários deles, como o próprio líder do golpe, Aldo Rico, simpatizavam abertamente com os peronistas.[238] Alguns peronistas de direita tinham vínculos com os *carapintadas*.[239] Embora não apoiassem abertamente a rebelião, eles simpatizavam com os rebeldes, que viam como "heróis das Malvinas, homens muito mal pagos, vitimizados".[240] Mas mesmo os peronistas que não simpatizavam com os rebeldes viam a popularidade em baixa de Alfonsín e se sentiam tentados a manter distância dele. Ansiosos para recuperar a presidência, eles se perguntavam: "Por que ajudaríamos esse sujeito?".[241]

Mas o presidente do partido, Antonio Cafiero, pensava diferente. Ele era um democrata leal. Considerava Alfonsín um adversário, mas não um inimigo.[242] Assim, com o apoio de seus aliados peronistas na ascendente facção Renovação, Cafiero resolveu visitar o palácio presidencial numa demonstração pública de apoio ao governo. As imagens do presidente Alfonsín e do líder da oposição juntos na sacada do palácio — vistas ao vivo na televisão por milhões de argentinos — eram poderosas. Se os líderes peronistas tivessem respondido à tentativa de golpe com o silêncio, ou com ambiguidade, ou se a tivessem sutilmente justificado ou tolerado, os *carapintadas* talvez ganhassem força. Poderiam ter ficado mais audaciosos. Em vez disso, porém, eles foram isolados e enfraquecidos. E a Argentina nunca mais sucumbiu a um golpe.

A atitude de Cafiero exigiu coragem. Ele aspirava à presidência, e enfrentaria primárias acirradas pela indicação do partido. A bem da verdade, seu rival, Carlos Menem, respondeu de forma diferente ao levante. Quando um funcionário do partido ligou para ele recomendando que se juntasse a Cafiero no palácio presidencial, Menem, que estava a uma distância de quatro horas de carro, hesitou, alegando que não conseguiria chegar a tempo. Ele não tinha a menor pressa de aparecer em público com um presidente impopular do partido rival.[243] Embora não apoiasse o golpe, também "não queria complicar sua candidatura presidencial".[244]

Em termos puramente políticos, os instintos de Menem estavam certos. Em meio a uma séria crise econômica, a queda do presidente Alfonsín nas pesquisas se acelerou — a ponto de manchar politicamente qualquer um que se associasse a ele. De fato, o endosso público ao presidente acabou sendo uma "maldição" para Cafiero.[245] Já Menem venceu as primárias. Como disse um jornalista, Cafiero tinha "abraçado um presidente fracassado", num gesto audacioso que "não lhe trouxe nenhum benefício político".[246] Mas, como observou o líder peronista José Luis Manzano, ele "não desejava ser presidente a qualquer custo".[247] Cafiero e outros líderes peronistas agiram como democratas leais, rompendo com o passado semileal de seu partido. E se Cafiero pagou um preço político por cerrar fileiras com um rival impopular, lembrou Manzano, "o que ganhamos em troca não tem preço. Preservamos a nossa democracia".[248]

Mas será justo caracterizar todo o Partido Republicano como antidemocrático? Não há dúvida de que muitos políticos da legenda classificam-se como democratas leais. Em 2021, o Republican Accountability Project fez uma investigação e atribuiu uma "nota de democracia" a todos os republicanos do Congresso, de acordo com seis critérios:[249]

1. Assinaram a petição *amicus curiae* que acompanhava a ação judicial do Texas perante a Suprema Corte buscando a anulação dos votos depositados em Michigan, Wisconsin, Pensilvânia e Geórgia?

2. Foram contra a certificação dos votos do Colégio Eleitoral em 6 de janeiro de 2021?

3. Fizeram declarações públicas levantando dúvidas sobre a legitimidade da eleição de 2020?

4. Tentaram responsabilizar o presidente Trump pelo Seis de Janeiro votando a favor de seu impeachment ou de sua condenação?

5. Votaram pela criação de uma comissão independente para investigar a insurreição de 6 de janeiro?

6. Votaram para responsabilizar Steve Bannon por desacato ao Congresso quando este se recusou a obedecer a uma intimação para testemunhar perante a comissão da Câmara que investigava o ataque de 6 de janeiro?

Esses seis critérios, em nossa opinião, constituem uma avaliação razoável do compromisso de um congressista republicano com a democracia. Os três primeiros tratam diretamente da aceitação dos resultados eleitorais, e os três últimos da disposição de tolerar a violência extremista.

As notas são reveladoras. Mais de 60% (161 de 261) dos republicanos do Congresso adotaram posições antidemocráticas em pelo menos cinco dos seis critérios, recebendo nota F.[250] Outros 54 adotaram posições antidemocráticas em pelo menos quatro perguntas. Apenas dezesseis adotaram posições consistentemente democráticas, recebendo nota A. Segundo essa avaliação, portanto, a maioria esmagadora dos parlamentares republicanos adotou *posições consistentemente antidemocráticas* depois da eleição de 2020 e do Seis de Janeiro, e mais de 80% adotaram posições quase sempre antidemocráticas. Apenas 6% se comportaram de modo consistentemente democrático, e, dentre eles, a maioria ou havia se aposentado ou perdido eleições primárias até 2022.

De novembro de 2020 a janeiro de 2021, portanto, o Partido Republicano se recusou a aceitar a derrota eleitoral, tentando subverter seus resultados; tolerou uma insurreição violenta — na verdade, incentivada por líderes do partido; e não rompeu com extremistas antidemocráticos. Não só o líder do partido, Donald Trump, manteve seu prestígio dentro da legenda, como a maioria dos líderes republicanos afirmou que o apoiaria caso fosse o candidato do partido nas eleições presidenciais de 2024. Em outras palavras, o Partido Republicano *violou todos os três princípios básicos do comportamento democrático*.

Podemos nos consolar com o fato de que o Partido Republicano chefiado por Trump jamais representou a maioria dos americanos. Trump jamais venceu no voto popular, e a maioria dos americanos se opôs a ele durante todos os dias de sua presidência. E, sempre que tiveram oportunidade, o puniram nas urnas — em 2018, 2020 e 2022. Após as eleições de 2020, os democratas assumiram a presidência e o controle da Câmara e do Senado. Os mecanismos de autocorreção da democracia pareciam ter funcionado: o extremismo republicano atraía apenas uma minoria de americanos, e, numa democracia, claro, os partidos precisam formar *maioria* para governar.

Pelo menos era o que se esperava.

5. Maiorias acorrentadas

EM 17 DE JULHO DE 2020, John Lewis, deputado pela Geórgia e um ícone dos direitos civis nos Estados Unidos, morreu aos oitenta anos. Foi o primeiro legislador negro a ser velado no Capitólio. Como jovem líder do movimento dos direitos civis, Lewis ajudou a tornar realidade a histórica Lei dos Direitos de Voto.[1] Em 7 de março de 1965, então com 25 anos, comandou uma marcha através da ponte Edmund Pettus, em Selma, no Alabama. Os manifestantes foram brutalmente atacados pela polícia estadual, que derrubou Lewis, partindo seu crânio. A terrível violência do "Domingo Sangrento", transmitida na televisão pela ABC News, prendeu a atenção do país e obrigou o Congresso a agir. Cinco meses depois, a Lei dos Direitos de Voto entrou em vigor.

Tal lei ajudou a garantir a democracia americana autorizando o governo federal a revisar preventivamente — e bloquear — leis eleitorais discriminatórias introduzidas em regiões do país com histórico de severa discriminação racial no direito ao voto.[2] A Lei dos Direitos de Voto foi aprovada com forte apoio bipartidário. Em 1982, o Senado a renovou por 85 votos a favor e oito contra.[3] Até mesmo o antigo líder segregacionista Strom Thurmond votou a favor. Em 2006, foi renovada por mais 35 anos, por um placar de 330 × 33 votos na Câmara e 98 × 0 no Senado.[4] Num discurso no plenário do Senado, o líder da maioria republicana, Mitch McConnell, a descreveu como um "marco para todos os americanos, negros e brancos".[5]

Em 2013, no entanto, uma maioria conservadora na Suprema Corte passou por cima desse consenso bipartidário — e de pesquisas que mostravam que a maioria dos americanos ainda achava a lei necessária[6] — e derrubou uma disposição essencial da legislação: a fórmula de abrangência da seção 4. O tribunal afirmou que o padrão usado para avaliar quais jurisdições deveriam submeter mudanças nos procedimentos de votação ao Departamento de Justiça Federal antes de entrarem em vigor (regra conhecida como "aprovação prévia") era inconstitucional. Como escreveu o presidente da Suprema Corte, John Roberts, pela maioria conservadora no caso *Condado de Shelby contra Holder*: "Os 'ônus atuais' de uma lei devem ser justificados pelas 'necessidades atuais'".[7] Ele continuou: "A fórmula de abrangência passou nesse teste em 1965, mas hoje a situação mudou". Na cabeça de Roberts, os requisitos de aprovação prévia não eram mais necessários. Escrevendo pela minoria, a ministra Ruth Bader Ginsburg advertiu que "descartar a aprovação prévia, mesmo sabendo que ela funcionou e continua funcionando para impedir mudanças discriminatórias, é como jogar fora o seu guarda-chuva numa tempestade porque você não está se molhando".[8]

A analogia de Ginsburg foi profética. Na esteira da decisão, estados e condados outrora sujeitos a supervisão federal expurgaram agressivamente suas listas de eleitores e fecharam centenas de postos de votação, sobretudo em bairros negros.[9] E, nos oito anos seguintes à decisão da Suprema Corte, 26 estados — incluindo dez anteriormente sujeitos à aprovação prévia do governo federal — aprovaram leis de votação restritivas, muitas das quais afetavam desproporcionalmente eleitores não brancos.[10]

Descrevendo a decisão sobre o condado de Shelby como "um punhal no coração da Lei dos Direitos de Voto", John Lewis implorou ao Congresso que aprovasse legislação para restabelecer as proteções que o tribunal havia desmontado.[11] Foi exatamente o que os democratas fizeram. O deputado Terri Sewell, de um distrito no Alabama que incluía Selma, propôs a Lei de Avanço dos Direitos de Voto, que restaurava grande parte da Lei dos Direitos de Voto original. O projeto foi aprovado na Câmara em dezembro de 2019, com o adoentado John Lewis na cadeira do presidente para bater o martelo na votação final. Antes da votação, Sewell fez uma homenagem a Lewis por seu compromisso de toda a vida com os direitos de voto, declarando: "Dizer obrigado [...] não parece adequado".[12] Mas en-

Maiorias acorrentadas 129

tão a tramitação legislativa parou de repente. Os republicanos controlavam o Senado, e o líder da maioria, McConnell, se recusou a votar ou sequer a permitir um debate em plenário sobre a nova lei.[13]

Sete meses depois, Lewis morreu. Num discurso no plenário do Senado, McConnell aproveitou para elogiá-lo como uma "figura monumental" que fez "imensos sacrifícios pessoais para ajudar nosso país a superar o pecado do racismo".[14] Mas o Senado continuou se recusando a debater o projeto de lei sobre direitos de voto. No funeral de Lewis, o ex-presidente Barack Obama subiu ao histórico púlpito de Martin Luther King na Igreja Batista Ebenezer, em Atlanta, e, diante de uma plateia de dignitários, fez o elogio fúnebre de Lewis, chamando-o de "pai fundador" de um "país mais pleno, mais justo, melhor".[15] E declarou: "Vocês querem homenageá-lo? Podemos lhe prestar uma grande homenagem revitalizando a lei pela qual ele estava disposto a morrer. E, por falar nisso, chamá-la de Lei John Lewis dos Direitos de Voto seria um belo tributo".

Em 2021, as estrelas pareciam alinhadas em favor desse tributo. A eleição de 2020 dera aos democratas o controle da presidência, da Câmara e do Senado. Um novo projeto de lei de direitos de voto, agora chamado Lei John R. Lewis de Avanço dos Direitos de Voto, foi aprovado pela Câmara em agosto de 2021. Embora contasse com o apoio da maioria no Senado (cinquenta democratas e um republicano votaram para levá-lo a debate no plenário), o projeto foi bloqueado em novembro de 2021 por um *filibuster* — a regra do Senado que exige uma supermaioria de sessenta votos para encerrar os debates e iniciar a votação.[16]

Dois meses depois, os democratas fizeram uma nova tentativa, incorporando a Lei John R. Lewis de Avanço dos Direitos de Voto a uma legislação mais ampla, a Lei de Liberdade de Voto. A legislação padronizava as leis eleitorais em todo o país, revogando medidas restritivas adotadas por alguns estados em 2021; estabelecia o registro eleitoral imediato; ampliava a votação antecipada; restaurava o direito de voto de criminosos condenados que já tinham cumprido pena; e limitava o *gerrymandering* partidário.[17] Uma pesquisa de janeiro de 2022 revelou que 63% dos americanos apoiavam o projeto de lei.[18] Outra mostrou que sólidas maiorias eram favoráveis a ampliar o acesso à votação antecipada e por e-mail, ao registro imediato e à imposição de limites ao *gerrymandering*.[19] Mais uma vez, no entanto, a maioria democrata foi incapaz de garantir os sessenta votos necessários para superar a obstrução republicana.[20] Quando democratas frustrados tentaram modificar as regras do *filibuster*, a fim de permitir que a legislação dos direitos de voto fosse aprovada por maioria simples, dois senadores democratas — Joe Manchin, da Virgínia Ocidental, e Kysrten Sinema, do Arizona — hesitaram.

Em 1890, uma importante legislação sobre direitos de voto destinada a garantir eleições livres e justas (o projeto de lei de Henry Cabot Lodge) havia sido aprovada na Câmara, e, mesmo contando com o apoio da maioria no Senado, acabou morrendo nas mãos de um *filibuster* — o que eliminou um dos últimos obstáculos ao sistema segregacionista e ao regime de partido único no Sul. Cento e trinta anos depois, era difícil ignorar as semelhanças.

O desmantelamento da Lei dos Direitos de Voto não deixa dúvidas sobre um fato muito simples: muitas das venerandas instituições políticas dos Estados Unidos não são lá tão democráticas assim; na verdade, não foram projetadas para a democracia.[21] Assim, cinco ministros não eleitos da Suprema Corte puderam acabar com uma lei inequivocamente democratizante e aprovada em diversas ocasiões por maiorias legislativas bipartidárias. Em 2019, quando os esforços para restaurar a Lei dos Direitos de Voto foram bloqueados por uma maioria republicana no Senado, essa maioria representava 7 milhões de eleitores a menos do que a minoria democrata do Senado que a apoiava.[22] Já em janeiro de 2022, quando maiorias em ambas as casas do Congresso — e mais de 60% dos americanos — a apoiavam, ela foi bloqueada por uma minoria no Senado. Como chegamos a esse ponto, em que uma minoria partidária tem tanto poder?

EM PARTE, isso acontece porque a democracia *necessita* de leis que limitem o poder das maiorias. A democracia moderna não é apenas um sistema de governo pela maioria; ela combina o governo da maioria com os direitos

Maiorias acorrentadas 131

das minorias. Os primeiros defensores de um governo limitado temiam concentrações excessivas de poder — não só nas mãos de reis, mas também nas de maiorias populares. Assim, a forma de democracia surgida no Ocidente entre o fim do século XVIII e o século XX, que hoje chamamos de democracia "liberal", baseia-se em dois pilares: autogoverno coletivo (governo da maioria) e liberdades civis (direitos das minorias). Embora a democracia liberal não possa existir sem eleições livres e justas, nem tudo pode ou deve estar em jogo nas eleições.[23] Nas palavras de Robert H. Jackson, ex-ministro da Suprema Corte dos Estados Unidos, alguns domínios da vida social e política devem permanecer "fora do alcance das maiorias".[24] Essa é a função do que os cientistas políticos chamam de "instituições contramajoritárias".

Duas esferas em particular precisam ser protegidas contra as maiorias. A primeira delas é a das liberdades civis. Isso inclui os direitos individuais básicos essenciais em qualquer democracia, como liberdade de expressão, de imprensa, de associação e de reunião. Mas inclui também uma série de outros domínios nos quais nossas opções individuais de vida devem estar livres da interferência de governos eleitos ou de maiorias legislativas. Governos eleitos, por exemplo, não devem ter o poder de determinar se e como cultuamos nossos deuses; não devem decidir os livros que podemos ler, os filmes a que podemos assistir, ou o que se pode ensinar nas universidades; e não devem decidir a raça ou o gênero das pessoas com quem casamos. Muito embora o âmbito dos direitos a serem protegidos sempre esteja sujeito a alguma disputa (e provavelmente mude com o tempo), existe um amplo conjunto de liberdades individuais que, nas palavras do ministro Jackson da Suprema Corte, "não podem ser submetidas a votação; elas não dependem do resultado de eleição alguma".[25]

A Declaração dos Direitos dos Estados Unidos consagra as liberdades individuais, isolando-as, efetivamente, dos caprichos de maiorias temporárias. Mas esses direitos permaneceram mal definidos e desigualmente protegidos durante boa parte da história americana. Isso ficou claro num dos casos mais famosos já julgados pela Suprema Corte. Em 1935, na cidadezinha majoritariamente católica de Minersville, na Pensilvânia, William

Gobitis, de dez anos de idade, recusou-se a saudar a bandeira durante o Juramento de Fidelidade no início do dia escolar. De acordo com uma versão, "a professora tentou obrigá-lo a erguer o braço, mas Williams enfiou a mão no bolso e conseguiu resistir".[26] No dia seguinte, a irmã mais velha do menino fez a mesma coisa. Na verdade, os pais deles eram Testemunhas de Jeová e acreditavam — e ensinavam aos filhos — que saudar a bandeira era uma forma de idolatria; não saudá-la, portanto, era uma questão de consciência religiosa. Como explicou a irmã de William à professora: "Srta. Shofstal, não posso mais saudar a bandeira. No capítulo 20 do Êxodo, a Bíblia diz que não podemos ter outro deus além de Jeová".[27] O comportamento das crianças provocou indignação local; a mercearia da família foi boicotada e ameaçada de ataque pela multidão. O distrito escolar aprovou uma portaria exigindo o juramento e as crianças foram expulsas da escola.

O caso foi parar na Suprema Corte, que decidiu em 1940 a favor de Minersville, exigindo o Juramento de Fidelidade de todos. Em outras palavras, as preferências da maioria dos moradores da cidade foram consideradas mais importantes do que a liberdade individual de consciência. A decisão do tribunal teve consequências terríveis: cidades em todo o país começaram a aprovar leis exigindo a saudação à bandeira, o que ocorreu paralelamente a um surto de violência contra Testemunhas de Jeová. Em outro incidente, uma multidão de 2500 pessoas em Kennebunk, no Maine, reduziu a cinzas o Salão do Reino das Testemunhas de Jeová.[28] As maiorias podem ser abusivas, e perigosas.

Em 1943, no entanto, a Suprema Corte mudou de entendimento sobre o caso Minersville, ajudando a estabelecer os alicerces da proteção dos direitos individuais nos Estados Unidos. Como salientou o ministro Robert H. Jackson em seu voto, acompanhado pela maioria dos ministros, "tiranos de aldeia" localmente eleitos não podem atacar direitos individuais em nome da maioria.[29] Assim, salvaguardas constitucionais como a Declaração dos Direitos dos Estados Unidos e tribunais superiores independentes com poder de revisão judicial devem oferecer proteção a indivíduos e minorias contra abusos de maiorias.[30] Sem mecanismos fortes que garantam os direitos individuais do tipo buscado pelas Testemunhas de Jeová, ou pelos

Maiorias acorrentadas

nipo-americanos durante a Segunda Guerra Mundial, ou por afro-americanos e outros grupos minoritários religiosos, étnicos, políticos ou sexuais, a democracia tal como a conhecemos não pode existir.

Além disso, é necessário conter as maiorias numa segunda frente: a das regras da própria democracia. É preciso garantir que governos eleitos sejam incapazes de utilizar maiorias temporárias para se perpetuar no poder mudando as regras do jogo de forma a enfraquecer adversários ou impossibilitar a competição justa. Esse é o fantasma da "tirania da maioria": a possibilidade de que um governo use sua maioria popular ou parlamentar para eliminar a oposição — e a democracia — pelo voto. Vejamos o caso da Tanzânia, país que se libertou do domínio colonial europeu no começo dos anos 1960, inaugurando um período de grandes esperanças e idealismo. O movimento de independência da Tanzânia foi encabeçado por Julius Nyerere e seu partido, a União Nacional Africana do Tanganica. Assim como George Washington, Nyerere era reverenciado como herói nacional e contava com apoio público generalizado. Em dezembro de 1961, em eleições legislativas realizadas um ano antes da independência, o partido de Nyerere conquistou setenta de 71 cadeiras. Em 1962, Nyerere venceu a primeira eleição presidencial realizada na Tanzânia com 98% dos votos, contra 1,9% do segundo colocado, Zuberi Mtemvu. Não havia dúvida, portanto, de que Nyerere e a União Nacional Africana do Tanganica desfrutavam de uma maioria popular, e eles não demoraram a se valer dessa maioria para eliminar a oposição. Assim, em 1962, o parlamento aprovou a Lei de Detenção Preventiva, que permitia ao governo prender adversários. Em seguida, reescreveu a Constituição do país, tornando ilegal qualquer oposição e estabelecendo o regime de partido único. O partido de Nyerere ainda hoje está no poder.

O direito da oposição de competir em igualdade de condições é outro direito essencial das minorias. As democracias precisam criar mecanismos que protejam o processo democrático de maiorias que possam subvertê-lo.[31] O processo de emenda constitucional deve, portanto, ser dificultado, para que as regras do jogo não sejam simplesmente reformuladas em benefício daqueles que no momento estejam ocupando os cargos públicos.[32] Uma boa saída é estabelecer regras que impeçam maiorias simples de emendar a Constituição. Quase todas as democracias exigem supermaiorias (pelo menos dois terços do legislativo) para emendar ou reescrever o texto constitucional.[33] Outras deliberadamente injetam uma moratória nesse contramajoritarismo, exigindo a aprovação de dois parlamentos eleitos em sequência. Judiciários independentes, com poder constitucional de revisão, isto é, autoridade para derrubar leis inconstitucionais, são outro contrapeso contramajoritário à tirania da maioria. O federalismo e as eleições escalonadas (nas quais diferentes cargos são disputados em diferentes anos) também ajudam a conter as maiorias, dispersando o poder e reduzindo a probabilidade de que um único partido controle todos os ramos e níveis de governo.

A ameaça de tirania da maioria está sempre presente. Na Hungria, vimos que o governo de Viktor Orbán utilizou sua maioria parlamentar para impor reformas constitucionais e eleitorais que desmontaram os contrapesos judiciais ao poder de Orbán e deixaram a oposição em desvantagem. Em Israel, em 2023 o governo do primeiro-ministro Benjamin Netanyahu tentou aprovar reformas destinadas a enfraquecer o judiciário. Uma das leis propostas permitiria que uma maioria parlamentar simples anulasse decisões do Supremo Tribunal que derrubassem uma legislação, destruindo, para todos os efeitos, a revisão judicial.[34] Para muitos observadores, essas medidas eram um ataque à democracia. Segundo o ex-primeiro-ministro Ehud Barak, elas colocavam a democracia israelense em "perigo iminente de colapso".[35] Tanto na Hungria como em Israel, é fácil demais para maiorias simples mudarem as regras da democracia. Na Hungria, basta a aprovação de dois terços de uma única câmara do parlamento para reescrever a Constituição, e o sistema de eleição por maioria simples permitiu que o Fidesz de Orbán capturasse dois terços do Congresso, mesmo tendo recebido apenas 53% dos votos. Israel não tem uma Constituição escrita, de modo que muitas regras democráticas podem ser mudadas por maioria parlamentar simples. É uma barreira baixa demais.

Quase todos os democratas concordam que as liberdades individuais e o direito da oposição à competição justa precisam ser colocados fora do

Maiorias acorrentadas 135

alcance das maiorias. Assim, todas as democracias devem ser temperadas com um certo grau de contramajoritarismo.[36] Mas as democracias também precisam dar poder às maiorias. Na verdade, um sistema político que *não* assegure considerável voz ativa às maiorias não pode ser chamado de democrático. Esse é o perigo do contramajoritarismo: regras destinadas a conter maiorias podem permitir que minorias partidárias *frustrem consistentemente* e até mesmo *governem* maiorias.[37] Como advertiu o eminente teórico democrático Robert Dahl, o medo da "tirania da maioria" pode obscurecer um fenômeno igualmente perigoso: a tirania da minoria.[38] Portanto, assim como é essencial que certas esferas sejam colocadas fora do alcance das maiorias, é indispensável que outras esferas permaneçam *ao seu alcance*. A democracia é mais do que o governo da maioria, mas sem governo da maioria não existe democracia.

Duas esferas devem sempre permanecer ao alcance das maiorias: a eleitoral e a das decisões legislativas. Em primeiro lugar, aqueles com mais votos devem prevalecer sobre os menos votados no momento de definir quem ocupa cargos políticos.[39] Não há teoria de democracia liberal que justifique qualquer outra solução. Quando candidatos ou partidos conseguem conquistar poder indo contra o desejo da maioria, a democracia perde o sentido.

Em segundo lugar, aqueles que ganham as eleições devem governar. As maiorias legislativas devem ter capacidade de aprovar leis regulares, contanto que essas leis não violem liberdades civis ou minem a democracia. Do ponto de vista democrático, regras de supermaioria que permitam a uma minoria bloquear consistentemente legislação legítima apoiada pela maioria são difíceis de defender.[40] Regras de supermaioria, como o *filibuster* do Senado americano, são muitas vezes descritas como salvaguardas essenciais dos direitos das minorias ou como mecanismos de contemporização e consenso. Mas essas regras colocam uma arma poderosa nas mãos das minorias partidárias: o poder de veto. Esses vetos, quando vão além da proteção de liberdades civis ou do próprio processo democrático, permitem que minorias legislativas imponham suas preferências à maioria.

A teórica política Melissa Schwartzberg acrescenta uma observação importante: embora as regras de supermaioria possam em tese proteger os direitos das minorias, na *prática* quase sempre acabam promovendo os interesses de minorias privilegiadas.[41] Nos Estados Unidos, as instituições contramajoritárias protegeram com muito mais frequência os donos de escravos sulistas, os interesses de grandes produtores agrícolas e de outras elites ricas do que minorias vulneráveis como os afro-americanos durante a era segregacionista ou os nipo-americanos nos anos 1940.

Na verdade, as instituições contramajoritárias que frustram maiorias eleitorais e legislativas estão quase sempre associadas ao autoritarismo, e não à democracia liberal. Os líderes militares da Tailândia, por exemplo, há muito se valem das instituições contramajoritárias para assegurar o poder sem disputar eleições.[42] Em 2014, depois de desmontarem a democracia num golpe, os militares tailandeses, sob o novo governante do país, o general Prayuth Chan-ocha, tentaram retornar ao governo constitucional *sem, no entanto, abrir mão do poder*. Assim, o Exército estabeleceu um sistema parlamentar bicameral — com uma Câmara de quinhentos deputados e um Senado de 250 senadores nomeados pelos militares — no qual o primeiro-ministro é eleito por maioria simples numa sessão conjunta das duas casas. Mas, uma vez que todos os 250 senadores são nomeados pelas Forças Armadas, bastou que os partidos pró-militares conquistassem 126 das quinhentas cadeiras da Câmara para garantir a eleição do general Prayuth como primeiro-ministro. Ainda que o partido da oposição tenha conquistado a maioria das cadeiras na eleição para a Câmara em 2019, Prayuth foi eleito com facilidade.

Da mesma forma, o Chile, quando se democratizou, em 1989, o fez com uma Constituição altamente contramajoritária imposta pelo ditador militar Augusto Pinochet.[43] A Constituição de 1980 estipulava, por exemplo, que nove dos 47 membros do Senado seriam nomeados pelas Forças Armadas e outros membros da ditadura em vias de deixar o poder. Em 1989, quando eleições democráticas foram realizadas, a coalizão oposicionista Concertación obteve 55% dos votos e 22 das 38 cadeiras em disputa no Senado. Mas, graças aos nove senadores nomeados pelos militares, os

Maiorias acorrentadas 137

aliados conservadores de Pinochet conquistaram a maioria na câmara alta, o que obstruiu boa parte dos esforços reformistas do novo governo democrático.

Assim, está claro que nem todas as instituições contramajoritárias fortalecem a democracia. É preciso distinguir claramente entre as que *protegem* minorias, preservando o processo democrático, e as que *privilegiam* minorias, concedendo-lhes vantagens indevidas, e consequentemente subvertendo a democracia. Numa partida de futebol profissional, é essencial que haja regras que garantam a competição justa e protejam os jogadores, proibindo jogadas perigosas e injustas. Regras que permitissem a um dos times começar com um gol de vantagem, ou que dessem a vitória à equipe que marcou menos gols, seriam claramente tidas como injustas.

O contramajoritarismo também tem uma dimensão temporal. As maiorias atuais podem ser contidas por decisões tomadas no passado — às vezes no passado distante. Isso acontece de duas maneiras. Uma delas é a seguinte: como as constituições podem durar décadas, ou mesmo séculos, uma geração inevitavelmente ata as mãos de maiorias por várias gerações futuras. Teóricos do direito se referem a isso como o problema da mão morta.[44] Quanto mais difícil de mudar for a Constituição, mais firme é a pegada da mão morta do passado.

Radicais do século XVIII como Jefferson e Thomas Paine duvidavam que uma geração fundadora tivesse o direito de algemar gerações futuras. Nisso eles ecoavam John Locke, que perguntava: será que os pais têm o direito de algemar os filhos com compromissos futuros?[45] Jefferson travou um acalorado debate com James Madison sobre a questão, perguntando ao amigo e aliado "se uma geração de homens tem o direito de atar as mãos de outra".[46] Para ele, a resposta era não. "Os mortos não deveriam governar os vivos", escreveu ele a Madison.[47] Jefferson chegou inclusive a propor uma "data de validade" para as constituições, sugerindo que fossem reescritas a cada dezenove anos — ou uma vez a cada geração.[48] Embora rejeitado por Madison, esse princípio jeffersoniano foi incorporado à Constituição francesa revolucionária de 1793, que explicitamente declarava: "Um povo tem sempre o direito de revisar, emendar e alterar sua Constituição. Uma geração não pode sujeitar futuras gerações às suas leis".[49] (Essa Constituição foi abandonada em questão de meses e substituída em dois anos.)

Madison e outros reconheceram o valor de uma Constituição consolidada.[50] Na verdade, *a razão de ser* de uma Constituição democrática é estabelecer um conjunto de direitos que devem ser protegidos dos caprichos passageiros de maiorias transitórias. No que diz respeito a direitos de voto, liberdade de expressão e outros direitos fundamentais, *deveríamos*, sim, ser algemados por gerações passadas. Madison viu também, com grande presciência, que há mais benefícios em herdar uma Constituição estável e funcional do que em ter que reescrever todas as regras a cada vinte anos. Bolívia e Equador vêm mudando de Constituição ao ritmo de uma vez por década desde a independência, nos anos 1820. Jamais tiveram democracias estáveis, o que demonstra o alto custo de não se dispor de um conjunto de regras amplamente aceitas que transcendam a política. Em nenhuma parte do mundo o modelo jeffersoniano fez surgir uma democracia funcional.

Apesar disso, há um aspecto interessante na perspectiva de Jefferson. Constituições são extraordinariamente contramajoritárias; elas subjugam *gerações* de maiorias. O problema é que os arquitetos constitucionais são falíveis. Nem mesmo o mais brilhante deles consegue ver muito longe no futuro. Como disse o federalista Noah Webster, seria "muito arrogante" supor que os fundadores dos Estados Unidos tinham "toda a sabedoria possível" para "prever todas as circunstâncias possíveis" e "julgar em nome de gerações futuras melhor do que elas podem julgar por si próprias".[51] Até mesmo os fundadores reconheciam esse fato. Durante a Convenção da Filadélfia, em 1787, o delegado da Virgínia, George Mason, advertiu que a nova Constituição "será sem dúvida defeituosa".[52]

Assim, as constituições devem atar as mãos de gerações futuras — mas não com muita força. Se as barreiras que impedem mudanças forem pesadas demais, as maiorias de momento correm o risco de ficar presas numa "jaula" de regras que não refletem as necessidades e os valores predominantes da sociedade[53]. Quando isso acontece, *o contramajoritarismo intergeracional* se torna um problema sério.

Maiorias acorrentadas

O judiciário é um ramo bastante propenso a uma variante desse problema, sobretudo quando juízes são nomeados para cargos poderosos sem data de validade — sem limites de mandato ou idade de aposentadoria. A revisão judicial dá aos juízes — alguns nomeados décadas atrás — o poder de derrubar leis ou políticas de maiorias do momento. Foi esse problema que inspirou o plano de Franklin D. Roosevelt de "ampliar o tribunal", em 1937.[54] Não só Roosevelt tinha acabado de ser esmagadoramente reeleito com 61% dos votos populares como tinha diante de si um desafio inédito, a Grande Depressão, que forçara a uma reconsideração do papel do governo na economia. O New Deal de Roosevelt, que refletia esse novo pensamento, foi a princípio frustrado pela maioria conservadora da Suprema Corte, formada por ministros com mais de setenta anos de idade, que tinham estudado direito no século xix. Como já foi dito, a revisão judicial pode ser legítima e fortalecer a democracia. Mas, quando os ministros que conduzem a revisão judicial permanecem no cargo por décadas, muito tempo depois de aqueles que os nomearam terem deixado o cargo, as políticas públicas podem ficar cada vez mais fora do alcance das maiorias de momento.

As democracias não conseguem sobreviver sem algumas instituições contramajoritárias essenciais. Mas também não conseguem sobreviver — pelo menos como democracias — com instituições excessivamente contramajoritárias. É nesse ponto que os Estados Unidos se encontram hoje.

O sistema constitucional americano contém um número extraordinariamente grande de instituições contramajoritárias. Eis algumas delas:

- A Declaração dos Direitos, que foi acrescentada à Constituição em 1791, logo depois da Convenção Constitucional da Filadélfia.
- Uma Suprema Corte com nomeações vitalícias para ministros, poder de revisão judicial e autoridade para derrubar leis inconstitucionais aprovadas por maiorias no Congresso.
- O federalismo, que delega considerável poder legislativo a governos estaduais e locais, fora do alcance de maiorias nacionais.

- Um Congresso bicameral, o que significa que duas maiorias legislativas são exigidas para aprovar leis.
- Um Senado severamente desequilibrado, no qual todos os estados têm a mesma representação, independentemente de sua população.
- O *filibuster*, uma regra de supermaioria no Senado (não na Constituição) que permite que minorias partidárias bloqueiem permanentemente legislações apoiadas pela maioria.
- O Colégio Eleitoral, um sistema indireto de eleição para presidente que privilegia estados menores e permite que perdedores no voto popular conquistem a presidência.
- Regras de extrema supermaioria para mudanças constitucionais: uma votação de dois terços em cada casa do Congresso, além da aprovação de três quartos dos estados americanos.

Dessas instituições, a Declaração dos Direitos é a que mais inequivocamente protege a democracia. As demais têm lados positivos e negativos. Uma Suprema Corte independente com poder de revisão judicial pode ser decisiva para a proteção dos direitos das minorias, mas o mandato vitalício permite que juízes, que não são eleitos, frustrem o desejo das maiorias ao longo de várias gerações. Além disso, o amplo poder de revisão judicial pode ser usado para derrubar leis com apoio majoritário que não ameaçam a democracia ou os direitos fundamentais.[55] O federalismo é muitas vezes visto como um baluarte contra perigosas maiorias nacionais, mas ao longo da maior parte da história americana ele permitiu que governos estaduais e locais violassem de maneira escandalosa direitos civis e democráticos básicos.[56] Regras de supermaioria para a aprovação de mudanças constitucionais são necessárias para proteger a democracia, mas a Constituição dos Estados Unidos é extremamente difícil de reformar, e pesquisas comparativas sugerem que os países mais democráticos do mundo apresentam menos obstáculos às reformas.[57]

E existem ainda instituições contramajoritárias que são sem sombra de dúvida antidemocráticas, uma vez que fortalecem minorias partidárias à custa de maiorias eleitorais e legislativas. Uma delas é o Colégio Eleitoral,

Maiorias acorrentadas

que permite que um candidato com menos votos seja eleito presidente. Outra é o Senado, que super-representa de maneira radical cidadãos de estados menos populosos (como Wyoming e Vermont) em detrimento de estados mais populosos (como Califórnia e Texas) e permite que minorias partidárias usem o *filibuster* para bloquear permanentemente legislações apoiadas por amplas maiorias.

Os Estados Unidos sempre foram excessivamente contramajoritários. Na verdade, essa característica foi incorporada à Constituição. Por quê?

Uma das razões é o tempo histórico. O país tem a Constituição escrita mais antiga do mundo. Trata-se de um documento do século XVIII, produto de uma era pré-democrática. A democracia moderna, com direitos iguais e sufrágio universal, não existia em parte alguma do mundo na época da fundação dos Estados Unidos. As ideias dos fundadores sobre soberania popular eram bastante radicais.[58] A ordem constitucional que eles criaram — uma república, e não uma monarquia, sem requisitos de propriedade para ocupantes de cargo, com eleições competitivas para a presidência e a Câmara, e, dentro de poucas décadas, amplo sufrágio para homens brancos — era mais democrática do que qualquer coisa existente na Europa naquela época. Apesar disso, os fundadores não tencionavam construir o que hoje chamaríamos de democracia.[59] E muitos a rejeitavam abertamente. Elbridge Gerry, por exemplo, o delegado de Massachusetts, a descrevia como "o pior [...] de todos os males políticos".[60] Nem o direito de votar nem as liberdades civis, dois elementos essenciais da democracia moderna, foram incluídos na Constituição original. E, inspirados por um medo desmedido das maiorias populares, os fundadores rapidamente adotaram instituições para controlá-las e restringi-las.[61]

Mas o problema não é apenas *quando* a Constituição foi escrita, mas também *de que forma* foi escrita. Muitos americanos reverenciam a carta constitucional como um documento praticamente inatacável. Eles veem instituições contramajoritárias como o Senado e o Colégio Eleitoral como parte de um sistema cuidadosamente calibrado de freios e contrapesos projetado por líderes extraordinariamente argutos. Isso é um mito. Os autores da Constituição americana eram um grupo talentoso de homens que forjaram um dos textos constitucionais mais duradouros do mundo. Mas nossas instituições contramajoritárias não integravam um plano diretor bem pensado. A rigor, dois dos arquitetos constitucionais mais importantes dos Estados Unidos, Hamilton e Madison, se opunham a muitas delas.

Os fundadores podem ter sido inspirados por escritores clássicos gregos e romanos, mas eram em sua maior parte políticos experientes e pragmáticos que desejavam, acima de tudo, forjar uma união duradoura de treze estados independentes.[62] Os riscos eram altos. A primeira Constituição americana, os Artigos da Confederação de 1781, tinha se revelado inexequível, e delegados da Convenção Constitucional de 1787 temiam que o país estivesse à beira da guerra civil.[63] Se a convenção fracassasse, e a união se desfizesse, os Estados Unidos corriam o risco de mergulhar na instabilidade e na violência. Não só a economia emergente do país estaria ameaçada, mas, de maneira crucial, os estados ficariam vulneráveis às ambições geopolíticas e à intervenção militar de britânicos, franceses e espanhóis.[64] Sob intensa pressão para chegar a um acordo, os 55 delegados da convenção procederam como os líderes costumam proceder em períodos de transição: improvisaram e fizeram concessões.

Os fundadores de uma nova ordem constitucional muitas vezes enfrentam um enorme desafio: precisam da cooperação de diversos grupos, alguns dos quais fortes o suficiente para "chutar o tabuleiro" — e encerrar bruscamente o jogo — se suas demandas não forem atendidas.[65] Quando grupos pequenos mas influentes ameaçam atrapalhar uma transição difícil, os líderes fundadores quase sempre concluem que não há outra saída senão lhes conceder privilégios desmedidos. Durante a transição do comunismo na Polônia, em 1989, a oposição aceitou fazer um pacto garantindo ao Partido Comunista em retirada 65% das cadeiras no primeiro parlamento eleito. O ditador chileno Augusto Pinochet só concordou em deixar o poder no Chile quando recebeu a garantia de que comandaria as Forças Armadas, de que estas preservariam considerável poder, de que não haveria julgamentos de direitos humanos e de que nove dos 47 senadores do país ainda seriam nomeados pelo governo autoritário.[66] Na África do Sul, o Partido Nacional, que governava o país, concordou em desmontar o

Maiorias acorrentadas

apartheid depois de garantir uma série de proteções para a minoria branca, incluindo representação no Gabinete e a vice-presidência no primeiro governo eleito.[67] Nesses casos, o contramajoritarismo é produto não de nobres esforços para equilibrar governo da maioria e direitos das minorias, mas de uma série de concessões destinadas especificamente a aplacar uma minoria poderosa que ameaça sabotar a transição.

A fundação dos Estados Unidos foi igualmente estressante. Duas questões explosivas pareciam prontas a arruinar os planos dos fundadores de alcançar um consenso constitucional quando se reuniram na Filadélfia no verão de 1787: o papel dos estados menores na União e o instituto da escravidão. Representantes de estados pequenos, como Delaware, temiam que seus interesses fossem sufocados pelos de estados maiores, como Virgínia e Pensilvânia. Os estados existiam como entidades semiautônomas desde a Guerra Revolucionária; tinham desenvolvido fortes identidades e interesses, que defendiam com todo o zelo, quase como se fossem países independentes. Assim, muitos representantes exigiam que eles tivessem representação igual no novo sistema político. Em outras palavras, a soberania, e não a questão demográfica, seria a principal base da representação.

As demandas dos cinco estados escravagistas tinham como principal objetivo proteger o instituto da escravidão.[68] Para o Sul, tratava-se de uma questão inegociável. Delegados sulistas resistiam à criação de qualquer mecanismo na nova Constituição que pudesse pôr em risco a escravatura.[69] Mas os donos de escravos sulistas eram minoria, tanto na convenção como nos Estados Unidos.[70] Em linhas gerais, a população dos oito estados do Norte era mais ou menos igual à dos cinco estados do Sul. Mas, como 40% da população sulista era composta de escravos, sem direito de voto, e como os estados sulistas possuíam leis eleitorais mais restritivas, o Norte tinha uma população votante muito maior, e provavelmente prevaleceria em qualquer eleição nacional.[71] Por esse motivo, representantes dos estados do Sul insistiam em proteções contramajoritárias, "tão rígidas quanto possível", a fim de assegurar a sobrevivência da escravatura na nova república.[72]

James Madison percebeu que um racha por causa da escravatura poderia destruir a união incipiente. Depois de sete semanas de convenção, ele observou que a maior linha de ruptura não era a que ameaçava separar estados grandes de estados pequenos, mas estados nortistas de estados sulistas.[73] Representantes dos estados escravagistas do Sul viam a proteção da escravatura como uma questão de importância existencial. Sua principal demanda, nas palavras do historiador Sean Wilentz, era "manter a escravidão completamente fora do alcance do governo nacional", ou, no mínimo, "impossibilitar que ele promulgasse qualquer lei relacionada à escravidão sem o consentimento dos estados escravagistas".[74] Se essa demanda não fosse atendida, eles ameaçavam abandonar a convenção.[75] Embora muitos delegados nortistas fossem pessoalmente contrários à escravatura,[76] e embora a maioria dos delegados, encabeçados por Madison, insistisse em não reconhecê-la explicitamente como uma forma de propriedade na Constituição, poucos (se é que algum) estavam comprometidos com uma Constituição antiescravagista.[77]

Para que um acordo fosse possível, os representantes de estados pequenos e de estados escravagistas do Sul teriam de ser apaziguados. E, assim, eles conseguiram arrancar várias concessões: a nova Constituição não só permitia a escravidão, como a salvaguardava e, conforme disse Wilentz, "fortalecia a mão dos proprietários de escravos na política nacional".[78] As proteções negociadas por esses estados incluíam a proibição congressional, por vinte anos, da abolição do comércio de escravos, uma cláusula determinando o retorno de escravos fugidos e outra conferindo ao governo federal autoridade para reprimir rebeliões internas (implicitamente incluindo revoltas de escravos).[79] A maior vitória dos estados sulistas, no entanto, foi a notória "cláusula dos três quintos", que lhes permitia contar pessoas escravizadas como parte da população do estado (cinco escravos valendo por três pessoas livres) para fins de representatividade legislativa, ainda que os escravos não tivessem direitos políticos. Isso expandia a representação dos estados escravagistas na Câmara, aumentando também sua influência no Colégio Eleitoral. Dessa forma, a minoria de proprietários de escravos sulistas teve atendida sua demanda por aquilo que o delegado da Carolina do Sul, Charles Pinckney, chamou de "algo parecido com a igualdade".[80]

Em 1790, por exemplo, a população votante de Massachusetts era maior que a da Virgínia, mas, como a Virgínia abrigava 300 mil escravos, acabou ficando com cinco representantes a mais no Congresso do que Massachusetts; da mesma forma, New Hampshire e Carolina do Sul tinham um número igual de cidadãos livres, mas, como a Carolina do Sul tinha 100 mil escravos, acabou recebendo duas cadeiras a mais na Câmara do que New Hampshire.[81] De modo geral, a cláusula dos três quintos aumentou em 25% a representação do Sul na Câmara dos Deputados.[82] Isso deu aos estados sulistas o controle de quase metade da Câmara, o suficiente para "frustrar qualquer legislação nacional relativa à escravatura que não tivesse a sua aprovação".[83]

Assim, o problema da escravidão — e de *proteger* a escravidão — influenciou poderosamente a redação da Constituição dos Estados Unidos. A palavra "escravidão" não apareceu no documento final, mas seus legados institucionais tiveram profundos efeitos e vastas implicações.[84] Jamais um silêncio ecoou tão alto.

Embora a cláusula dos três quintos tenha se tornado quase irrelevante depois da Guerra Civil, outras concessões contramajoritárias perduraram. A principal delas foi a estrutura do Senado dos Estados Unidos. Os delegados de estados pequenos insistiam para que todos os estados tivessem representação igual no sistema político — um arranjo altamente antimajoritário que daria a Delaware, com seus 59 mil habitantes, representação política igual à de Massachusetts, Virgínia e Pensilvânia, cada um deles com um número de habitantes de cinco a sete vezes maior. Muitos dos fundadores, como Hamilton e Madison, se opuseram vigorosamente a essa ideia.[85] Como afirmou Hamilton durante a convenção, eram as pessoas, e não territórios, que mereciam representação no Congresso:

> Sendo os estados coleções de homens individuais, o que deveríamos respeitar mais — os direitos das pessoas que os compõem ou os entes artificiais resultantes dessa composição? Nada poderia ser mais ridículo ou absurdo do que sacrificar os primeiros em benefício dos últimos.[86]

Hamilton, criticando os Artigos da Confederação, afirmou que a representação igualitária dos estados "contradiz essa máxima fundamental do governo republicano que requer que o senso da maioria prevaleça".[87] "Pode ocorrer", ele escreveu no artigo número 22 de *Os artigos federalistas*, que uma "maioria de estados represente uma pequena minoria do povo dos Estados Unidos."[88] Da mesma forma, Madison descreveu a representação igualitária no Senado como "evidentemente injusta", e advertiu que ela permitiria a estados pequenos "extrair medidas [da Câmara] contrárias aos desejos e interesses da maioria".[89] James Wilson, da Pensilvânia, também rejeitava esse tipo de representação igualitária, indagando, como Hamilton: "Podemos esquecer para quem estamos formando um governo? É para *homens* ou para entes imaginários chamados estados?".[90] Wilson apoiava o chamado Plano Virgínia, de Madison, apresentado no primeiro dia de deliberações.[91] Por essa proposta, a representação tanto na Câmara como no Senado seria proporcional à população de cada estado. Mas os estados menores, particularmente Connecticut, Delaware e Nova Jersey, se recusaram taxativamente a aceitar uma Constituição que não lhes garantisse representação igual em pelo menos uma das câmaras do Congresso.[92]

A convenção por pouco não entrou em colapso quando o delegado de Delaware, Gunning Bedford, disse em tom de ameaça que seu estado se retiraria da União se os estados não tivessem representação igual, advertindo, sinistramente, que "os pequenos [estados] hão de encontrar um aliado estrangeiro com mais honra e boa-fé, que os tome pela mão e lhes faça justiça".[93]

Benjamin Franklin, um estadista mais velho e conciliador que ficara a maior parte do tempo calado durante o rancoroso debate, interveio nesse momento de impasse, sugerindo uma prece coletiva.[94] Um grupo de delegados acabou concluindo que, se quisesse preservar a União, seria necessário fazer essa concessão aos estados pequenos. Fechou-se um acordo. Pelo chamado Compromisso de Connecticut, a Câmara dos Deputados seria eleita por um princípio majoritário, com representação proporcional à população de cada estado (com base, é claro, na cláusula dos três quintos), mas o Senado contaria com dois senadores por estado, independentemente

Maiorias acorrentadas

de tamanho. Esse arranjo não era parte de um plano bem pensado. Foi a "segunda melhor" solução para um obstinado impasse que ameaçava inviabilizar a convenção e talvez destruir o jovem país. (O próprio Madison se opunha ao Compromisso de Connecticut e votou contra.)[95]

Da mesma forma, o Colégio Eleitoral não resultou de uma teoria constitucional ou de um planejamento de longo alcance. Na verdade, foi adotado na falta de coisa melhor, porque todas as alternativas a ele haviam sido rejeitadas.[96]

A questão de como selecionar o presidente da nova república foi a "mais difícil" que os arquitetos constitucionais tiveram de enfrentar durante a convenção, segundo o delegado James Wilson, da Pensilvânia.[97] Na época, quase todos os países independentes eram monarquias; os autores dispunham de poucos modelos de qualidade para a nova república, e a maioria vinha da Antiguidade. Assim, eles tiveram que projetar um executivo não monárquico "a partir do zero".[98]

Como selecionar o administrador-chefe? A proposta inicial, apoiada por Madison e incorporada ao Plano Virgínia, era que o Congresso escolhesse o presidente — sistema que em nada diferia do modelo parlamentar de democracia que viria a ser adotado na Europa ao longo do século XIX.[99] O parlamentarismo acabou se tornando um tipo comum de democracia, mas naquela época muitos delegados temiam que o presidente contraísse uma dívida excessiva com o Congresso, por isso o sistema foi rejeitado.[100] James Wilson defendeu a eleição popular do presidente.[101] É assim que todas as demais democracias presidencialistas ou semipresidencialistas — da Argentina à França e à Coreia do Sul — elegem seus executivos hoje. Mas naquele tempo não havia democracias presidencialistas, e na Filadélfia de 1787 a maioria dos delegados ainda desconfiava muito do "povo" para aceitar eleições diretas, de modo que a proposta foi rejeitada duas vezes pela convenção.[102] Os delegados sulistas eram particularmente contrários às eleições presidenciais diretas.[103] Como reconheceu Madison, as severas restrições ao sufrágio no Sul, como a privação dos direitos de voto da população escravizada, deixavam a região com muito menos eleitores qualificados do que o Norte.[104] Como o Sul proprietário de escravos estava aparentemente condenado a perder qualquer votação popular nacional, escreveu o constitucionalista Akhil Reed Amar, as eleições diretas eram para eles um "fator impeditivo".[105]

Mais uma vez, a convenção enfrentava um impasse, incapaz de chegar a um acordo sobre o método de escolha do presidente. Os delegados debateram o assunto durante 21 dias e realizaram trinta votações sobre o tema — mais do que sobre qualquer outro tópico.[106] Toda alternativa proposta era derrubada.[107] Por fim, com a convenção já prestes a terminar, no fim de agosto, a questão foi repassada ao Comitê de Questões Irresolvidas.[108] Os integrantes do comitê propuseram um modelo usado para "eleger" monarcas e imperadores no Sacro Império Romano-Germânico, uma confederação de mais de mil territórios e domínios semissoberanos na Europa Central. Quando o imperador morria, príncipes e arcebispos se reuniam no Conselho de Príncipes-Eleitores (Kurfürstenrat), geralmente em Frankfurt, na Alemanha, a fim de eleger um novo imperador.[109] Esse processo é parecido com o processo de escolha de papas desde a Idade Média. Ainda hoje, com o falecimento de um papa, o Colégio Cardinalício se reúne em Roma para "eleger um sucessor".[110] Os arquitetos constitucionais dos Estados Unidos decidiram empregar uma variante dessa "relíquia medieval" num ambiente não monárquico, que ficou conhecida como Colégio Eleitoral.[111]

O historiador Alexander Keyssar descreveu o Colégio Eleitoral como uma "segunda opção de consenso", adotada por uma convenção incapaz de encontrar uma alternativa.[112] Pessoalmente, Madison via as eleições diretas como o método "mais adequado" para escolher um presidente, mas acabou reconhecendo que o Colégio Eleitoral era a opção que levantava "menos objeções", em grande parte porque oferecia vantagens adicionais tanto aos estados escravagistas do Sul como aos estados pequenos.[113] O número de votos atribuídos a cada estado seria igual ao da delegação desse estado na Câmara mais seus dois senadores. Esse arranjo satisfazia os estados sulistas porque os deputados da Câmara seriam eleitos de acordo com a cláusula dos três quintos, e satisfazia os estados pequenos porque o Senado teria uma representação estadual igualitária.[114] Dessa forma, esses

Maiorias acorrentadas

estados teriam mais voz ativa na escolha do presidente do que teriam num sistema de eleição popular direta.

O Colégio Eleitoral jamais fez o que foi projetado para fazer.[115] Hamilton esperava que ele fosse composto de figuras públicas altamente qualificadas, ou de elites distintas, escolhidas pelos legislativos estaduais, que agiriam com independência.[116] Tudo isso se mostrou ilusório. O Colégio Eleitoral imediatamente se tornou uma arena de competição partidária. Já em 1796, os eleitores atuavam como representantes rigorosamente partidários.

Outras duas importantes instituições contramajoritárias — a revisão judicial e o *filibuster* do Senado — não são mencionadas na Constituição, tendo surgido nos primeiros anos da república. Em seu artigo III, a Constituição exigia que o Congresso instituísse uma Suprema Corte, o que foi feito pelo primeiro Congresso americano, em 1789. A Constituição também declarava explicitamente que os juízes federais poderiam desfrutar de um mandato vitalício (dependendo de seu "bom comportamento") — ideia surgida na Inglaterra em resposta à excessiva dependência dos juízes em relação à Coroa.[117] A decisão dos autores de não impor um limite para o mandato, ou uma idade para a aposentadoria compulsória, não deveria nos surpreender. Eles não estavam preocupados com longos mandatos no tribunal. A expectativa de vida era menor na época da fundação, e, acima de tudo, o cargo de ministro da Suprema Corte não tinha o status nem o apelo que tem hoje. O tribunal nem sequer contava com um prédio próprio, e nos primeiros anos da república os ministros passavam a maior parte do tempo em estalagens e na estrada, percorrendo "o circuito".[118] Assim, havia pouca expectativa de que os ministros permanecessem em seus cargos. O primeiro presidente da Suprema Corte, John Jay, deixou o cargo depois de cinco anos e meio para ser governador de Nova York.[119] Na verdade, os primeiros seis ministros da Suprema Corte nomeados pelo presidente George Washington serviram em média apenas 8,3 anos, em comparação com a média de 25,3 anos servidos pelos ministros que deixaram o cargo desde 1970.[120]

Os poderes da Suprema Corte foram deixados bastante vagos. Os autores da Constituição claramente desejavam estabelecer a supremacia da lei federal sobre as leis estaduais (algo que faltava nos malfadados Artigos da Confederação), mas a ideia de revisão judicial de legislação federal jamais foi resolvida na convenção ou explicitamente incorporada ao texto constitucional.[121] Não havia modelos de revisão judicial que pudessem servir como referência, porque os juízes na Inglaterra não tinham essa autoridade. A proposta de Madison de um "conselho de revisão" — formado por juízes federais e pelo presidente — que revisse as leis promulgadas pelo Congresso foi rejeitada, porque os delegados temiam que os juízes acabassem intervindo no processo legislativo. Em última análise, ao que parece, os autores jamais chegaram a um consenso sobre a questão do veto judicial à legislação federal, e ela nunca foi explicada claramente na Constituição.[122]

A revisão judicial surgiu gradativamente, não por desígnio, mas na prática jurídica ao longo dos anos 1790 e no começo do século XIX. Em março de 1801, na véspera da posse de Thomas Jefferson, o presidente John Adams, um rival federalista, trabalhou até as nove da noite finalizando a nomeação de juízes para vagas criadas pela Lei do Judiciário de 1801, que aumentava o número de juízes federais e fora aprovada no apagar das luzes do Congresso.[123] Foi um caso clássico do que hoje chamamos de expansão dos tribunais. Quando o novo governo de Jefferson se recusou a dar andamento à nomeação de um juiz de paz federalista indicado por Adams, o presidente da Suprema Corte, John Marshall, um federalista, resolveu a disputa. No caso *Marbury contra Madison*, ele atendeu ao desejo do novo governo de não conceder a William Marbury seu mandato, enquanto ao mesmo tempo, e com muita habilidade, afirmava a autoridade do tribunal para decidir quando uma lei saía dos limites da Constituição. Aos poucos, a revisão judicial se estabeleceu ao longo do século XIX.

Assim como a revisão judicial, o *filibuster* do Senado não está entronizado na Constituição dos Estados Unidos, ainda que muitos o associem ao sistema constitucional americano de freios e contrapesos.[124] O *filibuster* é uma clássica instituição contramajoritária. Ele permite que uma minoria

Maiorias acorrentadas 151

de senadores (desde 1975, quarenta dos cem) impeça que um projeto de lei seja submetido a votação, o que, na prática, significa que uma supermaioria de sessenta votos é necessária para aprovar qualquer lei.[125] O *filibuster* costuma ser visto como um direito essencial — até mesmo constitucional — das minorias. Lyndon Johnson certa vez o chamou de "a fonte de todas as nossas liberdades".[126] Phil Gramm, senador pelo Texas, o descreveu como "parte do tecido da democracia americana".[127] Ambos estavam errados.

Muitos arquitetos da Constituição, incluindo Hamilton e Madison, se opunham vigorosamente às regras de supermaioria no Congresso.[128] O primeiro Congresso dos Estados Unidos, sob os Artigos da Confederação, havia operado de acordo com essas regras e se mostrado absolutamente disfuncional. Na esteira do seu fracasso, tanto Hamilton como Madison adotaram o princípio do governo da maioria,[129] que Madison chamaria de "o princípio vital do governo republicano".[130] Em *Os artigos federalistas*, Madison rejeitou explicitamente o uso de regras de supermaioria no Congresso, argumentando que "o princípio fundamental do governo livre seria revertido. A maioria não governaria mais; o poder seria transferido para a minoria".[131] E Hamilton afirmou (no artigo de número 22) que uma regra de supermaioria "sujeitaria o senso do maior número ao senso do menor número".[132] Sob essas regras, observou ele,

> vamos acabar acreditando que tudo está seguro, porque nada impróprio provavelmente será feito; mas esquecemos o quanto de bem pode ser impedido, e o quanto de mal pode ser produzido, pelo poder de prevenir que o necessário seja feito, e de manter as coisas na mesma situação desfavorável em que podem estar em determinados períodos.[133]

Com a exceção da ratificação de tratados e da remoção de funcionários impugnados, a Convenção da Filadélfia rejeitou todas as propostas de regras de supermaioria na legislação comum do Congresso.[134]

O Senado original dos Estados Unidos não dispunha do *filibuster*. Em vez disso, adotava a chamada "moção da questão anterior", que permitia que uma maioria simples de senadores votasse para encerrar o debate.[135] A

regra, no entanto, foi pouco utilizada, e em 1806, atendendo a recomendações do ex-vice-presidente Aaron Burr, o Senado a eliminou.[136] Embora o
registro histórico seja escasso, a justificativa de Burr parece ter sido o fato
de que a regra raramente era empregada (John Quincy Adams anotou em
suas memórias que ela havia sido usada uma única vez nos quatro anos anteriores), e, nos casos em que isso aconteceu, tinha pretendido basicamente
evitar o debate de determinada questão.[137] Não há provas de que Burr, ou
qualquer outra pessoa, tenha pretendido proteger minorias partidárias
ou qualquer espécie de "direito" a um debate ilimitado.[138] Como afirmou
a cientista política Sarah Binder, especializada em estudos do Congresso,
as maiorias no Senado perderam o meio de encerrar o debate — e assim
forçar uma votação — "por mero engano".[139]

Por algumas décadas, isso não fez grande diferença. Até os anos 1830
(ou, segundo algumas versões, até 1841), não houve *filibusters* organizados,
e a prática era tão rara que só veio a ganhar nome nos anos 1850.[140] Nas
décadas de 1840 e 1850, porém, senadores sulistas, encabeçados por John C.
Calhoun, começaram a desenvolver o conceito do debate ilimitado — a rigor, um veto da minoria — como um direito constitucional da minoria.[141]
Ainda assim, de modo geral os senadores se abstinham de usá-lo. Houve
apenas vinte *filibusters* bem-sucedidos entre 1806 e 1917 — menos de dois
a cada década.[142]

O uso do artifício começou a se intensificar no fim do século XIX: no
período preparatório para a Primeira Guerra Mundial, o *filibuster* de um
projeto de lei para armar navios mercantes americanos em face dos sub-
marinos alemães convenceu o presidente Wilson e os líderes do Senado da
necessidade de criar algum tipo de mecanismo para encerrar o debate.[143]
Assim, em 1917, o Senado aprovou a Regra 22, pela qual uma votação de
dois terços dos senadores poderia encerrar um debate (prática conhecida
como *cloture*) e forçar a votação de um projeto de lei. Embora muitos senadores apoiassem uma regra de *cloture* de maioria simples (que restauraria o
sistema do Senado original), a regra dos dois terços prevaleceu.[144]

O Senado dispunha agora de uma efetiva regra de supermaioria, pela
qual uma minoria de um terço de senadores conseguia impedir que uma

Maiorias acorrentadas

legislação fosse votada (em 1975, o limiar foi elevado para dois quintos). Esse poder de veto da minoria foi usado para bloquear projetos de lei contra o linchamento em 1922, 1937 e 1940 (apesar do apoio de mais de 70% dos americanos), bem como de projetos de lei para abolir as taxas de votação em 1942, 1944 e 1946 (apesar do apoio de mais de 60% dos americanos).[145] Ainda assim, os *filibusters* foram relativamente raros ao longo da maior parte do século xx — em parte porque davam muito trabalho. Para manter um *filibuster*, os senadores tinham que tomar a palavra no plenário e falar interminavelmente.[146] Após as reformas dos anos 1970, porém, eles só precisavam indicar aos líderes partidários sua intenção de obstruir — por meio de um telefonema ou, agora, de um e-mail — para pôr em vigor a regra da supermaioria.[147] Com o *filibuster* "sem custos", o que antes era raro virou prática rotineira.[148] O uso do *filibuster* disparou no fim do século xx e no começo do século xxi, a ponto de hoje ser "amplamente aceito que toda legislação importante exige pelo menos sessenta votos para ser aprovada".[149] Em outras palavras, o *filibuster* acabou se tornando o que para todos os efeitos é uma regra de supermaioria para qualquer projeto de lei no Senado.

É uma mudança extraordinária. Antes do fim do século xx, o veto minoritário existia de fato, mas raramente era usado. Agora, é usado quase sempre. Gregory Koger deu a isso o nome de "revolução silenciosa".[150] Não houve uma decisão coletiva de adotar regularmente uma regra de supermaioria no Senado. "Simplesmente aconteceu, e tão silenciosamente que mal nos demos conta."

Embora os defensores do *filibuster* o cubram com o manto das tradições fundadoras dos Estados Unidos, a verdade é que ele surgiu por acaso e foi muito pouco usado ao longo da maior parte da história americana. O rígido veto minoritário que hoje conhecemos é uma invenção recente.

DESDE O ENSINO FUNDAMENTAL os americanos aprendem que a Constituição é um documento sagrado, a ser visto através de uma redoma. Imaginamos nossas instituições fundadoras como parte de um grande desígnio — um projeto cuidadosamente concebido para fazer uma república funcionar. Essa fábula obscurece a história de transigências, segundas melhores alternativas e concessões que as produziram. Além disso, funde instituições essenciais para o aprimoramento democrático com instituições desnecessárias e até mesmo antidemocráticas. Tratar as instituições fundadoras dos Estados Unidos como um conjunto fixo e coerente de freios e contrapesos significa colocar no mesmo saco regras que protegem liberdades civis e asseguram chances iguais para todos e regras que concedem a minorias privilegiadas e partidárias vantagens para vencer disputas eleitorais e batalhas legislativas. As primeiras são necessárias para a democracia; as últimas são contrárias a ela.

Pesquisas de opinião deixam claro que a maioria dos americanos cultiva valores amplamente inclusivos e abraça os princípios da democracia liberal e multirracial. Mas nossas instituições frustram essa maioria. Como notou um importante observador político quase três quartos de século atrás: "A maioria americana é um amistoso cão pastor preso para sempre na coleira de um leão".[151] Não são as maiorias descontroladas que hoje nos ameaçam. As maiorias acorrentadas é que são o problema.

6. O governo das minorias

EM FEVEREIRO DE 1909, proprietários rurais de toda a Alemanha chegaram à capital, Berlim, para a Semana Agrária, reunião anual da maior associação agrícola do país.[1] Reunidos numa impressionante arena circular com 4 mil lugares, os titãs da agricultura alemã (por vezes chamados de "senhores do pão") debateram o próprio futuro político. Quando a convenção discutia os perigos do livre-comércio e do socialismo, um aristocrata, o barão Franz von Bodelschwingh, proclamou para a plateia, sob aplausos: "Senhores, sei que em alguns lugares as pessoas evitam criticar o judaísmo ou a se identificar como adversárias do judaísmo. É uma fraqueza da nossa época não chamar as coisas pelo nome".[2]

Como muitos outros grandes proprietários de terra da Alemanha, o barão Von Bodelschwingh temia o declínio da cultura "cristã" no interior do país e o avanço de "jornais judaicos" nas cidades, que cresciam rapidamente. Em seguida, no entanto, ele passou a abordar o tema de seu discurso: a reformulação dos limites distritais para as eleições parlamentares da Alemanha:

> Com a maior ênfase possível eu gostaria de me manifestar contra uma mudança nos limites dos distritos eleitorais que vai reduzir a influência do campo. E gostaria de acrescentar: do meu ponto de vista, nenhum deputado de um partido que nos seja próximo e que tenha se manifestado incondicionalmente a favor da reformulação dos distritos eleitorais deveria receber qualquer apoio e contato de nossa parte.

O grande interesse do aristocrata alemão pelo obscuro tópico dos limites eleitorais era motivado por medo: ele estava ciente de que as forças conservadoras, com bases sobretudo no campo, nadavam contra a maré da história. À medida que a Alemanha se industrializava no fim do século xix, suas cidades se expandiam num ritmo vertiginoso. Empregos apareciam cada vez mais nos centros urbanos, e incorporadores imobiliários adquiriam terras agrícolas nos arredores das cidades, construindo quadras e mais quadras de cortiços e moradias de classe média. As grandes planícies e terras agrícolas, especialmente no leste, estavam sendo esvaziadas. Nas cidades em rápido crescimento, surgia uma cultura mais liberal e cosmopolita. E com o número de trabalhadores que moravam nas cidades se multiplicando, também se multiplicava o apoio à esquerda política. O Partido Social-Democrata da classe trabalhadora irrompeu no cenário político, angariando mais votos do que qualquer outro partido nas eleições parlamentares de 1893 — e em todas as eleições até a Primeira Guerra Mundial.

Mas a capacidade dos sociais-democratas de conquistar e exercer o poder em nível nacional era limitada pelas instituições políticas do país. A Constituição imperial, projetada em 1871, havia equipado os conservadores com armas processuais que para todos os efeitos frustravam o governo do povo. O rei conservador tinha o poder de nomear gabinetes sem levar em conta o voto dos cidadãos. Uma segunda câmara (o Bundesrat), eleita indiretamente, era dominada pelas elites. E quase todo o poder no sistema federal da Alemanha estava nas mãos dos estados, que continuaram altamente antidemocráticos.

Isso tornava o parlamento nacional (o Reichstag) a instituição mais democrática do país. Em 1871, antes da explosão urbana da Alemanha, os distritos parlamentares foram projetados de uma forma surpreendentemente justa: além de serem iguais no tamanho (um deputado por 100 mil habitantes), todos os homens tinham direito ao voto. Mas, como reconheceu o barão Von Bodelschwingh em 1909, o recente êxodo em massa de eleitores do campo para a cidade havia beneficiado imensamente seus aliados conservadores. Mantendo os limites distritais criados em 1871, os conservadores seriam cada vez mais super-representados. E, à medida que mais e mais eleitores da classe trabalhadora se mudassem para o mesmo pequeno conjunto de superlotados distritos urbanos, cada qual com apenas

O governo das minorias 157

um deputado, os sociais-democratas acumulariam margens de votação cada vez maiores para conquistar algumas poucas cadeiras, desperdiçando vastas quantidades de votos. Em outras palavras, distritos eleitorais fixos durante a urbanização em larga escala distorciam cada vez mais a política em prejuízo das cidades. Os distritos rurais continham números cada vez menores de eleitores, no entanto preservavam a mesma representação no parlamento, dando aos conservadores, com suas bases rurais, um peso político desproporcional. Era uma forma do que os cientistas políticos Jacob Hacker e Paul Pierson chamam de "contramajoritarismo sutil".[3]

Em 1912, no típico distrito rural conservador de Heiligenbeil-Preussische Eylau, meros 8 mil eleitores levaram a uma cadeira no parlamento; já no típico distrito industrial e mineiro de Bochum-Gelsenkirchen-Hattingen, 60 mil eleitores foram necessários para obter uma cadeira no parlamento.[4] As consequências foram arrasadoras para a esquerda política: em 1907, os sociais-democratas receberam a maioria dos votos, com 29% da votação nacional, mas acabaram com apenas 43 cadeiras, ficando num distante quarto lugar.[5] Ao mesmo tempo, o Partido Conservador recebeu apenas 9% da votação nacional, mas acabou garantindo sessenta cadeiras. O sistema eleitoral favorecia os conservadores, consolidando, para todos os efeitos, o governo da minoria que prevaleceu até o colapso do sistema político do império depois da Primeira Guerra Mundial.

Quando minorias partidárias tomam conta de instituições contramajoritárias, isso pode permitir que os que estão do lado perdedor da história se agarrem ao poder. Durante anos, os conservadores mantiveram seu domínio político na Alemanha mesmo perdendo eleições. Adotavam políticas às quais as maiorias se opunham e vetavam outras que as maiorias apoiavam.

Uma coisa é as minorias de vez em quando frustrarem ou derrotarem temporariamente as maiorias em batalhas políticas pontuais. Isso pode ocorrer no processo de barganha da política democrática. Mas outra coisa bem diferente é uma minoria partidária *consistentemente* derrotar ou impor políticas a maiorias mais amplas, e, pior ainda, usar o sistema para consolidar vantagens. Quando isso acontece, o que temos é um governo da minoria, não democracia.

Algo parecido ocorre hoje nos Estados Unidos. Como os conservadores europeus do século xix, o partido conservador americano agora é consistentemente favorecido por instituições políticas que continuam congeladas no passado apesar de profundas e vastas mudanças sociais. A democracia é supostamente um jogo de aritmética: o partido com mais votos ganha. Mas hoje, nos Estados Unidos, os partidos que conseguem maiorias eleitorais com frequência não têm chance de governar, e muitas vezes nem sequer ganham.

O sistema americano sempre teve instituições que fortalecem minorias em detrimento de maiorias. Mas só no século xxi é que o contramajoritarismo adquiriu caráter partidário — ou seja, passou a beneficiar regularmente um partido à custa de outro na política nacional.

Os arquitetos constitucionais não pretendiam criar um sistema de governo de minoria partidária; nem sequer previram o surgimento de partidos políticos. Imaginavam um mundo em que elites locais, sem filiação partidária, serviriam como estadistas responsáveis em prol do bem público. Como vimos, os beneficiários originais do contramajoritarismo na Constituição dos Estados Unidos foram os estados pequenos e pouco povoados, que na Convenção da Filadélfia negociaram para extrair um conjunto de vantagens.

Mas duas coisas mudaram com o tempo. Em primeiro lugar, enquanto o país se ampliava e a população crescia, a assimetria entre estados pouco e muito povoados aumentou drasticamente. Em 1790, um eleitor em Delaware (o estado menos povoado) tinha treze vezes mais influência no Senado dos Estados Unidos do que um eleitor no estado mais povoado, a Virgínia.[6] Já em 2000, diferentemente, um eleitor no Wyoming tinha quase setenta vezes mais influência no Senado federal do que um eleitor na Califórnia.

Mas houve outra mudança: os Estados Unidos se urbanizaram. Na época da fundação, eram um país de cidades pequenas e vastos espaços esparsamente povoados repletos de fazendas e florestas. Todos os estados — grandes e pequenos — eram rurais. À medida que o país se industrializava, durante o século xix, as pessoas iam se mudando para áreas urbanas em busca de trabalho. Em 1920, o Departamento do Censo dos Estados Unidos anunciou, com grande estardalhaço, que pela primeira vez na história do país havia mais americanos vivendo nas cidades do que no campo.[7]

O crescimento das cidades alterou fundamentalmente a política. Em 1920, os estados mais populosos eram também os mais urbanos (Nova York, Illinois, Pensilvânia), ao passo que os menos populosos eram os mais rurais (Wyoming, Nevada, Vermont). O que havia começado como um viés estritamente a favor de estados pequenos se tornara um viés a favor de estados *rurais*. Assim, as jurisdições rurais estavam agora super-representadas nas três instituições políticas nacionais mais importantes dos Estados Unidos: o Senado, o Colégio Eleitoral e — como o presidente nomeia os ministros da Suprema Corte e o Senado os confirma — a Suprema Corte.[8]

Ainda que favorecesse os interesses rurais por grande parte do século XX, no entanto, o sistema constitucional americano não tinha um claro viés partidário. Isso acontecia porque, durante quase todo o século XX, ambos os partidos tinham bases urbanas *e* rurais. Eleitores rurais no Nordeste e no Meio-Oeste eram solidamente republicanos, mas eleitores rurais sulistas (brancos) eram esmagadoramente democratas.[9] Os democratas eram mais fortes na maioria das cidades do Nordeste, mas muitas cidades do Oeste eram redutos republicanos. Como ambos os partidos tinham alas urbanas e rurais, a super-representação rural não favorecia consistentemente nenhum dos lados.

Isso mudou no século XXI. Com o avanço da economia pós-industrial do conhecimento, os centros urbanos se tornaram locomotivas do dinamismo econômico e dos bons empregos, enquanto as áreas rurais e os centros manufatureiros mais antigos estagnaram.[10] Ao mesmo tempo, a imigração aumentou a diversidade étnica e cultural de muitos desses dinâmicos centros urbanos.[11] Como mostrou o cientista político Jonathan Rodden, essas mudanças na geografia econômica e política têm tido consequências importantes nas democracias ocidentais. Partidos de centro-esquerda — o Partido Trabalhista na Grã-Bretanha, o Partido Social-Democrata e o Partido Verde na Alemanha, o Partido Democrata nos Estados Unidos — têm sido cada vez mais procurados por eleitores urbanos, que tendem a ser cosmopolitas, não religiosos e tolerantes com a diversidade étnica, ao passo que partidos de direita, muitas vezes de extrema direita, cada vez mais representam eleitores de cidades pequenas e de áreas rurais, que tendem a ser mais socialmente conservadores e menos pró-imigração e pró-diversidade étnica.[12]

Nos Estados Unidos, essa mudança foi exacerbada pela transformação do sistema partidário motivada pela questão racial. Antes do movimento pelos direitos civis, eleitores rurais no Sul eram esmagadoramente democratas. Em outros lugares, eles se inclinavam para o Partido Republicano. Depois da revolução dos direitos civis, o Sul rural (branco) aos poucos passou para o lado republicano.

Hoje, portanto, os republicanos são predominantemente o partido de regiões pouco povoadas, enquanto os democratas são o partido das cidades.[13] Como resultado disso, o viés constitucional pró-estado pequeno, que se tornou um viés pró-rural no século xx, no século xxi se transformou num viés partidário. Os americanos estão vivendo uma versão própria do "contramajoritarismo sutil".

Os Estados Unidos correm o risco de descambar para o governo da minoria — situação inusitada e antidemocrática na qual um partido que obtém menos votos do que os rivais mantém, apesar disso, o controle das principais alavancas do poder político.

Para entender como funciona, imaginemos uma partida de basquete. No basquete profissional americano, os times marcam um ponto por lance livre, dois pontos por cesta simples e três pontos por cesta de fora da linha dos três pontos. Mas imaginemos um jogo em que essas regras só valem para um time (que vamos chamar de Time Normal), e em que o outro time (Time Extra) recebe *quatro* pontos para cada cesta de fora da linha dos três pontos. As partidas ainda poderiam ser competitivas, com resultados incertos. Se o Time Extra vence por trinta pontos, digamos, sem sequer tentar um arremesso de quatro pontos, será uma vitória justa. Em outros casos, o Time Normal pode dominar o jogo, vencendo, digamos, por vinte pontos, *apesar* da regra dos quatro pontos. Mas em partidas acirradas as coisas se complicam. Pensemos num jogo em que cada time converte o mesmo número de lances livres e arremessos simples, mas em que o Time Normal converte dez arremessos de fora da linha de três pontos, enquanto o Time Extra converte oito arremessos. Pelas regras normais, o Time Normal venceria a partida por seis pontos. Mas, pelas novas regras, o Time Extra venceria por dois pontos. O perdedor vira vencedor. Cabe repetir que essas regras nem sempre definem os resultados: o Time Extra pode ter um desempenho tão bom que não precisa de sua vantagem embutida para ganhar; ou o Time Normal pode ter um desempenho suficiente para vencer, apesar da vantagem embutida do Time Extra. Mas, em jogos apertados, o Time Extra vai vencer mais vezes do que normalmente venceria.

O sistema político americano funciona cada vez mais desse jeito. A sobreposição da divisão partidária à divisão urbano-rural traz o risco de transformar algumas das mais importantes instituições do país em pilares do governo da minoria.

Um dos pilares é o Colégio Eleitoral, que distorce a votação popular de duas maneiras. Em primeiro lugar, quase todos os estados (exceto Maine e Nebraska) alocam os votos do Colégio Eleitoral pelo sistema segundo o qual o vencedor leva tudo. Isso significa que, se um candidato vence num estado pela estreita margem de 50,1%, receberá 100% dos votos desse estado no Colégio Eleitoral. Essa desproporcionalidade cria problemas quando os votos dos estados são agregados no Colégio Eleitoral, permitindo que o perdedor na votação popular vença.

Vejamos como a eleição de 2016 se desenrolou nos estados de Wisconsin (dez votos), Michigan (dezesseis votos), Pensilvânia (vinte votos) e Nova York (29 votos). Donald Trump venceu no Wisconsin, no Michigan e na Pensilvânia por margens apertadas (diferença de 23 mil votos, 11 mil votos e 54 mil votos, respectivamente), o que lhe permitiu ficar com todos os 46 votos desses estados. Hillary Clinton venceu em Nova York por 1,7 milhão de votos, ficando com seus 29 votos. Somando os votos naqueles quatro estados, Clinton ganhou na votação popular por 1,6 milhão de votos, mas

Trump ganhou na votação do Colégio Eleitoral por 46 a 29. O perdedor venceu.

O sistema do Colégio Eleitoral, em que o vencedor leva tudo, pode beneficiar candidatos derrotados de ambos os partidos. Na verdade, nos anos 1960 os republicanos conservadores é que o achavam injusto. O senador republicano Karl Mundt, de Dakota do Sul, propôs uma emenda constitucional para reformar o Colégio Eleitoral, que segundo ele dava "poderes ditatoriais" a "algumas poucas grandes cidades americanas e um punhado de grandes estados tidos como 'de importância vital'".[14]

No entanto, uma segunda distorção no Colégio Eleitoral, o viés pró-estados pequenos, claramente favorece os republicanos. Lembremos que o número de delegados alocados a cada estado é igual ao tamanho da sua delegação no Congresso: o número de deputados na Câmara mais o número de senadores. Como o Senado dos Estados Unidos super-representa pesadamente estados pouco povoados, o Colégio Eleitoral tem um modesto viés pró-áreas rurais de cerca de vinte votos no colégio de 538 assentos, o que dá aos republicanos uma vantagem pequena, mas potencialmente decisiva.[15] Em 2000, por exemplo, o viés pró-pequenos estados adicionou cerca de dezoito votos à votação geral de George W. Bush.[16] Como Bush derrotou Al Gore por apenas cinco votos, aqueles dezoito foram vitais, transformando o perdedor no voto popular em presidente eleito.

Para avaliar a vantagem atual do Partido Republicano no Colégio Eleitoral, analistas costumam identificar o estado que funciona como ponto crucial numa eleição nacional — em outras palavras, o estado que dá ao candidato vencedor o decisivo 270º voto eleitoral.[17] Se classificarmos os estados começando pela maior margem pró-democratas (Vermont) e terminando na maior margem pró-republicanos (Wyoming) na eleição presidencial de 2020, Wisconsin foi o estado que serviu de ponto de virada. Como tal, era de esperar que acompanhasse a votação popular nacional, em que Biden venceu por 4,4 pontos percentuais. Mas ele venceu no Wisconsin por apenas 0,6 ponto, uma diferença de quase quatro pontos. É justamente esse o viés do Colégio Eleitoral: Biden precisava vencer na votação popular por cerca de quatro pontos para ser eleito presidente. Como

O governo das minorias

no jogo de basquete de que falamos, se a vantagem de Biden fosse de três pontos, ainda assim a vitória seria de Trump.

O resultado líquido disso tudo é que as eleições presidenciais americanas não têm sido muito democráticas no século XXI. De 1992 a 2020, o Partido Republicano perdeu na votação popular em todas as eleições para presidente, à exceção de 2004. Em outras palavras, apenas uma vez em quase três décadas o partido teve mais votos. Apesar disso, candidatos republicanos conquistaram três vezes a presidência nesse período, permitindo que a legenda ocupasse a presidência por doze desses 28 anos.

Um segundo pilar do governo da minoria — que tem um viés partidário ainda mais acentuado — é o Senado. Estados pouco povoados representando menos de 20% da população dos Estados Unidos conseguem produzir maioria no Senado.[18] E estados que representam 11% da população conseguem produzir votos suficientes para bloquear projetos de lei recorrendo ao *filibuster*.[19]

O problema agora é agravado pelo viés partidário. O domínio do Partido Republicano nos estados pouco povoados lhe permite controlar o Senado do país sem assegurar maiorias populares nacionais. Os senadores são eleitos para mandatos escalonados de seis anos, com um terço do Senado submetido a disputa a cada dois anos. Isso significa que são necessárias três eleições num ciclo de seis anos para renovar completamente a casa. Embora os republicanos tenham vencido na votação popular nacional para o Senado em algumas eleições individuais (em 2002, 2010 e 2014, por exemplo), os democratas conquistaram maioria popular geral para o Senado *em todos os ciclos de seis anos entre 1996 e 2002*.[20] E ainda assim os republicanos controlaram o Senado pela maior parte desse período.[21] Portanto, quase sempre o partido que recebeu menos votos controlou o Senado.

Quão grande é o viés pró-republicanos do Senado? Vejamos o caso da eleição de 2020. Seguindo a lógica do estado que serve de ponto de virada, há uma lacuna de cinco pontos entre os resultados da eleição presidencial de 2020 no estado mediano — o que produz uma maioria no Senado — e a votação para presidente em 2020.[22] Isso significa que o viés partidário do Senado era tão grande que os democratas precisavam vencer na votação popular nacional com uma margem de cerca de *cinco pontos* para controlar a casa. Nas últimas décadas, o tamanho do viés pró-republicanos variou de eleição para eleição, indo de um mínimo de dois pontos a um máximo de quase seis pontos.[23] Mas uma coisa tem sido constante: o Partido Republicano desfruta há décadas de uma vantagem no Senado.

Ou, olhando de outro modo: em nenhum momento durante o século XXI os republicanos do Senado representaram a maioria da população americana. Com base nas populações dos estados, os democratas do Senado continuamente representaram mais americanos desde 1999.[24] Na eleição de 2016, por exemplo, os republicanos conquistaram uma maioria de 52 cadeiras no Senado. Mas seus senadores representavam apenas 45% dos americanos.[25] Em 2018, o Partido Republicano conquistou uma maioria de 53 cadeiras, mas seus senadores representavam apenas uma minoria de americanos (48%). Depois da eleição de 2020, que dividiu o Senado igualmente, os cinquenta senadores democratas representavam 55% dos americanos — 41,5 milhões a mais do que os cinquenta senadores republicanos.[26] O padrão persistiu em 2022: o número de cadeiras do Partido Republicano no Senado (49) continuou sendo maior do que a sua fatia na votação (42%). Dessa maneira, chegar a cinquenta senadores requer bem menos votos para os republicanos do que para os democratas.[27] Como diz um analista: "A configuração da coalizão republicana atualmente é tão ideal para vencer eleições nos estados pouco povoados que seria preciso haver descaso político e azar numa escala quase cômica para que o partido conservador não ganhasse o controle".[28]

A Suprema Corte constitui um terceiro pilar de governo da minoria. O viés partidário do tribunal é indireto, mas, mesmo assim, significativo. Dada a natureza do Colégio Eleitoral e do Senado, os ministros da Suprema Corte podem ser nomeados por presidentes que perderam na votação popular e confirmados por maiorias do Senado que representam apenas uma minoria de americanos. E, dada a vantagem republicana no Colégio Eleitoral e no Senado, esses ministros tendem a ser nomeados por republicanos.

O *governo das minorias* 165

Certamente tem sido o caso no século XXI. Quatro dos nove ministros da Suprema Corte — Clarence Thomas, Neil Gorsuch, Brett Kavanaugh e Amy Coney Barrett — foram confirmados por uma maioria do Senado que coletivamente obteve uma minoria de votos populares nas eleições para o Senado e representava menos de metade da população americana.[29] E três deles — Gorsuch, Kavanaugh e Coney Barrett — também foram nomeados por um presidente derrotado no voto popular.[30] Tivessem as maiorias prevalecido em eleições para a presidência e para o Senado, três — possivelmente quatro — dos juízes mais conservadores da Suprema Corte não estariam no tribunal. Muito provavelmente, três dessas cadeiras teriam sido preenchidas por juízes indicados pelos democratas.

Graças à crescente divergência entre maiorias eleitorais e a composição da Suprema Corte, os americanos têm um tribunal mais e mais em desacordo — às vezes gritantemente — com a opinião pública. Historicamente, afirmam estudiosos da Suprema Corte, ministros abrandaram suas decisões para não se afastar demais da vontade do povo.[31] Parece que não é mais assim. Pesquisas recentes revelaram uma diferença cada vez maior entre as decisões da Suprema Corte e a opinião pública majoritária nos Estados Unidos.[32] Essa tendência não é acidental: a maioria conservadora do tribunal foi imposta por uma minoria partidária.

Um quarto pilar do governo da minoria, que não está ancorado na Constituição, é um sistema eleitoral que fabrica maiorias artificiais e às vezes permite que partidos menos votados controlem o legislativo.[33] Quase todas as eleições para o Congresso dos Estados Unidos e para os legislativos estaduais empregam um sistema em que o vencedor leva tudo. Os estados são divididos em distritos, tendo um legislador eleito por distrito. O candidato mais bem colocado em cada eleição fica com a cadeira, e todos os candidatos rivais perdem. O resultado disso é sempre o mesmo, quer a eleição termine em nervosos 50,1% contra 49,9%, quer termine numa vitória esmagadora de 80% contra 20%. Lembremo-nos de que no século XXI os eleitores do Partido Democrata estão concentrados em centros metropolitanos, ao passo que os eleitores do Partido Republicano, com bases em cidades pequenas e subúrbios, tendem a ser mais bem distribuídos.[34]

Como resultado, os democratas têm maior probabilidade de "desperdiçar" votos acumulando grandes maiorias em distritos urbanos e perdendo na maior parte dos distritos não urbanos. Essa distribuição "ineficiente" de eleitores, combinada com distritos de um representante, possibilita ao partido menos votado conquistar maiorias legislativas.

O problema é mais visível nos legislativos estaduais. Geralmente considerados o coração da democracia americana, os legislativos estaduais costumam ser descritos como órgãos "mais próximos do povo" e, portanto, mais representativos da vontade popular. Earl Warren, ex-presidente da Suprema Corte dos Estados Unidos, os chamou de "a fonte do governo representativo", enquanto o ministro Neil Gorsuch os louvou como os verdadeiros "representantes do povo".[35] Mas, na realidade, os legislativos estaduais dos Estados Unidos são propensos ao governo da minoria.[36]

Para entender como isso funciona, olhemos para a Pensilvânia, um importante campo de batalha onde os democratas rotineiramente conquistaram maiorias populares em âmbito estadual no século XXI, mas onde tipicamente os republicanos dominam o legislativo.[37] Desde 2000, os democratas ganharam cinco de seis eleições para governador da Pensilvânia e quatro de cinco corridas presidenciais. Quase sempre ganham também a maioria dos votos para o legislativo estadual, mas isso nem sempre se traduz em uma maioria de cadeiras. Em 2018, por exemplo, os democratas obtiveram 55% dos votos nas eleições legislativas do estado, mas os republicanos mantiveram uma maioria de cadeiras (110-93) na câmara estadual.

Se compararmos três distritos legislativos estaduais típicos na eleição de 2018, veremos como isso se desenrola. Em primeiro lugar, vejamos o caso do 70º Distrito Legislativo da Pensilvânia, um distrito densamente povoado, com 45% de não brancos perto da Filadélfia, onde o legislador democrata Matt Bradford, um advogado que já havia trabalhado para a United Steelworkers, obteve uma vitória esmagadora em sua disputa de 2018, com 16 005 votos contra 7122 votos do desafiante republicano. Comparemos essa situação com a do vizinho 71º Distrito, menos povoado, 84% branco, onde o candidato republicano Jim Rigby, ex-chefe de polícia de Ferndale, venceu uma eleição apertada, derrotando o rival democrata por

O *governo das minorias*

11 615 a 10 661. Vejamos, em seguida, o 144º Distrito no sudeste da Pensilvânia, basicamente rural, onde o republicano Todd Polinchock, um piloto aposentado da Marinha, venceu o rival democrata por 15 457 a 14 867. Se somarmos o total de votos nos três distritos, os democratas ganham por uma margem de 41 583 a 34 184. Mas os republicanos conseguiram duas das três cadeiras. Esse padrão ocorreu em toda a Pensilvânia em 2018, e ocorre regularmente em muitos estados americanos hoje.[38] Os democratas costumam obter maioria na votação estadual, mas, como seus eleitores se acumulam em distritos esmagadoramente democratas, e os republicanos ganham disputas mais acirradas, estes acabam conquistando maiorias legislativas mesmo recebendo menos votos.

Embora a ordenação geográfica desempenhe um papel aqui, muitos legislativos estaduais também separam intencionalmente eleitores delineando o formato dos distritos eleitorais para favorecer o partido que está no poder.[39] Depois de cada censo decenal, os estados são obrigados a redesenhar os limites eleitorais para manter as instituições em dia com as mudanças de população. Desde as decisões da Suprema Corte nos casos *Baker contra Carr* (1962) e *Reynolds contra Sims* (1964), os distritos legislativos devem ser igualmente dimensionados em termos de população. Mas não precisam ter formas parecidas. Os legislativos estaduais podem dar formas altamente irregulares aos distritos, redesenhando as linhas distritais para situar eleitores do partido rival num pequeno número de distritos e disseminando o restante por outros distritos, com isso diluindo a votação do partido rival. Partidos rivais então vencem em alguns distritos com grandes maiorias, mas perdem muito mais distritos como resultado.

Isso é *gerrymandering*, e é uma prática tão velha quanto a própria república. Foi amplamente utilizada pelos dois principais partidos dos Estados Unidos. Mas duas coisas mudaram no começo do século XXI. Em primeiro lugar, a concentração cada vez maior de eleitores democratas nas cidades facilitou o *gerrymandering* republicano. Ou seja, a ordenação geográfica já tinha feito boa parte do trabalho para eles, dando-lhes, para todos os efeitos, uma "vantagem inicial".[40] Em segundo lugar, com a polarização e a radicalização republicana, em especial depois da eleição de Barack Obama em 2008, o redistritamento ganhou importância, e o que até então era um exercício burocrático, sem muita tensão, transformou-se num empreendimento de alta tecnologia, bem financiado, coordenado nacionalmente e sem qualquer regra.[41]

De fato, em 2010, o Partido Republicano lançou uma estratégia nacional de *gerrymandering* chamada Projeto de Redistritamento da Maioria.[42] Financiado por ricos doadores republicanos, tratava-se de um plano coordenado em escala nacional para assegurar o controle de legislativos estaduais e reconfigurar os distritos a favor dos republicanos.[43] Numa estratégia não muito diferente da de Viktor Orbán depois da espetacular vitória parlamentar do seu partido na Hungria em 2010, os republicanos usaram sua vitória esmagadora nas eleições de meio de mandato do mesmo ano para assumir o controle do processo de redistritamento em numerosos estados indecisos, indo do Wisconsin ao Michigan e à Carolina do Norte. Como na Hungria, a estratégia funcionou. No Wisconsin, depois que os republicanos fizeram um agressivo *gerrymandering* congressional em 2011, os democratas venceram a votação popular para a assembleia estadual em 2012 (50% a 49%), mas os republicanos continuaram tranquilamente no controle da câmara estadual, com sessenta das 99 cadeiras. O ex-deputado Andy Jorgensen descreveu a eleição pós-*gerrymandering* como "um jeito corrupto de tomar o poder que você não conquistou. É como um episódio de *Os Sopranos*".[44] O governo da minoria prosseguiu no legislativo do Wisconsin até o fim da década. Em 2018, os democratas receberam 53% dos votos para a assembleia estadual, contra os 45% recebidos pelos republicanos, e, apesar disso, o Partido Republicano garantiu uma vantagem de 63 a 35 na câmara estadual.[45] Embora tenham perdido na votação popular, os republicanos também assumiram o controle dos legislativos estaduais do Michigan, da Carolina do Norte, da Pensilvânia e da Virgínia.

A ordenação geográfica e o *gerrymandering* produziram o que um analista chama de "maiorias fabricadas".[46] De 1968 a 2016, houve 121 casos em legislativos estaduais nos quais o partido menos votado no estado conquistou a maioria das cadeiras na câmara, e outros 146 casos em que o partido

O *governo das minorias*   169

derrotado obteve o controle dos senados estaduais.[47] Enquanto no passado os dois partidos de vez em quando se beneficiavam de maiorias fabricadas, hoje, graças à divisão urbano-rural, os republicanos são quase sempre os que se beneficiam.[48]

ANALISTAS COSTUMAM DESCREVER o sistema político americano como um empate entre dois partidos do mesmo nível. Estudiosos e especialistas afirmam que uma fonte importante dos males da democracia americana — por exemplo, a polarização e o impasse — é um inusitado grau de "paridade" partidária.[49] As eleições presidenciais são determinadas por margens minúsculas: o Senado do país está dividido por igual. Mas essas afirmações obscurecem o fato de que a paridade é *fabricada* pelas instituições. Os resultados do Colégio Eleitoral são, de fato, decididos pelas margens mais estreitas, e as cotas de cadeiras no Senado estão bem equilibradas. Mas olhando para os eleitores americanos não vemos tanta paridade assim: o Partido Democrata, como já comentamos, ganhou no voto popular quase todas as eleições presidenciais desde os anos 1980, e cada ciclo de seis anos no Senado desde os anos 1990. Isso está longe de ser paridade. A paridade em Washington só aparece depois que os votos dos eleitores passam pelos canais falsificadores das instituições.

Os Estados Unidos ainda não sucumbiram inteiramente ao governo da minoria. No geral, as maiorias eleitorais ainda prevalecem em muitas arenas, incluindo a Câmara dos Deputados e as eleições para governador e outros cargos estaduais. Em outras arenas, como a presidência, o governo da minoria é mais episódico do que arraigado. Mas os casos de governo da minoria estão ficando frequentes.

Isso tem consequências reais. Imaginemos uma americana que tenha nascido em 1980 e votado pela primeira vez em 1998 ou 2000. Durante sua vida adulta, os democratas ganharam no voto popular todas as eleições para o Senado e a presidência, à exceção de uma. E, no entanto, ela viveu a maior parte desse período sob presidentes republicanos, um Senado controlado pelos republicanos e uma Suprema Corte dominada por juízes nomeados pelos republicanos. Quanta confiança ela deve ter na democracia do país?

O AVANÇO DO GOVERNO DA MINORIA importa não só porque permite que perdedores ganhem. Ele também tem efeitos insidiosos nas políticas públicas que afetam a vida de todos. A opinião pública jamais se traduz perfeitamente em políticas. Os cidadãos tendem a ser inconsistentes e instáveis em suas opiniões políticas, e essas opiniões nem sempre definem suas escolhas na hora de votar.[50] Além disso, grupos de interesse organizados (e quase sempre bem financiados) exercem influência considerável sobre as políticas e leis, muitas vezes em desacordo com a opinião pública majoritária.[51] Mas as instituições políticas também são importantes, e, quanto mais elas super-representam minorias partidárias, maior a probabilidade de que a opinião da maioria seja contrariada ou ignorada. Se decisões sobre questões controvertidas são tomadas por senadores ou juízes "fora do alcance das maiorias", então não deveríamos nos surpreender quando as políticas divergem das opiniões majoritárias.

Um claro exemplo disso é a política do aborto. A decisão da Suprema Corte em 2022 no caso *Dobbs contra Jackson* eliminou o direito ao aborto constitucionalmente protegido, passando a questão para a alçada do Congresso ou dos legislativos estaduais. O ministro Samuel Alito, prolator do voto condutor do acórdão, concluiu ser hora de "dar atenção à Constituição e devolver a questão do aborto aos representantes eleitos do povo".[52] Acompanhando o voto vencedor, o ministro Brett Kavanaugh afirmou que a decisão restaurava "a autoridade do povo para abordar a questão do aborto pelos processos do autogoverno democrático".[53]

Mas nossas instituições contramajoritárias desvincularam as opiniões dos "representantes eleitos pelo povo" das opiniões do próprio povo. Uma pesquisa da Monmouth University realizada em junho de 2022 mostrou que apenas 37% dos americanos aprovaram a decisão de derrubar a jurisprudência do caso *Roe contra Wade*.

O governo das minorias

Na mesma linha, uma pesquisa Gallup de maio de 2022 revelou que 55% dos americanos se identificavam como "pró-escolha", ao passo que apenas 39% se identificavam como "pró-vida".[54] De acordo com o Pew Research Center, 61% dos adultos americanos acham que o aborto deveria ser legal na maioria dos casos, enquanto apenas 37% acreditam que ele deveria ser ilegal em todos ou na maioria dos casos.[55] Mas, apesar do amplo apoio da maioria ao direito ao aborto, as instituições contramajoritárias americanas frustraram as tentativas dos democratas no Congresso de transformar a decisão no caso *Roe contra Wade* em uma lei específica. A Lei de Proteção à Saúde da Mulher, que teria impedido os estados de restringir o direito ao aborto, foi aprovada na Câmara, mas chegou morta ao Senado, ficando bem longe do limiar de sessenta votos necessários para romper o *filibuster*.[56]

As leis do aborto passaram, portanto, para a esfera estadual. Treze estados americanos tinham as chamadas leis de gatilho, destinadas a restabelecer automaticamente proibições parciais ou totais do aborto após a derrubada de *Roe contra Wade*.[57] Segundo o Guttmacher Institute, outros treze estados provavelmente voltariam a proibir o aborto no rescaldo da decisão de *Dobbs contra Jackson*. Várias dessas proibições foram produzidas por legislativos fortemente afetados pelo *gerrymandering* e eram contrárias à opinião pública em nível estadual. Os cientistas políticos Jacob Grumbach e Christopher Warshaw analisaram dados de pesquisas para determinar o apoio ao direito ao aborto nos estados.[58] Eles descobriram que a maior parte da população apoia o direito ao aborto legal em cerca de quarenta estados, ao passo que apenas cerca de dez têm maiorias claramente antiaborto. Isso significa que dezesseis estados poderiam aprovar leis restritivas ao aborto às quais a maioria da população local se opõe. Segundo Grumbach e Warshaw, "esse desequilíbrio vai apenas numa direção: não há estados em que os cidadãos apoiem a proibição do aborto e o governo estadual não apoie".[59]

Vejamos, por exemplo, o caso de Ohio. Grumbach e Warshaw descobriram que apenas 44% dos habitantes de Ohio são a favor de tornar o aborto ilegal.[60] Mas, assim que a decisão de *Roe contra Wade* foi derrubada, o estado adotou uma das leis de aborto mais restritivas do país. O chamado projeto de lei do batimento cardíaco (que entrou em vigor após a decisão de *Dobbs contra Jackson*, mas foi suspenso mais tarde em virtude de recursos legais) proíbe o aborto quando um batimento cardíaco fetal é detectado — geralmente por volta das seis semanas de gravidez.[61] A lei não abre exceções para estupro ou incesto. De acordo com uma pesquisa de 2019, apenas 14% dos habitantes de Ohio apoiaram a proibição do aborto, mesmo em casos de estupro e incesto.[62] Há, é claro, alguns estados (como Virgínia Ocidental e Arkansas) em que a maioria de fato se opõe ao aborto legal. Leis restritivas nesses estados vão tornar a política do aborto mais sintonizada com a opinião majoritária. Mas, no geral, Grumbach descobriu que, "depois [da decisão de *Dobbs contra Jackson*], e depois das leis que ela desencadeou, 14 milhões de americanos a menos vão viver sob a política de aborto de sua preferência".[63]

Há uma distância ainda maior entre opinião pública e política na questão do controle de armas. Uma série de massacres com armas de fogo em escolas nas últimas décadas — como os de Columbine (1999), Sandy Hook (2012), Parkland (2018) e Uvalde (2022) — gerou apoio público a leis mais rigorosas de controle de armas. Segundo uma pesquisa feita pela Morning Consult/ Politico na esteira do massacre em Uvalde, no Texas, 65% dos americanos apoiam leis mais firmes de controle de armas, enquanto apenas 29% são contra.[64] Cresceu também o apoio popular a políticas de segurança específicas no que diz respeito ao uso de armas. Pesquisas da Gallup e do Pew Research Center revelaram um apoio consistente de mais de 60% dos americanos a leis que proíbem a fabricação, a venda ou a posse de armas semiautomáticas, ou "de assalto", e de mais de 80% da população a leis que exigem checagem universal de antecedentes para a compra de armas.[65] Mas essas leis naufragaram consistentemente no Senado. Isso se deve, em parte, ao fato de o Senado super-representar os proprietários de armas: os vinte estados com as mais altas taxas de posse de armas têm mais ou menos um terço da população dos vinte estados com as mais baixas taxas de posse de armas,[66] mas todos esses estados, porém, têm representação igualitária no Senado. Juntamente com o *filibuster*, essa super-representação fez do Senado o cemitério de qualquer legislação de controle de armas de fogo.

O *governo das minorias*

No rescaldo do massacre de Sandy Hook, os pais das vítimas pressionaram por uma legislação que estabelecesse checagem universal de antecedentes para a compra de armas.[67] Tiveram êxito na Câmara, que aprovou um projeto de lei sobre checagem universal de antecedentes em 2013. O projeto de lei obteve o apoio de 55 senadores. Mas esse número, claro, era insuficiente, e a proposta morreu nas garras de um *filibuster*. Os 45 senadores que se opunham a ele representavam 38% dos americanos.[68] A Câmara aprovou legislação parecida sobre checagem universal de antecedentes em 2015, 2019 e 2021, mas os três projetos foram derrubados no Senado.[69] E, em julho de 2022, a Câmara aprovou um projeto de lei proibindo certas armas semiautomáticas. Uma pesquisa da Fox News em junho tinha revelado um apoio popular nacional à proibição de 63%.[70] Mas, como os defensores da proposta não conseguiram reunir os sessenta votos necessários para romper o *filibuster*, o Senado jamais a debateu.[71]

A política de armas de fogo também afronta a opinião pública em nível estadual. Em Ohio, uma pesquisa de 2018 revelou a existência de grandes maiorias favoráveis ao controle de armas.[72] Mais de 60% dos habitantes do estado apoiavam a proibição de armas semiautomáticas e carregadores de alta capacidade, e mais de 70% apoiavam um período de espera obrigatório para esse tipo de compra. Mais de 75% eram contra armar professores. Mas o legislativo estadual, dominado pelos republicanos, seguiu por outro caminho. Em vez de aprovar uma legislação de controle de armas, aprovou um projeto de lei permitindo o porte oculto de armas curtas sem necessidade de licença, juntando-se a Texas, Tennessee e Montana.[73] Isso apesar de apenas 20% dos americanos apoiarem essa legislação. E, na esteira do massacre de Uvalde, em 2022, Ohio acelerou a aprovação de um projeto de lei destinado a armar professores.

Sobre essa questão, Jamelle Bouie, colunista do *The New York Times*, escreveu:

> Poucos americanos desejam leis de armas mais permissivas. Mas aqueles que as desejam assumiram o controle do Partido Republicano e utilizam suas vantagens institucionais para impedir o controle de armas e elevar uma

opinião abrangente e idiossincrática dos direitos de posse ao nível de lei constitucional.[74]

As instituições contramajoritárias dos Estados Unidos também atrapalham de maneira consistente os esforços para reduzir a pobreza e a desigualdade, a despeito do apoio de sólidas maiorias a esses esforços.[75] Vejamos o problema dos salários estagnados. Um salário mínimo federalmente imposto foi estabelecido nos Estados Unidos pela primeira vez durante o New Deal (25 centavos por hora).[76] Esse salário aumentou de forma constante por três décadas, alcançando o valor máximo depois das emendas de 1966 à Lei dos Padrões Justos do Trabalho (pedra angular da "guerra contra a pobreza" de Lyndon Johnson), que estabeleceram um salário mínimo de 1,60 dólar por hora (cerca de doze dólares em 2020) a partir de 1968.[77] O efeito na renda dos trabalhadores foi espetacular. Ao longo dos anos 1960 e 1970, um indivíduo que trabalhasse em tempo integral com salário mínimo ganhava o suficiente para manter uma família de três pessoas acima da linha nacional de pobreza.[78]

Desde 1968, no entanto, o governo federal deixou de reajustar regularmente o salário mínimo para acompanhar a inflação, e os salários reais dos que estão na base da distribuição de renda vêm sofrendo uma erosão constante. Entre 1968 e 2006, o valor do salário mínimo caiu 45%.[79] Em 2020, trabalhadores que ganhavam o salário mínimo federal tinham para gastar com alimentação e aluguel um terço a menos do dinheiro que tinham cinquenta anos antes.[80] Hoje, uma família de três pessoas vivendo com o salário mínimo federal cai substancialmente abaixo da linha da pobreza.[81]

Durante décadas, os americanos apoiaram, por maioria esmagadora, o aumento do salário mínimo.[82] No entanto, o valor quase não foi alterado. Desde o último reajuste, em julho de 2009 (para 7,25 dólares por hora), os esforços para aumentá-lo têm sido consistentemente bloqueados no Congresso. Em 2014, um projeto de aumento do salário mínimo para 10,10 dólares — medida apoiada, segundo pesquisas, por dois terços dos americanos — obteve apenas 54 dos sessenta votos necessários para chegar ao Senado.[83] Em 2019, a Lei de Aumento do Salário, que teria elevado a

O governo das minorias

remuneração mínima federal para quinze dólares por hora, foi aprovada na Câmara dos Deputados. Segundo estimativas do Escritório de Orçamento do Congresso, o projeto de lei beneficiaria 27 milhões de trabalhadores americanos, tirando 1,3 milhão de famílias da pobreza.[84] Numa pesquisa da Hill-HarrisX realizada junto a eleitores registrados, 81% manifestaram apoio a um aumento do salário mínimo em geral, e 55% apoiaram um salário mínimo de quinze dólares por hora.[85] Mas o Senado se recusou a discutir a proposta.

O esforço mais recente para aumentar o salário mínimo nacional ocorreu em 2021. O Plano Americano de Resgate (o projeto de lei de estímulo relacionado à covid-19) incluía, de início, uma provisão de salário mínimo nacional de quinze dólares por hora. De acordo com uma pesquisa do Pew Research Center, 62% dos americanos apoiavam a iniciativa.[86] Uma pesquisa da CBS na época revelou um apoio de 71% a um salário mínimo mais alto.[87] Mas nem o apoio popular nem a maioria democrata no Senado bastaram para garantir a aprovação da proposta. Quando a principal assessora jurídica do Senado determinou que um aumento do salário mínimo não constituía uma provisão orçamentária, passível de ser aprovada por reconciliação (procedimento especial do Senado que passa por cima do *filibuster* em certos projetos de lei sobre gastos), ficou claro que o salário mínimo de quinze dólares por hora morreria no Senado.[88]

A incapacidade de lidar com os salários estagnados nos últimos cinquenta anos fez dos Estados Unidos um caso atípico em termos de pobreza e desigualdade.[89] Os cientistas políticos Lane Kenworthy e Jonas Pontusson examinaram dez democracias ricas que passaram por um processo de crescente desigualdade de renda familiar no início do século XXI. Em nove desses dez países, os governos responderam com políticas mais agressivas de redistribuição. A única exceção ficou por conta dos Estados Unidos.[90]

Estudiosos relacionam o avanço do populismo radical de direita nos Estados Unidos à persistente incapacidade de resolver problemas de renda estagnada e de aumento da desigualdade.[91] As instituições contramajoritárias não são a única razão do fracasso da democracia americana em sua resposta às necessidades de eleitores da classe trabalhadora e da classe média — o enfraquecimento dos sindicatos e a influência exagerada do grande capital também pesam muito.[92] Mas regras que permitem que minorias legislativas ignorem rotineiramente a vontade da maioria contribuem como um fator poderoso.

A AMEAÇA À DEMOCRACIA NÃO SE LIMITA à frustração da opinião pública. Hoje, há um risco de que as instituições contramajoritárias dos Estados Unidos fortaleçam e até consolidem o governo da minoria.[93]

Costumamos pensar no sistema democrático americano como autocorretivo. A pressão competitiva das eleições e os freios e contrapesos criados pela Constituição supostamente limitariam e acabariam revertendo movimentos autoritários.

Mas isso nem sempre ocorre. Nas mãos de um partido antidemocrático, instituições projetadas para proteger minorias podem até mesmo *fortalecer* o autoritarismo.

Para começar, as instituições contramajoritárias podem reforçar o extremismo autoritário protegendo partidos minoritários de pressões para competir. Partidos minoritários podem utilizar vantagens contramajoritárias para desafiar a lei da gravidade na política e agarrar-se ao poder apelando apenas a uma estreita base radical. Quando isso ocorre, a natureza autocorretiva do mercado eleitoral desaparece.

No dia seguinte ao ataque de 6 de janeiro de 2021 ao Capitólio, o Comitê Nacional Republicano realizou sua tradicional reunião de quatro dias no salão de festas do resort Ritz-Carlton, repleto de lustres, à beira-mar em Amelia Island, na Flórida.[94] Se o Partido Republicano precisava de uma oportunidade para refletir sobre o próprio futuro, o momento era esse. Os Estados Unidos tinham acabado de sofrer um assalto inédito contra sua democracia, e o presidente Trump desempenhara um papel importante no episódio. Além disso, os republicanos tinham fracassado nas urnas — Trump foi apenas o terceiro presidente nos últimos 88 anos a não se reeleger —, e o partido perdera o controle da Câmara e do Senado. Foi uma varrida completa. Trump, na verdade, foi o primeiro presidente

O governo das minorias

desde Herbert Hoover a perder a Câmara, o Senado e a Casa Branca em seu primeiro mandato no cargo.

No mundo da política eleitoral, a derrota costuma ter um alto custo. Traz recriminação interna, mancha reputações, enfraquece líderes e às vezes inviabiliza carreiras. Mas não se via nada disso em janeiro de 2021 em Amelia Island. Como observou o *The New York Times*, os líderes republicanos pareciam "operar num universo paralelo".[95] Com Trump a caminho de um segundo impeachment, e de uma possível investigação criminal, a reunião de presidentes estaduais e membros de comitês do Partido Republicano foi um momento de adoração.[96] Os republicanos não repensaram sua estratégia nem alteraram seu programa. A presidente do Comitê Nacional Republicano, Ronna McDaniel, candidata de Trump, foi reeleita por unanimidade. Em seu discurso, McDaniel não mencionou sequer uma vez a derrota do partido no pleito nacional.[97] Em outras palavras, os republicanos reagiram a um revés eleitoral devastador aumentando sua aposta no trumpismo. "Não é preciso expulsar todo mundo quando não há nada de fundamentalmente errado", afirmou o membro do comitê David Bossie, de Maryland.[98] "As pessoas nesta sala estão em negação da realidade", observou o membro do comitê Bill Palatucci, de Nova Jersey, um dos poucos participantes que demonstrou preocupação com os danos causados por Trump à "grife" do Partido Republicano. Era uma voz solitária ali. Seus colegas republicanos foram praticamente unânimes em endossar o presidente derrotado, insistindo, como o membro do comitê Paul Reynolds, do Alabama, em dizer que Trump e seus seguidores "fazem de nós um partido melhor".

O Partido Republicano dominado por Trump concorreu com candidatos que negavam a validade das eleições em disputas para o Congresso em todo o país nas eleições de meio de mandato de 2022, e mais uma vez teve um desempenho pior do que o esperado. Depois de três eleições consecutivas com resultados decepcionantes, em 2018, 2020 e 2022, alguns líderes republicanos começaram a admitir que o extremismo trumpista estava custando votos ao partido. Ainda assim, o partido não mudou de rumo. Ronna McDaniel, a aliada de Trump, foi reeleita mais uma vez em janeiro de 2023; seus únicos rivais eram negacionistas eleitorais pró-Trump. Nem os republicanos da Câmara romperam com o ex-mandatário. Depois de eleito presidente da Câmara em janeiro de 2023, Kevin McCarthy declarou que queria "fazer um agradecimento especial ao presidente Trump. [...] Acho que ninguém deveria duvidar de sua influência. Ele esteve comigo desde o começo".[99] Líderes do Partido Republicano no Congresso não fizeram esforço algum para isolar ou remover extremistas. Os deputados Marjorie Taylor Greene e Paul Gosar receberam novas atribuições no comitê, do qual haviam sido afastados no passado por sua retórica violenta.[100] Assim, alguns políticos republicanos, mesmo tendo começado, vacilantemente, a contemplar um futuro sem Trump em 2023, demonstraram pouco interesse em repensar o programa do partido, ou em romper com a base extremista do trumpismo.

É difícil imaginar esse comportamento num país sem instituições excessivamente contramajoritárias. Só é possível entender a relutância do Partido Republicano em moderar suas posições, mesmo na esteira de sucessivas decepções eleitorais, à luz do fato de que maiorias fabricadas no Senado e no Colégio Eleitoral continuam tentadoramente ao alcance da mão.

Em circunstâncias normais, os partidos políticos costumam mudar de rumo quando perdem eleições. Nisso, lembram empresas no mercado. Uma empresa que sofre repetidas perdas trimestrais passa a fazer autocrítica, desenvolvendo uma nova estratégia, e talvez até demitindo o CEO.

Assim, depois de perder três eleições presidenciais consecutivas em 1980, 1984 e 1988, uma nova geração de políticos do Partido Democrata, como o governador do Arkansas, Bill Clinton, resolveu fazer um exame de consciência. Como resultado disso, criou novos grupos de especialistas (como o Conselho Democrático de Liderança) e incentivou líderes partidários a repensarem elementos essenciais da plataforma e da estratégia do partido. Os democratas mudaram de rumo, penderam para o centro político e ganharam as duas eleições presidenciais seguintes. O Partido Trabalhista britânico sofreu transformação semelhante depois de passar os anos 1980 e 1990 no ostracismo político.

O governo das minorias

Por mais de dois séculos, a competição tem sido vista como uma espécie de elixir mágico. Teóricos e praticantes costumam citar a fórmula do filósofo John Stuart Mill para derrotar ideologias antidemocráticas. Na famosa frase de Mill, é a "colisão de opiniões adversas" que possibilita o triunfo da verdade sobre a inverdade.[101] Da mesma forma, no décimo dos *Artigos federalistas* James Madison sustentava que, "se uma facção consiste em menos do que uma maioria, a ajuda vem do princípio republicano, que permite à maioria derrotar suas sinistras opiniões pela votação regular".[102] A democracia, portanto, deveria ser autocorretiva: eleições competitivas criam um mecanismo de feedback que recompensa os partidos sensíveis aos eleitores e castiga os que carecem dessa sensibilidade. Com isso, os partidos perdedores se veem obrigados a moderar e ampliar seu apelo para voltar a ganhar no futuro.

Mas há uma dificuldade: arranjos eleitorais que super-representam certos territórios ou grupos, permitindo que partidos ganhem eleições *sem receber a maioria dos votos*, diminuem os incentivos à adaptação. Sem pressão competitiva para ampliar seu apelo, os partidos podem se voltar para dentro de si mesmos e radicalizar.

Foi o que aconteceu com o Partido Republicano no começo do século XXI. O viés rural das instituições americanas possibilitou à legenda conquistar a presidência e controlar o Senado (e, em última análise, a Suprema Corte), mesmo perdendo reiteradamente na votação popular nacional. Os republicanos se beneficiaram de uma espécie de "protecionismo constitucional" — instituições que reduzem o incentivo para competir — e desfrutaram de uma vantagem inicial automática nas eleições nacionais, que em parte os blindou contra a pressão competitiva.

Essa muleta eleitoral oferecida pelas instituições ameaça a democracia americana, ao reforçar o extremismo republicano. Como os republicanos são capazes de ganhar e exercer o poder *sem construir maiorias eleitorais em âmbito nacional*, eles carecem dos incentivos para se adaptar às mudanças fundamentais que ocorrem na sociedade americana. Se você é capaz de conquistar os cargos mais importantes do país sem ampliar seu apelo, por que se preocupar com isso? Os políticos republicanos caíram, assim, numa espiral que se reforça a si mesma: sua base conservadora os impulsiona ao extremismo, e a proteção eleitoral oferecida por instituições contramajoritárias diminuiu seu incentivo para resistir a esse impulso.

A democracia americana só terá condições de sobreviver com um Partido Republicano capaz de formar maiorias nacionais — um partido capaz de competir por votos nas cidades e entre cidadãos mais jovens e não brancos. Só quando os republicanos puderem ganhar eleições nacionais novamente de maneira legítima é que seus líderes deixarão de ter tanto medo da democracia multirracial. Só então poderemos esperar que o partido abandone o extremismo violento e jogue de acordo com as regras democráticas, ganhando ou perdendo. Para que isso aconteça, o Partido Republicano precisa se tornar uma legenda verdadeiramente multiétnica. Mas as instituições americanas diminuíram o incentivo para que ele mude de rumo dessa maneira. É um problema grave. Enquanto puder se manter no poder sem ir além de sua base radicalizada de cristãos brancos, o Partido Republicano continuará propenso ao tipo de extremismo que hoje põe em risco a democracia nos Estados Unidos.

As instituições contramajoritárias não só tonificam o extremismo autoritário como também podem ajudar a consolidá-lo — dando força à minoria partidária, que passa a usar esse poder para consolidar seu controle sobre outras instituições. Em política, poder gera poder.[103] De 2016 a 2020, um presidente que perdeu no voto popular usou a maioria fabricada por seu partido no Senado para empurrar substancialmente a Suprema Corte para a direita. Com a adesão do tribunal, o governo da minoria pode se consolidar ainda mais.

Isso, na verdade, já começou a acontecer: a Suprema Corte tem atuado para reforçar o governo da minoria em legislativos estaduais impactados por *gerrymandering*. Os mapas eleitorais do Wisconsin, que foram radicalmente redesenhados, estão entre os casos mais extremos da história americana, tendo sido derrubados por um tribunal federal em 2016.[104] Mas em 2018 a Suprema Corte — agora com Neil Gorsuch a bordo — reverteu a decisão e permitiu que os distritos submetidos a *gerrymandering* permanecessem (adotando um fundamento meramente processual para evitar

O governo das minorias 181

decidir o mérito da questão). Um ano depois, com o ministro Anthony Kennedy já aposentado e substituído por Brett Kavanaugh, uma maioria de 5 a 4 entendeu (no caso *Rucho contra Common Cause*) que os tribunais federais não têm autoridade para julgar casos de *gerrymandering* partidário nos estados. Como assinalou o presidente da Suprema Corte, John Roberts, em seu voto vencedor, "as alegações de *gerrymandering* partidário apresentam questões políticas fora do alcance dos tribunais federais".[105] Uma Suprema Corte contramajoritária, confirmada por um Senado contramajoritário, ajudou a escorar o governo da minoria nos Estados Unidos.

E as coisas ainda podem piorar. Cada vez mais incapazes de vencer no voto popular para presidente, alguns republicanos conceberam novos e radicais esquemas a fim de subverter o processo eleitoral. Um desses planos envolve uma teoria jurídica, até agora periférica, chamada de "doutrina dos legislativos estaduais independentes". Os artigos I e II da Constituição concedem aos legislativos estaduais autoridade para estabelecer o método de escolha de seus delegados. O artigo II declara: "Cada estado deverá indicar, da forma que o próprio legislativo estabelecer, um número de eleitores". Tradicionalmente, essa cláusula tem sido interpretada como uma referência ao processo legislativo geral de cada estado, que inclui coisas como constituições estaduais, supremas cortes estaduais, vetos de governadores e referendos de cidadãos.[106] Usando uma leitura heterodoxa da letra da lei, no entanto, alguns conservadores argumentam que o artigo II dá aos legislativos estaduais o poder exclusivo de estabelecer regras para as eleições. Assim, pela doutrina dos legislativos estaduais independentes, escreve Richard Hasen, estes têm "poderes praticamente ilimitados sobre as regras para realizar eleições presidenciais e legislativas — mesmo que seu uso signifique violar a Constituição do próprio estado e ignorar sua interpretação pela Suprema Corte estadual".[107]

Como já vimos, os republicanos controlaram legislativos estaduais importantes — como Michigan, Carolina do Norte, Pensilvânia e Wisconsin — nos anos 2010 apesar de terem perdido no voto popular. Segundo a reinterpretação constitucional proposta pela doutrina, os legislativos estaduais teriam condições de cometer audaciosas jogadas de poder, como se arrogar o direito de determinar unilateralmente os vencedores de eleições ou de nomear os delegados dos estados.

A ideia de que os legislativos estaduais, e não os eleitores, devem escolher o presidente dos Estados Unidos parece ridícula, e é obviamente antidemocrática. Na verdade, a doutrina por muito tempo foi descartada como pura idiossincrasia. Mas variantes dela têm sido endossadas por escrito por ministros da Suprema Corte como Alito, Gorsuch, Thomas e Kavanaugh.[108] A ministra Coney Barrett pode muito bem vir a juntar-se ao grupo.

Se a presidência viesse a ser determinada por legislativos estaduais, governados por minorias partidárias, os Estados Unidos descambariam por completo para o governo da minoria.

Embora essa hipótese continue improvável, é claro que as instituições excessivamente contramajoritárias dos Estados Unidos nos deixam vulneráveis a situações antidemocráticas nas quais minorias prevalecem sobre maiorias. Como vimos em 2016, as instituições contramajoritárias do país são capazes de fabricar maiorias governantes a partir de minorias autoritárias. Em outras palavras, longe de manter sob controle o poder autoritário, elas já começaram a aumentá-lo.

A última década nos ensinou uma lição severa: os Estados Unidos são especialmente propensos a crises democráticas, e até a retrocessos. Muitas sociedades ocidentais, como o Reino Unido, a França, a Alemanha, a Holanda e toda a Escandinávia, experimentaram uma reação contra a diversidade crescente no século XXI.[109] Suas democracias, porém, continuam relativamente saudáveis. Como elas conseguiram?

7. Estados Unidos, o ponto fora da curva

NA PRIMAVERA DE 1814, 25 anos depois da ratificação da Constituição dos Estados Unidos, um grupo de 112 noruegueses — servidores públicos, advogados, oficiais das Forças Armadas, líderes empresariais, teólogos e até um marinheiro — se reuniram em Eidsvoll, um vilarejo setenta quilômetros ao norte de Oslo. Durante cinco semanas, congregados na mansão do empresário Carsten Anker, os homens debateram e redigiram o rascunho do que é hoje a segunda mais antiga Constituição escrita do mundo.

Assim como os fundadores dos Estados Unidos, os líderes da independência da Noruega estavam numa situação altamente precária. A Noruega tinha sido parte da Dinamarca por mais de quatrocentos anos, mas, após a derrota dinamarquesa nas Guerras Napoleônicas, as potências vitoriosas, tendo a Grã-Bretanha à frente, resolveram transferir o território para a Suécia.[1] Isso desencadeou uma onda de nacionalismo entre os noruegueses. Repudiando a ideia de serem negociados "como um rebanho de gado", nas palavras de um observador na época, eles declararam independência.[2] E elegeram a assembleia constitucional que se reuniu em Eidsvoll.

Imbuídos dos ideais do Iluminismo e das promessas do autogoverno, os fundadores da Noruega tomaram como modelo a experiência dos Estados Unidos.[3] Afinal, os americanos tinham acabado de fazer exatamente o que os noruegueses desejavam: declarar-se independentes de uma potência estrangeira. A imprensa tinha divulgado a notícia do experimento americano por todo o país, apresentando George Washington e Benjamin Franklin como heróis.[4] Embora as notícias fossem por vezes problemáticas (descrevendo o presidente americano como um "monarca", informando que George Washington fora "nomeado ditador dos Estados Unidos por quatro anos" e referindo-se ao vice-presidente como "vice-rei"),[5] muitos homens reunidos em Eidsvoll estavam bastante familiarizados com o funcionamento do sistema americano.[6] Christian Magnus Falsen, o destacado defensor da independência que encabeçou o processo de redação da Constituição, chegou a dar ao filho o nome de George Benjamin, em homenagem a Washington e Franklin.[7] Falsen também foi profundamente influenciado por James Madison e Thomas Jefferson, declarando, posteriormente, que partes da Constituição norueguesa se baseavam "quase exclusivamente" no modelo americano.[8]

Depois que a Constituição foi aprovada, em maio de 1814, a Noruega declarou independência.[9] Não durou muito. O Exército sueco invadiu o território em julho, forçando uma "união". Os noruegueses, no entanto, foram autorizados a manter sua nova Constituição e seu sistema político. A Constituição de 1814 governou a Noruega durante o período subsequente de semi-independência e após a independência plena, em 1905. Continua em vigor até hoje.

Embora os arquitetos constitucionais da Noruega tenham se inspirado na experiência de fundação dos Estados Unidos, sua criação inicial dificilmente poderia ser tida como revolucionária. A Noruega continuou a ser uma monarquia hereditária, em que os reis preservavam o direito de nomear gabinetes e vetar leis (embora seus vetos pudessem ser derrubados pelo parlamento).[10] Já os membros do parlamento (o Storting) eram eleitos indiretamente por colégios eleitorais regionais, e o voto era limitado a homens que atendiam a certos requisitos de propriedade.[11] As elites urbanas também ganharam uma inerente e poderosa vantagem no Storting. Em 1814, a Noruega era esmagadoramente rural: cerca de 90% do eleitorado vivia no campo.[12] E, uma vez que muitos camponeses eram proprietários de terras e podiam votar, as ricas elites urbanas temiam ser suplantadas por essa maioria. Como afirma um cientista político norueguês, a elite via os camponeses como uma "bomba-relógio em potencial".[13] Por isso mesmo, a Constituição estabeleceu uma proporção fixa de duas cadeiras rurais para cada cadeira urbana no parlamento — proporção que super-representava espetacularmente as cidades, uma vez que os camponeses eram dez vezes

Estados Unidos, o ponto fora da curva

mais numerosos do que os moradores das zonas urbanas.[14] Era a chamada Cláusula Camponesa. O governo da maioria ficou ainda mais diluído com o bicameralismo, uma vez que a câmara baixa do parlamento elegia uma câmara alta chamada Lagting.[15] E, por fim, o artigo 2 da Constituição de 1814 estabelecia a "religião evangélica luterana" como a "religião oficial do Estado", e exigia que pelo menos metade dos ministros do governo fossem membros da Igreja.[16]

Dessa maneira, a Constituição norueguesa de 1814, assim como a Constituição americana de 1789, incluía uma série de características antidemocráticas. Na verdade, a Noruega do começo do século XIX era consideravelmente menos democrática do que os Estados Unidos então.

Nos dois séculos seguintes, no entanto, a Noruega passou por uma série de profundas reformas democráticas — todas elas sob a Constituição original do país. A soberania parlamentar foi estabelecida no fim do século XIX, e o país se tornou uma genuína monarquia constitucional.[17] Uma reforma legal em 1905 eliminou os colégios eleitorais regionais e estabeleceu eleições diretas para o parlamento. As restrições ao voto relativas a propriedades foram eliminadas em 1898, e o sufrágio universal (masculino e feminino) foi estabelecido em 1913.

A partir de 1913, a Noruega se tornou uma democracia. No entanto, restava uma importante instituição contramajoritária: a Cláusula Camponesa. Em meados do século XX, a urbanização tinha invertido a natureza da distorção representativa imposta pela cláusula. Com metade da população agora vivendo nas cidades, a proporção fixa de duas cadeiras rurais para uma cadeira urbana passou a super-representar os eleitores do campo. Assim como o Senado dos Estados Unidos, portanto, a Cláusula Camponesa ameaçava o governo da maioria inflacionando o poder político de áreas pouco povoadas — em benefício dos partidos conservadores. Ao contrário dos Estados Unidos, no entanto, os principais partidos políticos negociaram uma reforma constitucional que eliminou a cláusula em 1952.[18] A Noruega tomou medidas adicionais para assegurar o governo da maioria baixando a idade mínima de votação para dezoito anos em 1978 e eliminando a câmara alta do parlamento em 2009.[19]

A Noruega não parou de se democratizar. Enquanto a sociedade norueguesa e as normas globais mudavam no fim do século xx e começo do século xxi, direitos constitucionais e democráticos eram ampliados em novos sentidos. Minorias de povos originários, por exemplo, ganharam novas proteções.[20] No fim da década de 1970, o governo se preparava para construir uma gigantesca hidrelétrica num rio que submergiria uma aldeia sami e suas pastagens de rena.[21] Isso desencadeou uma enorme campanha de protestos — incluindo manifestações e greves de fome — por ativistas sami, que contaram com o apoio de ambientalistas e pescadores. Em 1981, catorze mulheres sami ocuparam o escritório do primeiro-ministro norueguês, sacudindo a política do país e inserindo os direitos sami firmemente na agenda política.[22] Uma emenda constitucional em 1988 garantiu a proteção da língua e da cultura sami.[23]

Os direitos continuaram a se expandir nos 25 anos seguintes. Uma emenda constitucional em 1992 garantiu aos noruegueses o direito a um ambiente saudável.[24] Em 2012, a Constituição recebeu nova emenda, agora para abolir a religião oficial do país e assegurar direitos iguais a "todas as comunidades religiosas e filosóficas".[25] E, em 2014, a Noruega adotou uma série de abrangentes proteções constitucionais aos direitos humanos e sociais, incluindo o "respeito à dignidade humana" de crianças, o direito à educação e o direito à subsistência (por meio do trabalho ou, para quem não consegue se sustentar, de assistência governamental).[26] Ao todo, a Constituição norueguesa foi emendada 316 vezes entre 1814 e 2014.[27]

Dois séculos de reformas transformaram o país num dos mais democráticos do mundo. No Índice Global de Liberdade da Freedom House (que vai de 0 a 100), a maioria das democracias bem estabelecidas recebeu nota acima de 90 em 2022. Um pequeno grupo de nações, como Canadá, Dinamarca, Nova Zelândia e Uruguai, recebeu nota acima de 95. Só três receberam uma perfeita nota 100: Finlândia, Suécia e Noruega. A Freedom House avalia os países em 25 dimensões distintas de democracia. A Noruega recebeu nota 100 em todas elas.

Estados Unidos, o ponto fora da curva

A HISTÓRIA DE TRANSFORMAÇÃO DA NORUEGA impressiona, mas não é incomum. Outros sistemas políticos europeus começaram num ponto igualmente não democrático, com uma variedade de instituições que mantinham sob controle as maiorias populares. Quase todos, como a Noruega, eram governados por monarquias. Com poucas exceções, só homens com títulos de propriedade podiam votar. A votação geralmente era indireta: os cidadãos votavam não em candidatos, mas em "figuras públicas" locais — servidores públicos, padres, pastores, proprietários de terras ou donos de fábrica —, que por sua vez escolhiam os membros do parlamento. E, na América Latina, onde líderes fundadores tomaram a Constituição americana como modelo depois de conquistarem a independência no começo do século XIX, todos os presidentes eram eleitos de forma indireta, através de colégios eleitorais ou de legislativos, antes de 1840.[28]

Além disso, os primeiros sistemas eleitorais foram deturpados a fim de favorecer os ricos proprietários de terras. As cidades — abrigo das crescentes classes trabalhadoras da Europa — eram quase sempre absurdamente sub-representadas no parlamento, em contraste com os distritos rurais. Na Grã-Bretanha, os notórios "distritos podres", como eram conhecidos os distritos pouco povoados, com apenas algumas dezenas de eleitores, por vezes tinham seu próprio representante.

Na maioria dos países, havia também extensos freios *legislativos* às maiorias populares, incluindo órgãos antidemocráticos com o poder de vetar leis. Na Grã-Bretanha, a Câmara dos Lordes, órgão não eleito composto de pares hereditários e indicados, tinha o poder de bloquear qualquer legislação que não envolvesse impostos. Em 1867, depois de conquistar sua independência, o Canadá também criou um Senado em que os membros eram escolhidos por nomeação. A maioria dos sistemas políticos europeus do século XIX tinha câmaras altas parecidas, compostas de membros hereditários e indicados da Coroa e da Igreja.[29]

Parlamentos em toda parte ofereciam, portanto, excessiva proteção aos interesses de minorias. Um exemplo extremo foi o parlamento (o Sejm) da Polônia no século XVIII, no qual cada um dos duzentos deputados tinha o *poder de vetar individualmente qualquer projeto de lei*. O filósofo político francês Jean-Jacques Rousseau via o *liberum veto* (latim para "oponho-me livremente") da Polônia como, nas palavras de um analista jurídico, "a tirania da minoria de um".[30] Os defensores do sistema o caracterizavam como "privilégio da nossa liberdade". Mas ele paralisava a vida política. De 1720 a 1764, mais de metade das sessões parlamentares da Polônia eram encerradas por vetos individuais ou por obstruções antes de qualquer decisão ser tomada.[31] Incapaz de conduzir os negócios do governo ou de levantar dinheiro público para sua defesa, a Polônia foi vítima de uma série de intervenções militares por parte de seus vizinhos — Rússia, Prússia e Áustria —, que invadiram e desmembraram seu território, literalmente apagando a Polônia do mapa por mais de um século. (A disfuncionalidade do *liberum veto* não passou despercebida dos fundadores dos Estados Unidos, como Alexander Hamilton, que citou a Polônia como exemplo do "veneno" que é "dar a uma minoria um veto contra a maioria".)[32]

Embora outros países tenham evitado o *liberum veto*, Estados em toda a Europa careciam de regras para interromper o debate parlamentar, permitindo que pequenas facções legislativas rotineiramente frustrassem maiorias legislativas. Esse comportamento obstrucionista se tornou tão difundido na Europa que o teórico jurídico alemão George Jellinek advertiu em 1944 que "a obstrução parlamentar não é mais um simples intermezzo na história desse ou daquele parlamento. É hoje um fenômeno internacional que, de forma ameaçadora, põe em dúvida todo o futuro do governo parlamentarista".[33]

Em todo o Ocidente, portanto, os primeiros sistemas políticos colocavam as eleições e os parlamentos fora do alcance das maiorias populares, garantindo não apenas os direitos de minorias, mas seu governo categórico. Nesse mundo de monarquias e aristocracias, a Constituição fundadora dos Estados Unidos, mesmo com suas características contramajoritárias, se destacava como comparativamente democrática.

Ao longo do século xx, no entanto, a maioria dos países hoje considerados democracias estabelecidas desmontou suas instituições mais flagrantemente contramajoritárias e adotou medidas para fortalecer as maiorias. Em primeiro lugar, eles se livraram das restrições ao direito de voto. O sufrágio

Estados Unidos, o ponto fora da curva

universal masculino chegou primeiro à Terceira República da França nos anos 1870. Nova Zelândia, Austrália e Finlândia foram pioneiras na independência política feminina no fim do século XIX e começo do século XX. Em 1920, praticamente todos os homens e mulheres adultos podiam votar na maioria dos países da Europa Ocidental, na Austrália e na Nova Zelândia (Bélgica, França e Suíça demoraram a conceder o sufrágio feminino).

As eleições indiretas também desapareceram.[34] Até o fim do século XIX, a França e a Holanda tinham eliminado os poderosos conselhos locais que selecionavam membros do parlamento; a Noruega, a Prússia e a Suécia fizeram o mesmo no começo do século XX.[35] A França experimentou o colégio eleitoral numa única eleição presidencial no fim dos anos 1950, e logo desistiu.[36] Colégios eleitorais foram aos poucos desaparecendo em toda a América Latina.[37] A Colômbia eliminou o seu em 1910; o Chile, em 1925; o Paraguai, em 1943. O Brasil adotou um colégio eleitoral em 1964 sob o governo militar, mas o substituiu por eleições diretas para presidente em 1988. A Argentina, o último país na América Latina com eleições presidenciais indiretas, abandonou o colégio eleitoral em 1994.

A maior parte das democracias europeias também reformou seus sistemas eleitorais — as regras que governam a tradução de votos em representação. Além da Escandinávia, países em toda a Europa continental abandonaram os sistemas eleitorais de maioria simples quando se democratizaram, na virada do século XX. Começando na Bélgica em 1899, na Finlândia em 1906 e na Suécia em 1907, e depois espalhando-se pela Europa, as coalizões de partidos de todo o espectro político pressionaram com êxito pela representação proporcional com distritos multimembros (significando múltiplos membros do parlamento eleitos num único distrito), a fim de tornar a fatia de cadeiras de cada partido no parlamento mais compatível com a sua fatia na votação popular.[38] Segundo essas novas regras, os partidos que obtivessem, digamos, 40% dos votos poderiam esperar conquistar cerca de 40% das cadeiras, o que, como mostrou o cientista político Arend Lijphart, ajuda a garantir que maiorias eleitorais se traduzam em maiorias governantes.[39] Até a Segunda Guerra, quase todas as democracias da Europa continental usavam alguma variante da representação proporcional, o que hoje ocorre em 80% das democracias com população acima de 1 milhão.[40]

Câmaras altas não democráticas foram domesticadas ou eliminadas, a começar, nas primeiras décadas do século xx, pela Câmara dos Lordes da Grã-Bretanha. Os britânicos passaram por um terremoto político em 1906, com a esmagadora vitória eleitoral do Partido Liberal, que substituiu os conservadores (ou tories), no governo havia mais de uma década.[41] O novo governo encabeçado pelos liberais lançou ambiciosas políticas sociais, a serem financiadas por meio de impostos progressivos sobre a riqueza herdada ou fundiária. Numericamente superados no Parlamento numa proporção de mais de dois para um, os conservadores entraram em pânico. A Câmara dos Lordes, dominada por pares hereditários de tendência conservadora, veio socorrer os tories. Interferindo diretamente na política, a câmara alta não eleita vetou o importantíssimo projeto de lei tributária de 1909 do governo liberal.

Por convenção, a Câmara dos Lordes tinha o poder de vetar certas leis, mas não projetos de legislação tributária (brigas por causa de impostos tinham deflagrado uma guerra civil nos anos 1640).[42] Apesar disso, a Câmara dos Lordes votou contra o ambicioso projeto de lei orçamentária, quebrando todos os precedentes.

Os lordes justificaram a ação inusitada alegando que a câmara era um "cão de guarda da Constituição".[43] O chanceler do Tesouro, o liberal David Lloyd George, principal autor do projeto de lei orçamentária, desconsiderou o argumento, chamando a Câmara dos Lordes de órgão plutocrático — "não um cão de guarda", mas um "poodle" do líder do Partido Conservador.[44] Num discurso para uma multidão delirante no East End de Londres, Lloyd George, com sua língua afiada, ridicularizou os aristocratas que haviam herdado suas cadeiras na Câmara dos Lordes, descrevendo-os como "quinhentos homens comuns escolhidos por acidente entre as fileiras de desempregados", e perguntou por que teriam eles o poder de "anular o julgamento consciente de milhões".[45]

Diante de uma crise constitucional, os liberais prepararam a Lei do Parlamento, retirando da Câmara dos Lordes o poder de vetar permanente-

Estados Unidos, o ponto fora da curva 191

mente *qualquer legislação*.[46] As linhas de batalha foram traçadas. Se a Câmara dos Lordes perdesse o veto, advertiram seus membros conservadores, seria o apocalipse político. Eles não temiam apenas os impostos, mas também outros itens da agenda majoritária encabeçada pelos liberais, como os planos para conceder maior autonomia à Irlanda católica, o que para os conservadores era uma afronta à tradicional visão (protestante) da identidade nacional britânica. Lorde Lansdowne, um membro conservador da Câmara dos Lordes, previu que a aprovação da Lei do Parlamento levaria a

> danos irreparáveis às nossas mais estimadas instituições. A Coroa não está segura, a Constituição não está segura, a União não está segura, a Igreja não está segura, nossas liberdades políticas não estão seguras — literalmente, nenhuma instituição deste país, por mais veneranda e respeitada, estará fora do alcance [desta] maioria.[47]

No fim das contas, o projeto de lei foi aprovado não só pela Câmara dos Comuns, mas também pela Câmara dos Lordes. Foi preciso algum jogo duro constitucional. Os lordes só foram convencidos depois que o governo liberal, apoiado pelo rei, ameaçou inundar a câmara com centenas de novos pares liberais se eles não cedessem. Com a aprovação do projeto de lei, a Câmara dos Lordes perdeu o poder de vetar leis aprovadas pelos representantes eleitos da Câmara dos Comuns (apesar de poder retardá-las). Uma das mais poderosas instituições contramajoritárias da Grã-Bretanha fora bastante debilitada.[48] Mas, em vez de deflagrar um apocalipse político, a reforma abriu caminho para a construção de uma democracia mais plena e inclusiva no decorrer do século xx.

Várias outras democracias emergentes aboliram suas aristocráticas câmaras altas na esteira da Segunda Guerra Mundial.[49] Em 1950, a Nova Zelândia eliminou seu Conselho Legislativo, uma espécie local de Câmara dos Lordes. A Dinamarca aboliu sua câmara alta (a Landsting), do século xix, por meio de um referendo em 1953. A Suécia fez o mesmo em 1970. No começo do século xxi, dois terços dos parlamentos mundiais eram unicamerais. O resultado não foi — como frequentemente advertiam os defensores das câmaras altas — nem caos nem disfunção. Nova Zelândia, Dinamarca e Suécia acabaram se tornando três dos países mais estáveis e democráticos do mundo.

Outra maneira de democratizar câmaras altas historicamente antidemocráticas é torná-las representativas. Foi esse o caminho seguido pela Alemanha e pela Áustria. Na Alemanha, logo depois da Segunda Guerra Mundial, esse avanço foi particularmente notável, considerando que os alemães ocidentais escreveram uma nova Constituição e reconstruíram sua democracia sob o olhar vigilante das forças americanas de ocupação. Em agosto de 1948, constitucionalistas alemães se reuniram no Herrenchiemsee, um mosteiro agostiniano medieval no sul da Baviera, para começar a redigir uma Constituição democrática.[50] Uma das principais tarefas dos arquitetos constitucionais era reformar a segunda câmara do país (o Bundesrat), criada no século XIX e historicamente composta de uma maioria de servidores públicos nomeados.[51]

Nas intensas duas semanas de convenção que se seguiram, produziu-se uma Constituição quase completa, salvo pela questão da segunda câmara. Os autores ainda não tinham chegado a um acordo sobre sua estrutura. Quando líderes partidários se reuniram no mês seguinte no Conselho Parlamentar de Bonn, sob a presidência do futuro chanceler Konrad Adenauer, várias opções foram examinadas.[52] Apesar do papel desproporcional desempenhado pelas forças americanas de ocupação, os autores da Constituição alemã rejeitaram o modelo de representação igualitária do Senado dos Estados Unidos para os estados federais da Alemanha.[53] Em vez disso, a representação no Bundesrat seria baseada aproximadamente na população dos estados. Assim, a segunda câmara federal da Alemanha sobreviveu, tornando-se, porém, mais representativa. Hoje, cada estado pequeno manda três representantes para o Bundesrat, cada estado médio manda quatro, e cada estado grande manda seis representantes. Com essa estrutura, os arquitetos constitucionais da Alemanha do pós-guerra combinaram princípios de federalismo e democracia.

A maioria das democracias do século XX também adotou medidas para limitar a obstrução de minorias nos legislativos, estabelecendo um proce-

Estados Unidos, o ponto fora da curva

dimento — conhecido como *cloture* — para permitir que maiorias simples encerrassem o debate parlamentar. O termo *"cloture"* surgiu nos primeiros dias da Terceira República Francesa.[54] Nos anos 1870, o governo provisório de Adolphe Thiers enfrentava medonhos desafios. A França tinha acabado de perder uma guerra para a Prússia, e o novo governo republicano era forçado a lidar à esquerda com a revolucionária Comuna de Paris e à direita com forças que buscavam restaurar a monarquia. O novo governo precisava mostrar que era capaz de legislar de modo eficiente. No entanto, a Assembleia Nacional era conhecida pelas maratonas de debates e pela inação em questões prementes. Pressionada por Thiers, a Assembleia criou uma moção de *cloture* pela qual uma maioria simples poderia votar para pôr ponto-final num debate que de outra forma se estenderia indefinidamente.

A Grã-Bretanha conduziu reformas parecidas. Em 1881, o primeiro-ministro liberal William Gladstone promulgou uma "regra de *cloture*" que permitia à maioria dos membros do parlamento encerrar o debate para que a casa pudesse seguir em frente e votar. O parlamento australiano adotou uma regra semelhante em 1905. No Canadá, minorias de oposição no parlamento tinham obstruído com debates intermináveis vários projetos de lei importantes, como uma proposta apresentada pelo primeiro-ministro conservador, Robert Borden, em 1912.[55] O Projeto de Lei de Assistência Naval, destinado a responder ao crescente poderio marítimo alemão por meio do fortalecimento da Marinha canadense, foi obstruído pelos liberais da oposição por cinco meses. O debate, que por vezes se estendia além da meia-noite, cobrou um alto preço físico do primeiro-ministro, que desenvolveu furúnculos tão severos que foi obrigado a discursar com o "pescoço envolto em bandagens". A aflição, descrita por ele como "a mais árdua e extraordinária já ocorrida na história do parlamento canadense", levou o governo a aprovar uma regra de *cloture* — permitindo o encerramento de debates por maioria simples — em abril de 1913.[56]

A tendência a eliminar *filibusters* e outras regras de supermaioria continuou nos últimos anos. Por boa parte do século XX, o parlamento da Finlândia teve uma regra de retardamento pela qual uma minoria de um terço podia votar para postergar uma legislação até depois da eleição seguinte.[57] A regra foi abolida em 1992. A Dinamarca ainda tem uma regra pela qual uma minoria parlamentar de um terço pode convocar um referendo público sobre projetos de lei não financeiros, e, se 30% da população adulta votar contra (critério muito rigoroso, levando em conta o comparecimento às urnas), a legislação é bloqueada.[58] No entanto, a regra não foi usada desde 1963.

O parlamento da Islândia (o Althingi) manteve por muito tempo um tipo antiquado de *filibuster* por meio de discursos. O secretário-geral do Althingi, Helgi Bernódusson, descreveu-o como "profundamente enraizado na cultura política islandesa".[59] A cada ano, a mídia atribuía o título de Rei do Discurso ao parlamentar que fizesse os discursos mais longos no plenário. Ganhar o título era "tido como uma honra".[60] Esforços para conter a prática no começo do século XXI encontraram considerável resistência, porque muitos os viam como uma ameaça à "liberdade de expressão" do parlamento.[61] Em 2016, Bernódusson declarou: "Não há indícios, no momento, de que seja possível conter o *filibuster* no Althingi. As mãos do presidente estão atadas pelas regras, e os membros do parlamento fazem o que bem entendem. O Althingi está atolado nessa tediosa rotina".[62] Três anos depois, no entanto, após um *filibuster* recorde de 150 horas em torno de uma lei de energia da União Europeia, o parlamento restringiu a obstrução, impondo novos limites a discursos e réplicas.[63]

Em meio a esse amplo padrão de reformas, há uma área na qual muitas democracias tomaram uma direção mais contramajoritária no século XX: a revisão judicial. Antes da Segunda Guerra, a revisão judicial só existia em poucos países além dos Estados Unidos. Mas, a partir de 1945, a maioria das democracias vem adotando alguma forma de revisão. Em certos países, como Áustria, Alemanha, Itália, Portugal e Espanha, novos tribunais constitucionais foram criados para "guardar" a Constituição. Em outros, como Brasil, Dinamarca, Índia, Israel e Japão, os supremos tribunais já existentes receberam essa função de guardiães. Um estudo recente de 31 democracias estabelecidas revelou que, hoje, 26 possuem algum tipo de revisão judicial.[64]

Vale a pena lembrar que a revisão judicial pode ser fonte de contramajoritarismo entre gerações. Democracias fora dos Estados Unidos reduziram o problema substituindo o mandato vitalício dos ministros de suas supremas cortes por mandatos com prazo de validade, ou introduzindo uma idade de aposentadoria obrigatória. Em 1927, por exemplo, o Canadá adotou 75 anos como idade de aposentadoria compulsória para os ministros de sua Suprema Corte.[65] Foi uma resposta a dois ministros já em idade avançada que se recusavam a se aposentar: um deles contestava o valor da pensão que receberia e se tornou inativo nas deliberações do tribunal, e o outro foi descrito como "senil" pelo primeiro-ministro Mackenzie King em seu diário.

A Austrália também estabeleceu uma idade de aposentadoria compulsória para ministros da Suprema Corte em 1977, quando o mandato de 46 anos do ministro Edward McTiernan chegou a seu inglório fim.[66] Ele havia sido nomeado para o tribunal em 1930, e nos anos 1970 os advogados muitas vezes tinham "dificuldade em entender" a voz do octogenário. Em 1976, McTiernan quebrou o quadril ao acertar um grilo com um jornal enrolado, no Hotel Windsor de Melbourne. Provavelmente num esforço para convencê-lo a se aposentar, o presidente do tribunal se recusou a construir uma rampa de acesso para cadeira de rodas no prédio da Suprema Corte, alegando questões orçamentárias.[67] McTiernan se aposentou, e, quando o Parlamento iniciou o debate sobre o estabelecimento de uma idade de aposentadoria compulsória, a oposição foi "praticamente inexistente".[68] Os parlamentares argumentaram que a idade de aposentadoria compulsória ajudaria a "atualizar os tribunais", trazendo juízes "mais próximos das pessoas", com "valores mais contemporâneos".[69]

Todas as democracias que adotaram a revisão judicial depois de 1945 introduziram uma idade de aposentadoria compulsória ou mandatos com prazo limitado para ministros dos tribunais superiores, atenuando o problema de ministros com mandatos longos demais que atam as mãos de gerações futuras.

Em resumo, o século XX inaugurou a era democrática moderna: uma época em que se removeram muitas das algemas institucionais impostas a maiorias populares e concebidas por monarquias e aristocracias pré--democráticas. Democracias no mundo inteiro aboliram ou debilitaram suas instituições mais inequivocamente contramajoritárias. Os defensores conservadores dessas instituições alertaram, apreensivos, sobre o perigo iminente de instabilidade, caos ou tirania. Mas isso raramente ocorreu depois da Segunda Guerra Mundial. Na verdade, países como Canadá, Dinamarca, Finlândia, França, Nova Zelândia, Noruega, Suécia e Reino Unido eram mais estáveis e mais democráticos no apagar das luzes do que no alvorecer do século xx. A eliminação do contramajoritarismo ajudou a dar forma à democracia moderna.

Os Estados Unidos não ficaram imunes a essas tendências, e também adotaram medidas importantes no sentido do governo da maioria no século xx. A 19ª Emenda (ratificada em 1920) estendeu os direitos de voto às mulheres, e a Lei Snyder, de 1924, estendeu a cidadania e os direitos de voto a nativos americanos. Mas só com a Lei dos Direitos de Voto de 1965 é que os Estados Unidos por fim atenderam aos critérios mínimos de sufrágio universal.

O país também democratizou (em parte) sua câmara alta. O Senado nacional, provocadoramente descrito como a "Câmara dos Lordes americana", era eleito indiretamente até 1913.[70] A Constituição conferia aos legislativos estaduais, e não aos eleitores, o poder de escolher os representantes dos seus estados no Senado. Assim, em 1913, a ratificação da 17ª Emenda, que determinava a eleição direta popular dos senadores, também foi uma importante medida democratizante.

As eleições legislativas ficaram muito mais justas nos anos 1960, quando os "distritos podres" dos Estados Unidos foram eliminados. Até então, os distritos eleitorais rurais em todo o país abrigavam menos gente do que os distritos urbanos e suburbanos. Por exemplo, o condado de Lowndes, no Alabama, com pouco mais de 15 mil habitantes, tinha o mesmo número de senadores estaduais do condado de Jefferson, com mais de 600 mil moradores.[71] Esse padrão se repetia nacionalmente, e o resultado era uma

Estados Unidos, o ponto fora da curva

super-representação rural nos legislativos.[72] Em 1960, os condados rurais abrigavam 23% da população americana, mas elegiam 52% das cadeiras dos legislativos estaduais. Já os condados urbanos e suburbanos, habitados por dois terços da população americana, elegiam apenas um terço das cadeiras.[73] Nas eleições para os legislativos estaduais e para o Congresso americano, as minorias rurais por muito tempo governaram as maiorias urbanas.[74] Em 1956, quando o legislativo estadual da Virgínia votou por fechar as escolas públicas em vez de integrá-las, na esteira da decisão do caso *Brown contra o Conselho de Educação*, de 1954, os 21 senadores estaduais que votaram pelo fechamento representavam menos americanos do que os dezessete que votaram pela integração.[75] Esse viés rural comprometia o equilíbrio partidário em muitos estados, permitindo que partidos representativos de minorias eleitorais dominassem os legislativos estaduais.[76]

De 1962 a 1964, uma série de decisões da Suprema Corte garantiu a representação de maiorias eleitorais no Congresso e nos legislativos estaduais. Ao estabelecerem o princípio de "uma pessoa, um voto", as decisões dos tribunais exigiam que todos os distritos legislativos dos Estados Unidos tivessem mais ou menos a mesma população. Nas palavras dos cientistas políticos Stephen Ansolabehere e James Snyder, as consequências foram "imediatas, absolutas e assombrosas".[77] Quase da noite para o dia, as maiorias rurais artificiais desapareceram em dezessete estados.[78] A equalização do poder do voto foi um grande passo para assegurar um arremedo de governo da maioria na Câmara dos Deputados e nos legislativos estaduais.

Um último surto de reformas constitucionais veio nas décadas de 1960 e 1970. A 23ª Emenda (ratificada em 1961) deu aos moradores de Washington, DC, o direito de votar em eleições para presidente; a 24ª Emenda (1964) finalmente proibiu a cobrança de taxas de votação; e a 26ª Emenda (1971) antecipou a idade mínima para votar de 21 para dezoito anos.

Embora tenham tornado os Estados Unidos bem mais democráticos do que antes, essas reformas do século xx não foram tão longe como em outras democracias. Vejamos o caso do Colégio Eleitoral. Enquanto todas as demais democracias presidenciais do mundo se livraram das eleições indiretas ao longo do século xx, nos Estados Unidos o Colégio Eleitoral permaneceu intacto. Houve centenas de tentativas de reformá-lo e de aboli--lo, mas todas fracassaram.[79]

Além disso, o país manteve seu sistema eleitoral de maioria simples, ainda que ele criasse situações de governo da minoria, sobretudo nos legislativos estaduais. Os Estados Unidos se juntaram ao Canadá e ao Reino Unido como as únicas democracias ocidentais que não adotaram regras eleitorais mais proporcionais no século XX. O Senado americano, de representatividade altamente desproporcional, tampouco foi reformado. As decisões da Suprema Corte entre 1962 e 1964 que estabeleceram o princípio de "uma pessoa, um voto" na Câmara dos Deputados não se aplicaram ao Senado. Assim, os "distritos podres" dos Estados Unidos ainda persistem no nível estadual.

O país também manteve o poder de veto da minoria no Senado. De forma muito semelhante aos legislativos da França, da Grã-Bretanha e do Canadá, a ausência de qualquer regra de *cloture* levou a um aumento acentuado de táticas obstrucionistas a partir do final do século XIX. E, como no Canadá, o problema do *filibuster* adquiriu mais urgência diante das ameaças navais alemãs no período que antecedeu a Primeira Guerra Mundial.[80] Mas o Canadá, como a França e a Grã-Bretanha, adotou uma regra de *cloture* majoritária de 50%, enquanto o Senado americano optou por uma regra de *cloture* supermajoritária quase impossível de 67 votos. A regra foi modificada de dois terços para três quintos em 1975, mas continuou sendo contramajoritária. Dessa maneira, os Estados Unidos entraram no século XXI com um "Senado de sessenta votos".[81]

Por fim, diferentemente de outras democracias estabelecidas, os Estados Unidos não introduziram prazos de validade para os mandatos ou idade de aposentadoria compulsória para os ministros da Suprema Corte. Hoje, para todos os efeitos, o mandato de seus ministros é vitalício. Na esfera estadual, a história é bem diferente. Dos cinquenta estados americanos, 46 impuseram limites ao mandato de ministros das supremas cortes a partir do século XIX. Três outros adotaram idades para a aposentadoria compulsória. Somente Rhode Island manteve os mandatos vitalícios. Mas, entre as democracias nacionais, os Estados Unidos, assim como Rhode Island, estão sozinhos.

Estados Unidos, o ponto fora da curva

Os ESTADOS UNIDOS, que já foram pioneiros na democracia e serviram de modelo para outros países, hoje se tornaram um retardatário democrático. A durabilidade de suas instituições pré-democráticas — já desmontadas ou em processo de desmonte em outras democracias — faz do país uma democracia contramajoritária única no alvorecer do século XXI. Vejamos:

- Os Estados Unidos são a única democracia presidencialista do mundo em que o presidente é eleito por meio de um Colégio Eleitoral, e não diretamente pelos eleitores. Somente nos Estados Unidos um presidente pode ser "eleito contra a maioria expressa nas urnas".[82]
- Os Estados Unidos são uma das poucas democracias que ainda conservam um legislativo bicameral com uma poderosa câmara alta, e fazem parte do grupo ainda menor de democracias nas quais uma poderosa câmara alta é severamente desproporcional em sua representatividade devido à "representação igualitária de estados desiguais" (só Argentina e Brasil são piores).[83] Mais importante ainda, são a única democracia do mundo que tem ao mesmo tempo um Senado forte e desproporcional em sua representatividade e um veto legislativo minoritário (o *filibuster*).[84] Em nenhuma outra democracia minorias legislativas frustram maiorias legislativas com tanta frequência.
- Os Estados Unidos são uma das poucas democracias estabelecidas (junto com Canadá, Índia, Jamaica e Reino Unido) com regras eleitorais que permitem que maiorias legislativas sejam fabricadas a partir de maiorias eleitorais e, em alguns casos, que partidos menos votados conquistem maiorias legislativas.
- Os Estados Unidos são a única democracia do mundo em que os ministros da Suprema Corte possuem mandato vitalício. Todas as outras possuem mecanismos como limite de mandato e idade para aposentadoria compulsória, ou ambos.
- Os Estados Unidos são, entre todas as democracias, a que tem a Constituição mais difícil de mudar, uma vez que isso exige supermaiorias nas duas câmaras legislativas, além da aprovação de três quartos dos estados.[85]

Os Estados Unidos são um ponto fora da curva. Hoje, somos mais vulneráveis ao governo da minoria do que qualquer outra democracia estabelecida. Como foi possível que outras democracias nos superassem? Como foi possível que um país como a Noruega se transformasse de uma monarquia no começo do século xix num sistema que, por qualquer critério, é *mais* democrático do que o americano?

A resposta simples é que é muito mais fácil mudar a Constituição norueguesa. Na Noruega, uma emenda constitucional exige o apoio supermajoritário de dois terços em dois parlamentos sucessivamente eleitos. Além disso, não existe no país nenhum equivalente ao processo americano — extraordinariamente difícil — de ratificação em nível estadual. De acordo com Tom Ginsburg e James Melton, a relativa flexibilidade da Constituição permite que os noruegueses "atualizem o texto formal para mantê-lo moderno".[86]

Os americanos não têm tanta sorte. Como já vimos, a Constituição americana é a mais difícil de emendar em todo o mundo democrático.[87] Entre as 31 democracias examinadas por Donald Lutz em seu estudo comparativo de processos de emenda constitucional, os Estados Unidos estão no topo do Índice de Dificuldade, superando por larga margem o segundo e o terceiro colocados (Austrália e Suíça).[88] As emendas constitucionais nos Estados Unidos não só exigem a aprovação de maiorias de dois terços tanto na Câmara como no Senado, como precisam ser ratificadas por três quartos dos estados. Por essa razão, o país tem um dos mais baixos índices de mudança constitucional do mundo.[89] De acordo com o Senado, houve 11 848 tentativas de emendar a Constituição.[90] Mas só 27 tiveram êxito. A Constituição americana só foi emendada doze vezes desde a Reconstrução, a mais recente delas em 1992 — há mais de três décadas.

Isso tem tido consequências importantes. Vejamos o caso do Colégio Eleitoral, uma instituição que hoje só existe na democracia americana. Nenhuma outra disposição da Constituição dos Estados Unidos foi alvo de tantas iniciativas reformistas. Segundo um cálculo, houve mais de setecentas tentativas de abolir ou reformar o Colégio Eleitoral nos últimos 225

Estados Unidos, o ponto fora da curva

anos.[91] As mais sérias no século xx ocorreram nas décadas de 1960 e 1970. Nesse período, houve três eleições presidenciais "apertadas" (1960, 1968 e 1976), nas quais o vencedor no voto popular por pouco não perdeu no Colégio Eleitoral. Depois da eleição de 1960, o senador Estes Kefauver, do Tennessee, presidente do Subcomitê de Emendas Constitucionais do Comitê Judiciário do Senado, pediu o fim do Colégio Eleitoral, comparando sua persistência a uma "roleta-russa".[92] Quando Kefauver morreu, em 1963, foi sucedido na presidência do subcomitê pelo senador Birch Bayh, de Indiana. O presidente do Comitê Judiciário do Senado, James Eastland, já vinha planejando dissolver o pouco usado subcomitê, mas Bayh o convenceu a mantê-lo, oferecendo-se para financiá-lo com verbas de seu próprio gabinete. Contudo até mesmo Bayh reconheceu que o subcomitê era "um cemitério. Quantas vezes se emenda a Constituição, pelo amor de Deus?".[93]

Depois do assassinato de John Kennedy, no entanto, Bayh assumiu a liderança na aprovação da 25ª Emenda, que tornou mais claro o protocolo para o caso de morte ou incapacitação do presidente durante o mandato. Bayh de início tinha dúvidas sobre a reforma do Colégio Eleitoral, mas, com as mudanças democráticas tomando conta do país em meados dos anos 1960, reconsiderou sua posição, e em 1966 propôs uma emenda constitucional para substituir o Colégio Eleitoral por eleições diretas para presidente.[94]

Os americanos estavam convencidos. Uma pesquisa Gallup de 1966 revelou um apoio de 63% à abolição do Colégio Eleitoral.[95] Naquele ano, a Câmara de Comércio dos Estados Unidos entrevistou seus membros e descobriu que nove em cada dez eram favoráveis à reforma.[96] Em 1967, a prestigiosa American Bar Association também a endossou, chamando o Colégio Eleitoral de "arcaico, antidemocrático, complexo, ambíguo, indireto e perigoso".[97] A proposta de reforma de Bayh ganhou força com a eleição de 1968, na qual o forte desempenho de George Wallace como terceira via quase transferiu a disputa para a Câmara dos Deputados.[98] Uma mudança de apenas 78 mil votos em Illinois e no Missouri teria custado a maioria de Nixon no Colégio Eleitoral e deixado o resultado para a Câmara resolver, e na Câmara os democratas eram maioria. O resultado apavorou líderes de ambos os partidos, que correram para apoiar a proposta de Bayh. Em 1969, o movimento para abolir o Colégio Eleitoral "parecia inexorável".[99] O recém-eleito presidente Richard Nixon apoiou a iniciativa.[100] Assim também o líder da maioria democrata no Senado, Mike Mansfield; o líder da minoria republicana, Everett Dirksen; o líder da minoria na Câmara, Gerald Ford; e legisladores importantes como Walter Mondale, Howard Baker e George H. W. Bush. A reforma constitucional tinha o respaldo de empresas (a Câmara de Comércio), de sindicatos (AFL-CIO), da American Bar Association e da Liga das Mulheres Eleitoras. Como observou o deputado republicano William McCulloch, "já é um fato da vida americana que o cidadão pode sempre aguardar a morte, os impostos e a reforma do Colégio Eleitoral. Mas hoje, em toda esta terra, palpita uma nova esperança. Talvez, finalmente, tenha chegado a hora de reformar o Colégio Eleitoral".[101]

Em setembro de 1969, a Câmara dos Deputados aprovou uma proposta para abolir o Colégio Eleitoral por 338 a 70, bem acima dos dois terços necessários para emendar a Constituição. Quando a proposta seguiu para o Senado, uma pesquisa Gallup mostrou que 81% dos americanos aprovavam a reforma.[102] Um levantamento do *The New York Times* entre legisladores estaduais revelou que trinta legislativos estaduais estavam prontos para aprovar a emenda, seis ainda não tinham decidido e outros seis se opunham ligeiramente (seriam necessários 38 estados para a ratificação).[103] A abolição do órgão parecia certa.

Todavia, como tantas vezes no passado, o Senado matou a reforma.[104] E, como em tantos esforços anteriores, a oposição veio do Sul. O senador James Allen, do Alabama, declarou: "O Colégio Eleitoral é uma das poucas salvaguardas políticas do Sul que ainda restam. Vamos mantê-lo".[105] O obstinado senador segregacionista Strom Thurmond prometeu recorrer ao *filibuster* para obstruir o projeto de lei, e o presidente do Comitê Judiciário do Senado, James Eastland, outro segregacionista, "retardou sua tramitação pelo Comitê Judiciário", prendendo-o por quase um ano.[106] Quando uma votação de *cloture* foi finalmente realizada em 17 de setembro de 1970, 54 senadores votaram pelo encerramento do debate — a maioria, claro, mas muito aquém dos dois terços necessários para pôr fim ao *filibuster*.[107] Quando uma segunda votação de *cloture* foi feita doze dias depois, 53 senadores votaram a favor.[108] O projeto de lei morreu sem jamais ter sido votado.

Bayh não desistiu. Reapresentou seu projeto de lei de reforma do Colégio Eleitoral em 1971, 1973, 1975 e 1977.[109] Em 1977, depois de outra eleição "apertada", a proposta ganhou alguma força. O presidente Jimmy Carter apoiou a iniciativa, e uma pesquisa Gallup revelou que 75% dos americanos eram a favor dela.[110] Mas o projeto foi postergado e, então, mais uma vez, obstruído no Senado. Em 1979, quando uma votação de *cloture* foi finalmente realizada, só conseguiu 51 votos.[111] O *The New York Times* informou que os defensores da reforma do Colégio Eleitoral "admitiam em conversas privadas que havia pouca chance de a questão ser levantada novamente, a menos que um presidente viesse a ser eleito com uma minoria de votos populares ou que o país chegasse perturbadoramente perto desse resultado".[112] Como se viu, eles pecaram por excesso de otimismo. Dois presidentes foram eleitos com uma minoria de votos populares no começo do século xxi, e o Colégio Eleitoral continua firme.

Outro esforço sério — mas em última análise malsucedido — para reformar a Constituição veio nos anos 1970, com a Emenda da Igualdade de Direitos, que, como reformas recentes na Noruega, teria consagrado direitos iguais para as mulheres.[113] A emenda foi desenvolvida e apresentada ao Congresso pela primeira vez pelo Partido Nacional da Mulher, em 1923.[114] Depois disso, foi apresentada ao Congresso todos os anos, mas, durante décadas, acabou sepultada no Comitê Judiciário da Câmara. A emenda ganhou ímpeto na década de 1960, e em 1970 a deputada Martha Griffiths conseguiu arrancá-la do Comitê Judiciário e forçar uma votação. Em outubro de 1971, a Câmara aprovou a Emenda da Igualdade de Direitos por 354 a 23.[115] O projeto seguiu então para o Senado, onde, em março de 1972, foi aprovado por 84 a 8. O Havaí o ratificou no mesmo dia que foi aprovado no Senado, e Delaware, Nebraska, New Hampshire, Idaho e Iowa o ratificaram nos dois dias seguintes.[116] No começo de 1973, trinta dos 38 estados necessários o tinham ratificado.

As condições pareciam favoráveis. Os presidentes Nixon, Ford e Carter respaldaram a Emenda da Igualdade de Direitos, e as plataformas tanto do Partido Democrata como do Partido Republicano a apoiaram em 1972 e 1976.[117] A opinião pública era fortemente favorável à ratificação. Uma pesquisa Gallup de 1974 revelou um apoio de 74% à emenda, e as pesquisas geralmente mostravam uma proporção de dois para um a favor da ratificação ao longo dos anos 1970.[118]

Apesar de tudo, o processo empacou. Outros cinco estados aprovaram a emenda depois de 1973, chegando em 1977 a um total de 35 — só três a menos do que o necessário para a ratificação. Mas, mesmo com o Congresso estendendo o prazo de ratificação para 1982, nenhum outro estado a aprovou. Dez dos estados que não a ratificaram eram sulistas. Quatro décadas depois, as pesquisas mostram que quase três em cada quatro americanos é a favor da emenda. Mas as perspectivas de ratificação ainda são remotas.[119]

A Constituição americana, com seu caráter excessivamente contramajoritário, não é apenas uma curiosidade histórica. Ela põe em risco a democracia dos Estados Unidos ao proteger e fortalecer uma minoria partidária autoritária. Mas essa Constituição é quase impossível de reformar. Parecemos estar presos nas armadilhas das nossas instituições. Não haverá saída?

8. Democratizar nossa democracia

James Bryce, o observador britânico da vida política nos Estados Unidos que viajou pelo país no fim do século xix conduzindo uma pesquisa para os dois volumes de seu influente livro *A comunidade americana*, comentou que, aonde quer que fosse, os americanos lhe perguntavam, com razoável dose de orgulho: "O que o senhor acha das nossas instituições?". Bryce, um historiador de Oxford que viria a servir como embaixador britânico no país, explicou:

> As instituições nos Estados Unidos são consideradas pelos habitantes e reconhecidas por estrangeiros como assunto de interesse mais geral do que as de países não menos famosos do Velho Mundo. São [...] instituições de um novo tipo. [...] Representam um experimento de governo da multidão, tentado numa escala sem precedentes, e cujos resultados todos têm interesse em acompanhar.[1]

Hoje, os Estados Unidos estão envolvidos em outro experimento igualmente ambicioso: a construção de uma vasta democracia multirracial. Mais uma vez, o mundo observa.

Esforços anteriores nesse sentido fracassaram. Diferentemente dos períodos anteriores, no entanto, o experimento de hoje conta com o apoio da maioria dos americanos. Só no século xxi é que uma sólida maioria adotou os princípios da diversidade e da igualdade racial.

Mas essa maioria por si não basta para salvar a democracia americana, porque nos Estados Unidos as maiorias não governam de fato. Não apenas os passos dados no sentido de uma política mais inclusiva desencadearam a feroz reação de uma minoria autoritária, como nossas instituições amplificaram o poder dessa minoria. A crise constitucional aguda deflagrada pela presidência de Donald Trump pode ter ficado para trás, mas, em vez de considerar esses quatro anos uma exceção, deveríamos vê-los como uma advertência. As condições que deram origem à presidência de Trump — um partido radicalizado fortalecido por uma constituição pré-democrática — ainda existem.

Estamos numa encruzilhada: ou os Estados Unidos se tornam uma democracia multirracial ou não serão uma democracia em nenhum sentido.

Existem caminhos para seguir em frente. As experiências de outros países, assim como a própria história americana, servem de guia. Não somos a primeira geração a enfrentar o avanço de movimentos políticos que atacam a democracia de dentro para fora. No passado, as democracias lidaram com essas ameaças de várias maneiras.

Uma estratégia, surgida nos dias mais sombrios da década de 1930 na Europa, é reunir todas as forças pró-democráticas numa coalizão ampla a fim de isolar e derrotar extremistas antidemocráticos. Entre as duas guerras mundiais, diante do fantasma de uma onda global de fascismo, muitas das novas democracias europeias estiveram à beira do colapso. Em alguns países, políticos tradicionais responderam deixando de lado profundas diferenças ideológicas e forjando amplas coalizões de esquerda para defender a democracia. Crises agudas requerem cooperação extraordinária; líderes de partidos rivais se deram conta de que precisavam temporariamente relegar a segundo plano seus objetivos políticos e formar uma frente comum pró-democrática, tanto em tempos de eleição como em tempos de governo. Na Finlândia do começo dos anos 1930, os sociais-democratas de esquerda se uniram a partidos de centro e centro-direita numa Frente Legalista de base ampla para derrotar o Movimento de Lapua, de caráter fascista.[2] Na Bélgica, o Partido Trabalhista de centro-esquerda somou forças com o Partido Católico conservador e com os liberais de centro num governo de direita, a fim de derrotar o fascismo do Partido Rexista.[3] Nos

Democratizar nossa democracia

dois casos, coalizões de partidos pró-democráticos conseguiram manter os extremistas longe do poder (até os nazistas invadirem a Bélgica, em 1940).

Nos Estados Unidos, alguns políticos usaram essa estratégia de contenção durante a presidência de Trump. Conservadores de longa data fundaram organizações de orientação "Trump Nunca" — como Republicans for the Rule of Law, Republican Voters Against Trump e Lincoln Project — e cooperaram com os democratas, partido ao qual haviam feito oposição durante toda a carreira, para derrotar o Partido Republicano trumpista nas eleições. Da mesma forma, os deputados Liz Cheney e Adam Kinzinger, dois republicanos conservadores, arriscaram a própria carreira política ao trabalhar em estreita colaboração com os democratas no comitê instituído na Câmara para investigar os ataques do Seis de Janeiro ao Capitólio. É assim que a contenção deve funcionar.

Estratégias de contenção também foram empregadas nos legislativos estaduais. Na Pensilvânia e em Ohio, depois das eleições de meio de mandato de 2022, democratas se alinharam a republicanos mais moderados para derrotar republicanos extremistas na disputa pela presidência das câmaras estaduais. Na Pensilvânia foi eleito um democrata moderado[4] e, em Ohio, um republicano tradicional — mantendo longe do poder os negacionistas eleitorais.[5]

Essas alianças suprapartidárias — e talvez até chapas bipartidárias — podem vir a ser decisivas em 2024, se o Partido Republicano continuar no caminho do extremismo.

Mas a contenção é apenas uma estratégia de curto prazo. Em seu cerne, a democracia tem a ver com competição, e suprimi-la por muito tempo pode ser autodestrutivo. Forças progressistas e conservadoras talvez precisem cerrar fileiras de vez em quando para defender a democracia, mas em última análise é preciso que os eleitores possam escolher entre elas. Na verdade, a experiência europeia sugere que, quando "grandes coalizões" ficam no poder por longos períodos, os eleitores passam a vê-las como coniventes, excludentes e ilegítimas.[6] A cooperação excessiva entre partidos tradicionais pode conferir plausibilidade a alegações de populistas de que o "establishment" conspira contra eles.[7] Assim, embora possa ajudar a manter forças antidemocráticas longe do poder, a contenção não necessariamente as enfraquece. E pode até mesmo fortalecê-las.

Uma segunda estratégia para enfrentar o autoritarismo — conhecida como democracia militante ou defensiva — também surgiu do trauma da Europa nos anos 1930.[8] A ideia é que a autoridade do governo e a lei sejam usadas para *excluir* e *perseguir agressivamente* as forças antidemocráticas. A estratégia foi posta em prática pela primeira vez na Alemanha Ocidental, após a Segunda Guerra Mundial. Assombrados pela experiência da ascensão de Hitler ao poder, os arquitetos constitucionais do país não queriam que seu governo democrático ficasse de lado, impotente, em face de ameaças autoritárias internas.[9] Assim, redigiram uma constituição que permitia *banir e restringir* discursos, grupos e partidos insurrecionistas ou "anticonstitucionais". Usados em raras ocasiões para investigar partidos extremistas de esquerda e direita (mais recentemente em 2021), esses mecanismos, por sua mera existência, provavelmente exercem um efeito dissuasivo sobre grupos propensos a assaltar a "ordem democrática". O modelo se espalhou por grande parte da Europa.[10]

À primeira vista pode parecer que a democracia militante vai de encontro à tradição liberal americana, mas a Constituição dos Estados Unidos também dispõe de ferramentas para combater o extremismo antidemocrático.[11] Como nos lembram os constitucionalistas, a seção 3 da 14ª Emenda foi adotada para proibir explicitamente "insurrecionistas" de ocuparem cargos públicos na esteira da Guerra Civil. Embora raras vezes tenha sido usada com essa finalidade, ela oferece uma poderosa ferramenta para defender a democracia de seus inimigos internos. Os Estados Unidos jamais haviam processado um ex-presidente antes de 2023, mas várias outras democracias estabelecidas — Japão, Coreia do Sul, França, Israel e Itália — já o fizeram, e seus sistemas políticos não pioraram por causa disso. Na verdade, quando presidentes ou primeiros-ministros cometem crimes graves, é essencial que a democracia demonstre que ninguém está acima da lei. A maioria dos americanos concorda que toda a força da lei deve ser aplicada contra aqueles que atacam violentamente nossa democracia. Uma pesquisa do Pew Research Center de 2021 revelou que 87% deles consideravam

Democratizar nossa democracia

importante processar os manifestantes que atacaram o Capitólio em 6 de janeiro de 2021, e 69% achavam "muito importante fazê-lo".[12]

Assim como a contenção, entretanto, a estratégia de exclusão tem suas armadilhas. A mais importante delas é que se trata de uma ferramenta que pode facilmente se tornar abusiva. A história americana está repleta de exemplos desses abusos: as leis sobre estrangeiros e sedição de 1798; a prisão do líder socialista Eugene Debs; os ataques de Palmer em 1919-20; o notório Comitê de Atividades Antiamericanas da Câmara dos Deputados e a caça às bruxas do senador Joseph McCarthy; e a vigilância, perseguição e até o assassinato de líderes e ativistas afro-americanos. Ideias de democracia militante foram usadas também para justificar a proibição antidemocrática de partidos de esquerda na América Latina durante a Guerra Fria.[13] Assim, embora aplicar toda a força da lei contra violentos extremistas antidemocráticos possa ser essencial para defender a democracia, o risco sempre presente de politização e exagero exige que a democracia militante seja usada com imensa cautela e moderação.

Forjar amplas coalizões para defender a democracia e aplicar rigorosamente a lei contra extremistas antidemocráticos podem ser estratégias indispensáveis em face de ameaças autoritárias iminentes, mas são estratégias de curto prazo — ferramentas imperfeitas para combater incêndios perigosos. Não são soluções de longo prazo. Assim, precisamos também pensar medidas mais fundamentais para reforçar a democracia americana.

AQUI RETORNAMOS A UM PRINCÍPIO inspirado por James Madison e outros: a melhor maneira de suplantar as minorias extremistas é pela competição eleitoral. Madison achava que a necessidade de conquistar maiorias populares provavelmente domesticaria as tendências políticas mais "sinistras". Mas sua fórmula exige que maiorias populares de fato prevaleçam nas eleições. Para que isso ocorra, os Estados Unidos precisam reformar suas instituições. Jane Addams, uma reformista americana do começo do século XX, certa vez escreveu: "A cura de todos os males da democracia é mais democracia".[14]

Estamos de acordo. As instituições excessivamente contramajoritárias dos Estados Unidos reforçam o extremismo, fortalecem minorias autoritárias e ameaçam impor o governo da minoria. Para resolver esses problemas, precisamos investir mais na democracia. Isso significa desmontar esferas de proteção indevida a minorias e fortalecer maiorias em todos os níveis de governo; acabar com o protecionismo constitucional e liberar a verdadeira concorrência política; tornar o equilíbrio de poder político mais compatível com o equilíbrio das preferências dos eleitores; e forçar nossos políticos a serem mais receptivos e a prestarem contas à maioria dos americanos. Em suma, precisamos democratizar nossa democracia, por meio de reformas constitucionais e eleitorais que já deveriam ter sido implementadas há muito tempo, e que, no mínimo, colocariam os Estados Unidos no nível de outras democracias estabelecidas.

Os americanos costumam não acreditar muito em propostas de reforma abrangentes — e por bons motivos. Reformas são difíceis, sobretudo num sistema político com numerosas oportunidades de veto e partidos altamente polarizados. Mas as reformas jamais ocorrem se não forem levadas em consideração. Assim, antes de nos preocuparmos com *como* fazer essas mudanças — chegaremos lá —, pensemos em três grandes áreas de reforma.[15]

PRESERVAR O DIREITO DE VOTO. O direito de votar é o elemento fundamental de qualquer definição moderna de democracia. Nas democracias representativas, os cidadãos elegem seus líderes. Estes só podem ser eleitos democraticamente se todos os cidadãos tiverem condições de votar. Portanto, se votar for custoso e difícil para alguns cidadãos — por exemplo, se eles tiverem que ficar horas na fila ou percorrer longas distâncias para votar —, as eleições não são totalmente democráticas.

Em quase todas as democracias, isso não é problema. Numa democracia, *espera-se que as pessoas votem*. Assim, a maioria das sociedades democráticas concede aos cidadãos o direito constitucional (ou pelo menos legal) de votar, e as autoridades governamentais facilitam ao máximo esse

Democratizar nossa democracia

processo. Em alguns países (Austrália, Bélgica, Brasil, Costa Rica e Uruguai), o voto é obrigatório; é considerado um dever cívico, como pagar impostos. Em quase todas as democracias, o registro eleitoral é automático. Quando o cidadão completa dezoito anos, seu nome é acrescentado às listas de eleitores. E o processo de votação é simplificado. Quase todas as democracias na Europa e na América Latina realizam eleições no fim de semana, geralmente num domingo, para que o trabalho não desestimule ou impeça as pessoas de votarem. Na maioria das democracias estabelecidas, o comparecimento às urnas pode chegar a 80%. Não é difícil de entender: se os governos simplificam o registro eleitoral e o voto dos cidadãos, a maioria votará.

Nos Estados Unidos, para surpresa de muita gente, não existe "direito de voto" constitucional ou mesmo legal.[16] A Segunda Emenda confirmou o direito dos americanos de portarem armas, mas em parte alguma a Constituição reconhece seu direito ao sufrágio. Emendas posteriores especificaram que o sufrágio não pode ser negado com base na raça (15ª Emenda) ou no sexo (19ª Emenda), mas jamais a Constituição dos Estados Unidos afirmou positivamente o direito de seus cidadãos ao voto. Da mesma forma, embora existam muitas leis federais protegendo o voto, nenhuma lei federal concede a todos os cidadãos adultos o direito de votar numa eleição. Diferentemente da maioria das democracias estabelecidas, os Estados Unidos têm um longo histórico de governos que desencorajam e até suprimem o voto. Ainda hoje, o país é também um dos poucos do mundo (ao lado por exemplo de Belize, Burundi e Brasil) no qual a responsabilidade do registro eleitoral cabe inteiramente ao cidadão.[17]

Votar nos Estados Unidos deveria ser tão simples como nas democracias da Europa e de outras partes do mundo. Isso significa que deveríamos fazer o seguinte:

1. Aprovar uma emenda constitucional estabelecendo o direito ao voto para todos os cidadãos, o que daria uma sólida base para contestar restrições ao voto.[18]
2. Estabelecer um registro automático em que todos os cidadãos são in-

cluídos nas listas de eleitores ao completar dezoito anos. Essa medida pode ser acompanhada pela distribuição automática de títulos eleitorais nacionais para todos os cidadãos. Os encargos burocráticos do registro não devem impedir ninguém de votar.

3. Ampliar o voto antecipado e facilitar opções de voto pelo correio para cidadãos de todos os estados. Votar deveria ser uma coisa fácil para todos os americanos.

4. Cuidar para que o dia da eleição caia num domingo, ou num feriado nacional, de modo que as responsabilidades do trabalho não desestimulem o comparecimento às urnas.

5. Restaurar os direitos de voto (sem multas ou taxas adicionais) para todos os criminosos condenados que cumpriram pena.

6. Restaurar as proteções nacionais aos direitos de voto. No espírito da Lei dos Direitos de Voto de 1965, que teve alguns trechos revogados pela Suprema Corte em 2013, deveríamos restabelecer a supervisão federal das regras e da administração eleitorais. Isso poderia ser feito somente em estados e locais com histórico de violação dos direitos de voto, seguindo o modelo da Lei dos Direitos de Voto, ou a todas as jurisdições de maneira igual, seguindo o modelo do projeto de lei de Lodge, de 1890.

7. Substituir o sistema atual de administração eleitoral partidária por um sistema no qual a administração eleitoral estadual e local fique ao encargo de funcionários profissionais, apartidários. Isso ajudará a garantir imparcialidade na atualização das listas de eleitores, no acesso aos locais de votação e nos processos de votação e contagem de votos. Quase todas as democracias estabelecidas no mundo, como França, Alemanha, Brasil, Costa Rica, Japão e África do Sul, contam com árbitros apartidários para supervisionar as eleições.

GARANTIR QUE OS RESULTADOS ELEITORAIS REFLITAM AS PREFERÊNCIAS DA MAIORIA. Aqueles que recebem mais votos devem ganhar as eleições. Nada na teoria democrática justifica permitir que perdedores saiam vencedores. O filósofo político John Stuart Mill escreveu que a democracia deve "dar os poderes de governo em todos os casos à maioria numérica".[19] Infelizmente, nas eleições americanas para a presidência, para o Senado e para alguns legislativos estaduais, isso muitas vezes não acontece. Várias medidas podem ser adotadas para garantir que aqueles que obtêm maiorias eleitorais de fato governem:

8. Abolir o Colégio Eleitoral e substituí-lo pelo voto popular nacional. Nenhuma outra democracia presidencialista permite que o perdedor no voto popular conquiste a presidência. Uma emenda constitucional nesse sentido quase foi aprovada em 1970.

9. Reformar o Senado para que o número de senadores eleitos por estado seja mais proporcional à população de cada um deles (como vimos com relação à Alemanha). Ou seja, Califórnia e Texas deveriam eleger mais senadores do que Vermont e Wyoming. Como o artigo v da Constituição dos Estados Unidos estipula que "nenhum estado, sem o seu consentimento, pode ser privado do sufrágio igualitário no Senado" (uma forma de *liberum veto*), entendemos que os obstáculos a essa reforma são imensos. Mas, considerando que a estrutura do Senado subverte profundamente princípios democráticos essenciais, com enormes consequências, qualquer lista séria de reformas democratizantes deve incluir essa.

10. Substituir o sistema eleitoral de maioria simples e distritos uninominais para a Câmara dos Deputados e para os legislativos estaduais por uma forma proporcional de representação na qual os eleitores elejam múltiplos representantes de distritos eleitorais maiores e os partidos conquistem cadeiras na proporção da fatia de votos que recebem.[20] Isso exigiria a revogação da Lei dos Distritos Congressionais Uniformes de 1967, que define distritos uninominais nas eleições para a Câmara. Garantindo que a distribuição de cadeiras no Congresso reflita mais precisamente a maneira como os americanos votam, um sistema de representação proporcional evitaria o problema das "maiorias fabricadas", em que partidos menos votados num pleito asseguram uma maioria de cadeiras no Legislativo.[21] Como escreve o cientista político Lee Drutman, um sistema de representação proporcional "trata todos os eleitores da mesma maneira,

independentemente de onde moram. E trata todos os partidos da mesma maneira, independentemente de onde seus eleitores moram".[22]

11. Eliminar o *gerrymandering* partidário pela criação de comissões independentes de redistritamento, como as que vigoram na Califórnia, no Colorado e no Michigan.

12. Atualizar a lei de 1929 (o Apportionment Act) que estabeleceu o número fixo de 435 cadeiras na Câmara dos Deputados, e voltar ao projeto original de uma Câmara que se expande com o crescimento da população. Hoje, a proporção eleitores/deputados na Câmara é quase cinco vezes maior do que em qualquer democracia europeia.[23] Expandir o tamanho do Congresso aproximaria os representantes do povo que os elege, e, mantidos o Colégio Eleitoral e a atual estrutura do Senado, atenuaria o viés pró-estados pequenos do Colégio Eleitoral.

FORTALECER AS MAIORIAS GOVERNANTES. Por fim, os americanos precisam tomar providências para fortalecer maiorias legislativas, enfraquecendo instituições legislativas e judiciais contramajoritárias:

13. Abolir o *filibuster* do Senado (uma reforma que não requer mudanças legais ou constitucionais), acabando com a possibilidade de minorias partidárias frustrarem repetidamente maiorias legislativas. Em nenhuma outra democracia estabelecida esse tipo de veto minoritário é empregado rotineiramente.

14. Estabelecer limites de mandato (talvez doze ou dezoito anos) para ministros da Suprema Corte, a fim de regularizar o processo de nomeações, de modo que cada presidente tenha o mesmo número de indicações por mandato. Essa reforma situaria os Estados Unidos na corrente dominante de todas as principais democracias do mundo, e também limitaria o contramajoritarismo intergeracional do tribunal.

15. Facilitar o processo de emenda constitucional, eliminando a exigência de que três quartos dos legislativos estaduais ratifiquem qualquer emenda proposta. Exigir supermaiorias de dois terços tanto na Câmara

dos Deputados como no Senado para a aprovação de uma emenda constitucional colocaria os Estados Unidos em sintonia com a maior parte das demais democracias estabelecidas, incluindo democracias federalistas da Alemanha e da Índia, e com muitos estados americanos.

Essas reformas teriam um efeito simples, mas poderoso: permitiriam que maiorias conquistassem o poder e governassem. As reformas que propomos aqui não só ajudariam a evitar o governo da minoria, mas também eliminariam o protecionismo constitucional, liberando a dinâmica competitiva da democracia. Cabe ressaltar que as reformas obrigariam os republicanos a construírem coalizões mais amplas se quisessem vencer. Hoje, nos Estados Unidos, essas coalizões seriam necessariamente mais diversificadas, diluindo a influência dos elementos republicanos mais extremistas. Um Partido Republicano mais diversificado, capaz de conquistar maiorias nacionais inequívocas, talvez fosse uma notícia ruim do ponto de vista eleitoral para o Partido Democrata, mas seria ótima notícia para a democracia americana.

As reformas que propomos podem parecer radicais, mas já estão em vigor na grande maioria das democracias estabelecidas — incluindo algumas altamente bem-sucedidas como Dinamarca, Alemanha, Finlândia, Nova Zelândia, Noruega e Suécia. Facilitar o voto, acabar com o *gerrymandering*, substituir o Colégio Eleitoral pelo voto popular direto, eliminar o *filibuster* no Senado, tornar a representação do Senado mais proporcional, acabar com mandatos vitalícios na Suprema Corte e tornar um pouco mais fácil reformar a Constituição: todas essas mudanças nos colocariam em dia com o resto do mundo.

Mas ainda que essas propostas em tese façam sentido, não seriam totalmente irrealistas na prática? Levando em conta a natureza do sistema político americano, e o estado atual de nossa política, seria possível argumentar que a busca quixotesca de reformas difíceis de implementar não passa de uma distração contraproducente do trabalho gradual e diário da política "real". Em 1911, Joe Hill, um militante trabalhista e compositor americano nascido na Suécia, pediu aos trabalhadores que tivessem cuidado com as promessas idealistas dos bem-intencionados quando se vissem diante de problemas concretos. Uma de suas canções começa assim:

> Toda noite evangelizadores de cabeleira comprida
> Tentam nos dizer o que é certo e o que é errado;
> Mas quando lhes perguntam "Que tal alguma comida?"
> Respondem num tom de voz adocicado:

> Vocês comerão, a qualquer momento
> Numa terra de glória, acima, no vento;
> Trabalhem e orem, vivam de feno e prece,
> Há muita torta no céu para quem falece.*

Será que as reformas democráticas são pedaços de "torta no céu"? Hoje, os obstáculos às mudanças são de fato grandes — da oposição aparentemente inabalável do Partido Republicano à dificuldade incomparável de emendar a Constituição. Podem parecer tão intransponíveis que é tentador deixar de lado uma lista como a nossa e perseguir metas mais imediatas, como vencer a próxima eleição ou elaborar projetos de lei viáveis. Como realistas políticos, simpatizamos com essa perspectiva. Vitórias eleitorais e aprimoramentos políticos gradativos são essenciais tanto para melhorar a vida das pessoas como para proteger a democracia.

Mas não bastam. Ainda que a adoção de muitas de nossas propostas pareça improvável no curto prazo, é essencial que ideias de reforma constitucional passem a fazer parte de um debate político nacional mais amplo. A arma mais poderosa *contra* mudanças é o silêncio. Quando uma ideia é vista em círculos tradicionais como impossível, quando políticos jamais a mencionam, quando editores de jornal a ignoram, quando professores não a abordam em sala de aula, quando especialistas param de falar nela com

---

* Tradução livre de *"Long-haired preachers come out every night,/ Try to tell you what's wrong and what's right;/ But when asked how 'bout something to eat/ They will answer with voices so sweet:/ You will eat, by and by,/ In that glorious land above the sky;/ Work and pray, live on hay,/ You'll get pie in the sky when you die"*. (N. T.)

Democratizar nossa democracia

medo de serem vistos como ingênuos ou fora da realidade — em suma, quando uma ideia é considerada ambiciosa e "impensável" — a batalha está perdida. A não reforma se torna uma falsa profecia que se cumpre.

O fato de uma ideia não ser levada a sério não significa que ela não deva ser levada a sério — ou que não venha a ser levada a sério no futuro. No começo do século XIX, a ideia de acabar com a escravidão era tida como impensável pela maioria dos americanos, e os abolicionistas eram vistos como sonhadores. Nos anos 1840, quando surgiu o movimento pelo sufrágio feminino, nenhum país no mundo concedia às mulheres o direito ao voto; o século XX já ia bem adiantado e a mentalidade dominante nos Estados Unidos continuava sendo a de que o voto feminino era um absurdo. Por muitas décadas após a Guerra Civil americana a luta pela igualdade racial e pelos direitos civis era tida como impraticável, ou mesmo impossível. Em todos esses casos, a opinião predominante mudou de maneira radical. Mas, para que isso ocorra, alguém precisa iniciar uma conversa pública.

Essa conversa sobre reformas democráticas está começando. Em 2020, a prestigiosa Academia Americana de Artes e Ciências divulgou um relatório, intitulado *Our Common Purpose*, apresentando um multifacetado programa de reformas para a democracia nos Estados Unidos.[24] Organizações como Brennan Center for Justice, New America e Protect Democracy apresentaram propostas inovadoras para criar um sistema de sufrágio mais proporcional, acabar com o *gerrymandering*, expandir os direitos de voto e melhorar a qualidade das eleições.[25] E, em 2021, a Casa Branca criou uma comissão presidencial para a reforma da Suprema Corte, recorrendo à expertise de juízes aposentados, professores de direito e outros especialistas a fim de investigar possibilidades de mudança institucional.[26] São medidas importantes. É impossível conseguir mudanças se elas não forem sequer cogitadas.

Conversas e ideias não são perda de tempo; elas servem de alicerce para reformas.[27] Quando perguntaram a Sir Ralf Dahrendorf — o eminente membro liberal da Câmara dos Lordes britânica nascido na Alemanha — como explicar o "grande avanço" na criação de instituições internacionais depois da Segunda Guerra Mundial, ele respondeu:

> Se olharmos para as origens da ordem do pós-guerra [...], começando pelas Nações Unidas [...] o Fundo Monetário Internacional e o Banco Mundial [...] e um conjunto de instituições subsidiárias — se olharmos para as origens disso tudo, descobriremos que a maior parte das ideias foi na verdade desenvolvida durante a guerra. [...] É extremamente importante que, ao chegar o momento em que é possível dar um novo salto para [...] a construção de instituições, as ideias [já] estejam lá.[28]

Quando mudanças institucionais ocorrem, os participantes muitas vezes citam o verso do poeta francês Victor Hugo: "Nada é mais poderoso do que uma ideia cuja hora chegou". Mas a hora de uma ideia só chega se alguém a propôs.

No ENTANTO, as reformas democráticas continuarão sendo impossíveis se não repensarmos nossa atitude em relação às mudanças constitucionais.[29] Diferentemente dos cidadãos de outras democracias estabelecidas, os americanos tendem a resistir à ideia de que nossa Constituição tem falhas ou deficiências que deveriam ser corrigidas, ou que partes dela talvez estejam desatualizadas. Como observou Aziz Rana, muitos americanos adotam a Constituição com uma "devoção quase religiosa".[30] Tratamos os arquitetos constitucionais como se fossem dotados de poderes quase divinos ou sobrenaturais, e tratamos nossa Carta como se fosse um documento sagrado — um documento "basicamente perfeito".[31] Em outras palavras, nossa sociedade opera sob o pressuposto de que nossas instituições fundadoras são, de fato, exemplares — ao longo da história e em qualquer contexto. A ideia de que a Constituição dos Estados Unidos não tem como ser melhorada não se baseia em observação e experimentação, nem em debate sério: a rigor, é um dogma.

Não é assim que instituições funcionam. Constituições jamais nascem perfeitas. Afinal, são criações humanas. É preciso relembrar que nosso Colégio Eleitoral foi uma solução improvisada, na falta de algo melhor, e que nunca funcionou como seus idealizadores imaginavam; ou que Madison

Democratizar nossa democracia

(como Hamilton) era contra a representação igualitária no Senado, mas foi derrotado pelo voto na Convenção da Filadélfia. Não existe nada de sagrado nessas instituições. E mesmo as constituições mais bem concebidas exigem revisões ocasionais, porque o mundo em que operam muda, muitas vezes de maneira drástica. Nenhum conjunto de regras jamais é "exemplar" o tempo todo e em qualquer situação. As fronteiras nacionais mudam, as populações crescem. Novas tecnologias permitem fazer coisas inimagináveis para gerações anteriores. Princípios fundamentais como igualdade e fraternidade podem perdurar, mas as normas sociais evoluem de tal forma que nos obrigam a alterar nossa definição desses princípios.

John Roberts, que viria a ser presidente da Suprema Corte, reconheceu isso quando defendeu limites para o mandato de juízes em 1983, época em que trabalhava como conselheiro da Casa Branca durante o governo de Ronald Reagan:

> Os arquitetos constitucionais adotaram o mandato vitalício numa época em que as pessoas simplesmente não viviam tanto como agora. Um juiz isolado das correntes normais da vida por 25 ou trinta anos era uma raridade, mas hoje isso já começa a ser comum. Estabelecer um limite de quinze anos, digamos, seria uma garantia de que os juízes federais não perderiam contato com a realidade vivendo décadas numa torre de marfim.[32]

Hoje também sabemos melhor como as instituições funcionam. Na fundação dos Estados Unidos, a própria noção de democracia representativa ainda não tinha sido inventada. Não havia presidentes eleitos nem democracias parlamentaristas. A monarquia ainda vigorava em toda parte. Mas, nos 236 anos transcorridos desde que a Constituição dos Estados Unidos foi escrita, dezenas de democracias surgiram. Muitas produziram inovações institucionais que se mostraram bem-sucedidas, como presidentes eleitos pelo voto direto, sistemas eleitorais baseados na representação proporcional e autoridades eleitorais nacionais independentes. Essas inovações foram amplamente adotadas no último século, porque os líderes das novas democracias as veem como aprimoramentos.

Mudanças no mundo à nossa volta nem sempre justificam reformas constitucionais, mas às vezes sim. A ideia de que certas instituições são sempre "exemplares" contraria anos de pesquisas em ciência social mostrando que instituições que funcionam bem num contexto podem ser ineficazes — ou até perigosamente disfuncionais — em outro.[33]

Na verdade, os fundadores sabiam disso. Eles não estavam presos à versão original da Constituição. Reconheciam as limitações da sua criação e acreditavam que futuras gerações iriam, e deveriam, modificá-la. Em 1787, logo após a Convenção da Filadélfia, George Washington escreveu: "Os amigos mais calorosos e os melhores apoiadores da Constituição não sustentam que ela esteja livre de imperfeições; na verdade, eles consideram as imperfeições inevitáveis".[34] Se problemas surgirem dessas imperfeições, escreveu Washington, "o remédio deve vir depois". E acrescentou ainda que o povo americano "pode, uma vez que contará com a vantagem da experiência, decidir com tanta propriedade como nós sobre as alterações e emendas necessárias. Não acho que somos mais inspirados, mais sábios ou mais virtuosos do que os que virão depois de nós".

Thomas Jefferson era especialmente exigente com aqueles que "veem a Constituição com reverência hipócrita e a consideram a arca da aliança, sagrada demais para ser tocada".[35] Em sua opinião,

> leis e instituições precisam caminhar de mãos dadas com o progresso da mente humana. [...] Querer que a sociedade civilizada permanecesse sob o regime de seus antepassados bárbaros seria como exigir de um homem que usasse o mesmo casaco que lhe servia quando menino.[36]

As instituições que não se adaptam podem prosseguir aos tropeços durante anos ou décadas. Mas podem também se esclerosar e em última análise minar a legitimidade do sistema político. É o que ocorre nos Estados Unidos do século XXI. Em 1995, menos de 25% dos americanos manifestavam insatisfação com sua democracia. Esse número aumentou espetacularmente nos últimos anos, atingindo 55% em 2020.[37] Embora tenha aumentado no mundo inteiro, a insatisfação popular com a democracia disparou de forma mais acentuada nos Estados Unidos do que em outras democracias ocidentais. De acordo com o Pew Research Center, apenas 41% dos americanos disseram estar satisfeitos com a democracia em 2021, em comparação com mais de 60% na Austrália, no Canadá, na Alemanha e na Holanda, e mais de 70% na Nova Zelândia.[38] Apesar de querermos acreditar que a nossa Constituição é "basicamente perfeita", instituições rigidamente imutáveis tendem, na verdade, a necrosar. E acabam fracassando.

A HISTÓRIA AMERICANA TEM SIDO PONTUADA por momentos raros mas significativos de progresso democrático. Durante a Reconstrução, três importantes emendas constitucionais (13ª, 14ª e 15ª) e uma série de novas leis de grande alcance abriram o sistema político (ainda que apenas temporariamente) para os afro-americanos. Da mesma forma, entre 1913 e 1920 foram aprovadas nos Estados Unidos três emendas constitucionais democratizantes: a 16ª, autorizando um imposto de renda direto; a 17ª, estabelecendo eleições diretas para o Senado; e a 19ª, instituindo o sufrágio feminino. Por fim, um terceiro período de abrangentes reformas democráticas e constitucionais teve início com uma série de decisões da Suprema Corte (1962-4) que encerraram a distorção representativa na Câmara, sendo seguidas pela Lei dos Direitos Civis de 1964 e pela Lei dos Direitos de Voto de 1965. Na verdade, grande parte do que hoje valorizamos na democracia americana contemporânea foi alcançado graças a essas mudanças constitucionais e legislativas — muitas das quais eram até então vistas como impossíveis.

O que podemos aprender com esses casos de reforma? Para começar, que as mudanças não dependem do advento de um único líder reformista. Muitos dos mais importantes avanços no sentido da inclusão política e econômica nos Estados Unidos foram alcançados durante a presidência de indivíduos que à época eram vistos como reformadores improváveis: Woodrow Wilson, Franklin Delano Roosevelt e Lyndon Johnson. Nenhum deles era radical. Na verdade, todos eram produtos do antigo regime que eles próprios acabariam ajudando a derrubar. Wilson, por exemplo, era um democrata sulista conservador — bem distante do movimento progressista de classe média do Norte que, com seu apoio, conseguiu aprovar a 16ª, a 17ª e a 19ª Emendas (na verdade, Wilson se opôs ao sufrágio feminino no começo do mandato).[39] Da mesma forma, Franklin D. Roosevelt era um aristocrata que, apesar de tudo, teve um papel de destaque no estabelecimento de direitos sindicais e trabalhistas elementares nos anos 1930. Por fim, Lyndon Johnson fez carreira como democrata sulista, chegando ao poder no Senado com o respaldo de influentes figuras segregacionistas, como Richard Russell. Mas já em meados da década de 1960 Johnson encabeçava a campanha pela aprovação das leis dos Direitos Civis e dos Direitos de Voto.

A transformação desses líderes não ocorreu por acaso, ou da noite para o dia. Ela exigiu movimentos políticos robustos. Um primeiro passo nessa direção foi incluir as reformas na agenda política. A rigor, a capacidade de defensores, organizadores, pensadores públicos e formadores de opinião influenciarem os termos do debate político e aos poucos alterarem o que outros viam como desejável ou possível é essencial para o êxito de qualquer movimento reformista. Os exemplos mais significativos de reforma democrática na história americana, da Reconstrução ao sufrágio feminino e aos direitos civis, foram precedidos por anos de incansável atividade jurídica, política e de conscientização pública.

Por exemplo, a transformação do Partido Democrata de defensor do sistema segregacionista em defensor dos direitos civis não foi natural, fácil ou rápida. Nos anos 1930, bem antes de a igualdade racial ser vista como uma questão nacional, ativistas da Associação Nacional para o Progresso de Pessoas de Cor e do Congresso de Organizações Industriais começaram a se organizar em torno dos direitos civis dentro do Partido Democrata.[40] Guiado por líderes trabalhistas como Sidney Hillman e John L. Lewis, o Congresso de Organizações Industriais começou a pressionar os democratas para apoiarem não só projetos de lei trabalhistas progressistas mas direitos civis, como as leis contra o linchamento e a cobrança de taxas de votação. Seus líderes também se esforçavam para moldar os valores de seus membros. O *CIO News*, publicação da entidade entregue semanalmente

Democratizar nossa democracia

nas casas de todos os filiados, negros e brancos, trazia longos artigos sobre questões de direitos civis (com títulos como "Congresso de Organizações Industriais ataca *filibuster* contra a lei antilinchamento"), além de transcrições dos discursos de seus líderes para grupos afro-americanos.[41] Como afirmou um historiador, "nunca antes os proponentes da luta negra atingiram um público tão vasto".[42]

Mas definir a agenda é só o começo. Reformas democráticas também exigem pressão política contínua. Mudanças significativas costumam ser impulsionadas por movimentos sociais sustentados — amplas coalizões de cidadãos cujo ativismo modifica o debate e, em última análise, o equilíbrio de poder político em determinada questão.[43] Campanhas de movimentos sociais, valendo-se de meios variados, como petições, campanhas de porta em porta, comícios, marchas, greves, piquetes, manifestações pacíficas e boicotes, podem reformular a opinião pública e alterar narrativas midiáticas.

Em última análise, movimentos sociais podem mudar os cálculos eleitorais dos políticos, criando eleitorados pró-reforma e desacreditando os defensores do status quo. No caso do movimento pelos direitos civis, a briga jurídica foi encabeçada pela Associação Nacional para o Progresso de Pessoas de Cor, mas a campanha de base ficou a cargo de organizações como a Conferência da Liderança Cristã do Sul, baseada numa vasta rede de igrejas, e o Comitê Não Violento de Coordenação Estudantil.[44]

Políticos como Wilson, Roosevelt e Johnson não se tornaram defensores de reformas por conta própria. Na verdade, eles só abraçaram reformas inclusivas quando movimentos sociais em larga escala alteraram seus cálculos políticos. O presidente Wilson enfrentou pressões de progressistas da classe média do Norte dos Estados Unidos, muitos dos quais tinham apoiado seu rival, Theodore Roosevelt. Wilson só "se converteu" à causa do sufrágio feminino já presidente, quando sofreu pressões de ativistas em seu estado natal, Nova Jersey, por ocasião de um referendo estadual sobre a questão realizado em 1915.[45] O presidente Franklin D. Roosevelt defendeu os direitos dos trabalhadores durante a Depressão em meio a ondas de agitação trabalhista, como uma greve pacífica que paralisou as fábricas da GM em Flint, Michigan, em 1936-7. E o presidente Johnson abraçou plenamente os direitos civis em meio a uma intensa mobilização do movimento por tais direitos, que incluiu acontecimentos de grande visibilidade, como a Marcha para Washington, em 1963, e a marcha do Domingo Sangrento de 1965, em Selma.

Cada um desses períodos de reforma foi produto de uma luta longa e desgastante. Todos os grandes movimentos duraram décadas e encontraram obstáculos no caminho. Para terem êxito, os movimentos precisam aprender a lidar com reveses, incluindo derrotas eleitorais, divisões internas, mudanças inesperadas de liderança e guerras externas.

Vejamos o caso do movimento pelo sufrágio das mulheres (brancas), que culminou na 19ª Emenda em 1920. Não se tratou de um projeto de curto prazo. Como afirmou Carrie Chapman Catt, presidente da Associação Nacional Americana de Sufrágio Feminino, fundadora da Liga das Mulheres Eleitoras e principal arquiteta da 19ª Emenda: "Para o homem comum sem imaginação", a 19ª Emenda parecia "ter surgido do nada".[46] Claro que não foi assim. A emenda refletiu o trabalho de mais de duas gerações de mulheres ativistas. Como observou Catt,

> tirar a palavra "masculino" da Constituição custou às mulheres do país 52 anos de campanha sem trégua. [...] Durante esse tempo elas foram obrigadas a realizar 56 campanhas de referendo para eleitores masculinos; 480 campanhas para recomendar que os legislativos submetessem emendas sobre sufrágio aos eleitores; 47 campanhas para convencer constituintes estaduais a incluírem o sufrágio feminino em constituições estaduais; 277 campanhas para persuadir convenções partidárias estaduais a incluírem o sufrágio feminino em suas plataformas; trinta campanhas para recomendar que convenções partidárias presidenciais incluíssem o sufrágio feminino em suas plataformas; e dezenove campanhas com dezenove Congressos sucessivos. [...] Centenas de mulheres deram as possibilidades acumuladas de uma vida inteira, milhares deram anos de sua vida, centenas de milhares deram interesse constante e toda a ajuda que lhes era possível. Foi uma corrente contínua de atividade, aparentemente interminável. As jovens sufragistas que

Democratizar nossa democracia 225

ajudaram a forjar os últimos elos dessa corrente não tinham nascido quando ela começou. As velhas sufragistas que forjaram os primeiros elos estavam mortas quando ela terminou.[47]

O movimento das sufragistas foi marcado por derrotas, brigas internas e até mesmo por um profundo sentimento de traição, sobretudo depois que a emancipação feminina foi posta de lado em 1870, com a aprovação da 15ª Emenda.[48] Para sobreviver, o movimento teve que fazer ajustes estratégicos. Líderes como Elizabeth Cady Stanton e Susan B. Anthony se empenharam em desenvolver uma "história de origem" para o movimento, elevando a importância da convenção original do movimento em 1848 em Seneca Falls.[49] Seu influente *History of Woman Suffrage*, publicado em múltiplos volumes a partir dos anos 1880, foi escrito com o objetivo de dar coerência ao movimento nacional em face da crescente fragmentação e desorganização dele.[50]

Outro desafio ao movimento pelo sufrágio feminino eram as suas profundas raízes no nativismo branco das classes altas. Mas, a partir de 1900, líderes como Catt deram outra guinada, transformando o que até então era um movimento praticamente restrito à elite num movimento que conquistou espaço entre sindicalistas, imigrantes recém-chegadas, mulheres socialistas, integrantes do movimento dos assentamentos comunitários e clubes de mulheres negras, com o argumento de que o voto ajudaria a curar uma série de mazelas sociais, como o analfabetismo, a falta de saneamento e o trabalho infantil.[51] Catt demonstrou uma astuta "disposição para ajustar a mensagem sufragista a diferenças regionais e de grupo".[52]

A mobilização também foi fundamental. Depois que a Associação Americana pelo Sufrágio Feminino e a Associação Nacional pelo Sufrágio Feminino se fundiram, em 1890, o movimento ficou consideravelmente mais forte.[53] A filiação à nova Associação Nacional Americana pelo Sufrágio Feminino disparou, quintuplicando o número de membros — de 16 mil para 85 mil — entre 1910 e 1920. Utilizando estratégias empregadas por movimentos sufragistas na Grã-Bretanha e em outros países, adotaram uma abordagem que enfatizava as bases, indo de "distrito em distrito" a fim de ganhar o referendo estadual de 1917 sobre o sufrágio feminino em Nova York.[54] Campanhas parecidas tinham alcançado o sufrágio em outros estados, como a Califórnia, em 1911. Talvez haja uma lição aqui: o êxito da reforma sufragista ocorreu, em muitos casos, na esfera estadual, e isso ajudou a dar impulso à mudança constitucional.

Outras grandes reformas constitucionais também levaram tempo e consumiram um esforço incansável. A 17ª Emenda, que estabeleceu a eleição direta para os senadores americanos, foi precedida por décadas de iniciativas frustradas.[55] Houve quase uma dúzia de propostas de emenda no Congresso antes de 1872. A campanha pelas eleições diretas ganhou ímpeto no fim do século XIX; 25 propostas diferentes foram submetidas ao Congresso só no período de 1891 a 1893.[56] William Jennings Bryan e o Partido Populista defenderam a eleição direta para o Senado em sua plataforma de 1892, dando novo impulso à questão. A Câmara dos Deputados aprovou a emenda em cinco ocasiões entre 1892 e 1902, mas todas as vezes o Senado se recusou a sequer submetê-la a votação.[57] Em 1906, William Randolph Hearst mobilizou ainda mais a atenção nacional ao contratar o popular romancista David Graham Phillips para escrever uma série de artigos sensacionalistas sob o título "A traição do Senado", em nove partes, na revista *Cosmopolitan*, que descrevia a escolha de senadores em legislativos estaduais como um processo corrupto dominado por interesses particulares de grupos abastados.[58] Em 1907, o Oregon começou a realizar votações populares "instrutivas" para orientar a seleção de senadores pelo legislativo. Em 1912, mais de metade dos estados americanos já tinha adotado essa alternativa.[59] Finalmente, em 1913, quando 29 estados já adotavam o chamado Sistema Oregon, a 17ª Emenda foi ratificada.[60] Também nesse caso as reformas começaram na esfera estadual, tornando inevitável uma emenda constitucional de âmbito federal.

Hoje, portanto, precisamos não apenas de uma agenda de reformas democráticas, mas de um movimento capaz de mobilizar os cidadãos numa campanha permanente para despertar a imaginação e mudar os termos do debate público nesse sentido.

Democratizar nossa democracia

Pode parecer difícil, mas a inspiração de tal movimento já existe. A campanha Black Lives Matter, surgida após a absolvição do assassino de Trayvon Martin, um adolescente negro desarmado, mobilizou milhões de americanos em defesa de um princípio essencial da democracia: tratamento igual perante a lei. A morte de George Floyd pela polícia em maio de 2020 desencadeou o maior movimento de protestos na história americana.[61] Algo entre 15 milhões e 26 milhões de americanos — um em cada dez americanos adultos — saíram às ruas.[62] No começo do verão de 2020, houve pelo menos 5 mil protestos — uma média de 140 por dia.[63] Eles atingiram todos os estados, e mais de 40% dos condados, estendendo-se até cidades pequenas.[64] Em sua imensa maioria, foram encabeçados por jovens, e notavelmente multirraciais: cerca de metade dos manifestantes (54%) se identificaram como brancos.[65] E, ao contrário do que ocorreu nos anos 1960, quando as pesquisas mostravam consistentemente que a maioria dos cidadãos se opunha a manifestações por direitos civis, os protestos do Black Lives Matter foram aprovados pela maioria dos americanos.[66] Quase três quartos deles simpatizavam com as manifestações do verão de 2020.[67] Embora esse apoio tenha diminuído mais tarde, 55% dos americanos continuavam apoiando o Black Lives Matter em 2021.[68]

E não foi só o Black Lives Matter. A gestão Trump produziu um gigantesco movimento cívico em defesa da democracia.[69] Novas organizações — muitas delas bipartidárias — surgiram para defender direitos civis e de voto, salvaguardar eleições e preservar o Estado de direito, reunindo organizações estabelecidas como a União Americana pelas Liberdades Civis, a Liga das Mulheres Eleitoras e a Associação Nacional para o Progresso de Pessoas de Cor. Muitos veículos de comunicação criaram pela primeira vez uma "seção de democracia" em sua cobertura política nacional. Dezenas de novas organizações nacionais para salvaguardar a democracia apareceram no rescaldo da eleição de 2016.[70] Uma delas, a Protect Democracy, foi fundada em 2016 para "impedir que nossa democracia degenere numa forma mais autoritária de governo".[71] A Protect Democracy moveu ações judiciais, entrou com pedidos invocando a Lei de Liberdade de Informação, ajudou a preparar projetos de lei e até desenvolveu um novo software, o VoteShield, para ajudar a prevenir expurgos indevidos nas listas de eleitores.[72]

Outro grupo pró-democracia, o Black Voters Matter, foi lançado por LaTosha Brown. Nascida em Selma, no Alabama, poucos anos depois do Domingo Sangrento e da aprovação da Lei dos Direitos de Voto, quando menina LaTosha Brown via a avó vestir suas melhores roupas e usar sua melhor bolsa para ir ao local de votação. Brown a acompanhava, e tinha a sensação de estar fazendo a sua parte. "Eu não sabia o que era votar", disse ela. "Mas sabia que era algo muito especial."[73] Assim, quando legisladores em todo o país começaram a expurgar listas de eleitores, fechar locais de votação e aprovar leis dificultando o voto para pessoas de grupos minoritários e de baixa renda, Brown se sentiu forçada a responder.

Em 2016, ela e Cliff Albright criaram o Black Voters Matter Fund, a fim de apoiar os esforços de comunidades — principalmente no Sul — no combate ao fechamento de locais de votação, educar os cidadãos sobre os novos requisitos de votação e registro e mobilizar eleitores.[74] Em 2020, o Black Voters Matter Fund apoiava mais de seiscentos grupos em doze estados. Além disso, organizava caravanas de ônibus que viajavam pelo Sul, sobretudo por comunidades rurais, onde as leis de supressão de eleitores tendem a causar mais impacto.[75] A turnê "We Got Power" passou por quinze estados e estabeleceu contato com mais de 10 milhões de eleitores.[76]

Os eleitores jovens também aderiram à luta pela democracia multirracial durante os anos de Donald Trump na presidência. A Geração Z é a mais diversificada da história dos Estados Unidos. É também a que se sente mais incomodada com a situação atual da política americana e, de longe, a mais comprometida com os princípios da democracia multirracial. De acordo com uma pesquisa realizada em 2022 pelo Institute of Politics de Harvard, dois terços de eleitores prováveis com idade entre dezoito e 29 anos acham que a democracia americana está "em dificuldade" ou "fracassou".[77] Da mesma forma, pesquisas do Pew Research Center revelaram que dois terços dos americanos nessa faixa etária apoiaram o movimento Black Lives Matter em 2021.[78] Os americanos jovens são mais propensos do que gerações anteriores a apoiar a imigração e a preferir bairros mais

Democratizar nossa democracia 229

diversificados.[79] Essa é a geração que vai garantir a democracia multirracial nos Estados Unidos.

Historicamente, jovens não votam. Apenas 39% dos eleitores com idade entre dezoito e 29 anos votaram na eleição de 2016, em comparação com mais de 70% dos eleitores com mais de sessenta.[80] Como os eleitores mais velhos eram mais conservadores do ponto de vista racial, e mais favoráveis a Trump do que os eleitores mais jovens, e por uma grande margem, esse diferencial de participação teve profundas consequências para a democracia americana. Mas alguma coisa mudou durante a presidência de Trump. Os jovens — sobretudo a Geração Z — começaram a se mobilizar.

Na esteira do massacre de fevereiro de 2018 numa escola de ensino médio em Parkland, na Flórida, os alunos sobreviventes organizaram no mesmo ano a Marcha pelas Nossas Vidas. Mais de 2 milhões de pessoas participaram de marchas em 387 dos 435 distritos congressionais do país.[81] Embora a Marcha pelas Nossas Vidas tenha se concentrado no combate à violência com armas de fogo, seus organizadores lançaram um movimento mais amplo para registrar novos eleitores e estimular uma geração de ativistas pró-democracia.[82] Santiago Mayer, um imigrante de dezessete anos proveniente do México, estava no ensino médio em 2019 quando fundou o Voters of Tomorrow, um grupo destinado a engajar e mobilizar eleitores jovens.[83] Durante o ciclo eleitoral de 2020, o Voters of Tomorrow lançou uma campanha na qual os alunos de último ano do ensino médio — que ficaram sem a tradicional experiência do baile de formatura por causa da pandemia de covid-19 — apareceram para votar usando trajes de formatura.[84]

Grupos como o Black Lives Matter e Gen-Z for Change são politicamente alinhados à centro-esquerda, mas a defesa da democracia americana foi um esforço bipartidário, que incluiu grupos de centro-direita como R Street, Stand Up Republic, Republican Voters Against Trump e Republicans for the Rule of Law. Havia também conservadores de base. Sharlee Mullins Glenn foi criada numa pequena comunidade agrícola mórmon no nordeste de Utah.[85] Sua comunidade era profundamente conservadora, e sua família era inclusive filiada à John Birch Society, de extrema direita.[86] Glenn sempre foi republicana, mas em 2016 ficou preocupada [...] quando um homem que construiu sua candidatura em torno de uma plataforma de medo — de imigrantes, muçulmanos e refugiados, entre outros — inexplicavelmente acabou se tornando não só o candidato do partido ao qual pertenci a vida toda, mas também o presidente.[87]

Assim, em janeiro de 2017, logo após a posse de Trump, Glenn criou um grupo apartidário no Facebook chamado Mulheres Mórmons por um Governo Ético. Em 2018, o grupo tinha 60 mil afiliadas e seções em quase todos os estados.[88] Registrou dezenas de milhares de eleitores, trabalhou em defesa dos direitos de voto e dos imigrantes, foi aos tribunais contra o *gerrymandering* em Utah e fez lobby junto a seus representantes — especialmente os senadores Mike Lee e Mitt Romney — para impugnar e condenar Donald Trump por "abuso de poder" e aprovar projetos de lei com o objetivo de proteger direitos de voto e reforçar os mecanismos de proteção do processo eleitoral nos Estados Unidos.[89] De acordo com Cindy Wilson, de Idaho, as afiliadas do grupo pretendem ser "combatentes ruidosas do extremismo".[90] Como escreveu Glenn em 2020: "Acreditamos que Jesus realmente falava sério quando disse que devemos amar o próximo — ou seja, qualquer pessoa, como a parábola do bom samaritano deixa bem claro".[91] Embora tenham opiniões conservadoras em questões como aborto e casamento entre pessoas do mesmo sexo, as afiliadas estão unidas em seu compromisso com a democracia multirracial.[92]

Se aprendemos alguma coisa com os movimentos pró-democracia, no passado e no presente, é que reformas democráticas não acontecem do nada. Elas são produzidas.

REFORMAR A DEMOCRACIA AMERICANA EXIGE um acerto de contas com nosso passado não muito democrático. Se estamos verdadeiramente comprometidos com a democracia, precisamos lidar não só com suas conquistas, mas também com seus fracassos. Reformadores ao longo da história americana admiraram nossa Constituição ao mesmo tempo que reconheceram seus defeitos e trabalharam para corrigi-los. Eles amaram seu país,

Democratizar nossa democracia

mas não deixaram de se esforçar para torná-lo melhor, mais justo e mais democrático. A ideia de que não é possível admirar os Estados Unidos e lidar direta e honestamente com o seu passado é baseada numa escolha falsa. O presidente alemão Frank-Walter Steinmeier capturou de maneira comovente a necessidade desse patriotismo de olhos abertos ao falar da trágica história de seu país num discurso em 2020:

> O rabino Nachman disse certa vez: *"Nenhum coração é tão inteiro como um coração partido"*. O passado [da Alemanha] é um passado fraturado — responsável pelo assassinato e o sofrimento de milhões de pessoas. Isso até hoje parte o nosso coração. É por isso que eu digo que este país só pode ser amado com um coração partido.[93]

Amar os Estados Unidos com o coração partido significa reconhecer sua incapacidade de viver de acordo com seus ideais democráticos declarados — sua incapacidade, por tanto tempo, de garantir liberdade e justiça para todos. Significa nos comprometermos a alcançar esses ideais, construindo uma democracia inclusiva, multirracial, que todos os americanos possam abraçar.

Nosso livro *Como as democracias morrem* — escrito nos primeiros tempos da presidência de Trump — termina situando aquele momento no contexto da história americana. Lembramos aos nossos leitores que não era a primeira vez que a história tinha convocado os americanos a defenderem os ideais democráticos do país. Durante a Guerra Civil, no enfrentamento do fascismo e do totalitarismo nas décadas de 1930 e 1940, e também no movimento pelos direitos civis nos anos 1950 e 1960, os americanos foram à luta para preservar e promover a democracia. Conhecemos muito bem as histórias: durante a Segunda Guerra Mundial, cidadãos apreensivos compraram bônus de guerra, cultivaram "hortas da vitória" e enviaram entes queridos para zonas de perigo. Na era dos direitos civis, participaram de marchas, de boicotes e de campanhas de registro de eleitores — quase sempre correndo o risco de apanhar, de ir para a cadeia e até mesmo de morrer.

A história voltou a convocá-los após 2016. E eles responderam. Grupos de ativistas se reuniram, planejaram e marcharam; clubes de leitura conscientizaram concidadãos; grupos bipartidários formaram associações cívicas para resistir ao avanço do autoritarismo; campanhas de mobilização alcançaram novos eleitores; profissionais — médicos, cientistas, advogados, jornalistas, servidores públicos e oficiais das Forças Armadas — se ergueram em defesa da ética pública em face da corrupção; cidadãos se apresentaram voluntariamente para ajudar em aeroportos e nas fronteiras do Sul e defender refugiados indefesos. E, na esteira do assassinato de George Floyd, uma mistura multirracial representativa de todos os setores da população americana se expôs aos riscos da covid-19 para organizar o maior movimento de protesto já visto nos Estados Unidos.

Os americanos recorreram a uma vibrante tradição democrática. E os efeitos dessas vitórias democráticas repercutiram além das nossas fronteiras, fornecendo um modelo para ativistas do mundo inteiro.

O fato de nosso sistema constitucional ter sobrevivido aos quatro anos da gestão Trump poderia ser lido como prova de que a ameaça não era na verdade tão séria, e de que as alegações de declínio democrático eram — e continuam sendo — exageradas. Isso é um grande equívoco. Os americanos que temiam pela sobrevivência da democracia se juntaram para defendê-la, e foi por isso que ela sobreviveu.

É compreensível que os americanos se sintam desgastados pelos últimos sete anos. Defender a democracia é uma tarefa cansativa. Mobilizar pessoas para votar, apesar dos obstáculos colocados à sua volta, eleição após eleição, pode esgotar até o ativista mais empenhado.

Com Trump fora da Casa Branca (por ora), é tentador concluir — ou mesmo esperar — que já podemos relaxar, que nossa democracia recuperou o equilíbrio.

Em 1888, o editor fundador da *Atlantic*, James Russell Lowell, lançou um olhar retroativo para a Guerra Civil e ficou preocupado com a maneira como os americanos recordavam a experiência quase letal que sua democracia havia sofrido. Ele escreveu:

Democratizar nossa democracia

Quando nossa Constituição começou a funcionar mais ou menos adequadamente, parecia mesmo que tínhamos inventado uma máquina capaz de fazer o serviço sozinha, e isso produziu uma fé em nossa própria sorte que até mesmo a guerra civil só perturbou de forma temporária. [...] Somos um país que descobriu [petróleo], mas somos também um país que tem certeza de que o poço jamais secará. E essa confiança na própria sorte, somada a interesses materiais produzidos por oportunidades incomparáveis [...] nos fez negligenciar nossas obrigações políticas.[94]

No exato momento em que Lowell se preocupava com a confiança dos americanos na Constituição como "uma máquina capaz de fazer o serviço sozinha", a 14ª e a 15ª Emendas estavam sendo dilaceradas. Com a Guerra Civil sumindo rapidamente no espelho retrovisor, americanos brancos fechavam os olhos para a construção no Sul de um sistema parecido com o apartheid, que envenenou nosso sistema político por gerações e até hoje macula a identidade nacional.

Precisamos evitar repetir o erro de nos afastarmos da vida pública por exaustão. Forças pró-democráticas alcançaram vitórias importantes em 2020 e 2022, mas os fatores responsáveis pelo recente retrocesso dos Estados Unidos — uma minoria partidária radicalizada e instituições que a protegem e fortalecem — persistem. A democracia continua à deriva. A história nos convoca novamente.

Defender a democracia não é obra de heróis desprendidos. Defender a democracia significa defender a nós mesmos. Pensemos novamente nas cenas de 5 e 6 de janeiro de 2021 que abriram este livro. Em que tipo de sociedade queremos viver? Pensemos nos milhões de americanos — jovens e velhos, religiosos e não religiosos, de todas as cores imagináveis — que saíram às ruas em nome da justiça no verão de 2020. Os jovens que marcharam naquele verão poderiam ter dado as costas ao sistema, mas em vez disso saíram para votar. Uma nova geração de americanos se levantou em defesa da nossa democracia imperfeita. Mas, ao mesmo tempo, nos ofereceu uma visão de uma democracia melhor — uma democracia para todos.

À medida que a geração dos direitos civis passa e entra para a história, o trabalho de construir uma democracia verdadeiramente multirracial recai sobre nós. As gerações futuras vão nos cobrar.

Nota sobre o contexto político-eleitoral norte-americano

Os seguintes esclarecimentos sobre o cenário político-eleitoral dos Estados Unidos podem ser proveitosos para o acompanhamento da leitura deste livro:

Colégio Eleitoral

Os eleitores dos Estados Unidos que vão às urnas para escolher um candidato ou uma candidata à presidência agem da mesma maneira que os de outras democracias presidencialistas: votam no nome de sua preferência. No entanto, o presidente americano não é eleito diretamente pelos cidadãos comuns e sim por um reduzido grupo de representantes — o Colégio Eleitoral.

Este é composto de 538 membros (chamados de delegados) escolhidos nos cinquenta estados e no distrito federal, Washington, DC. O total de delegados de um estado é igual à soma do número de senadores com o número de cadeiras ocupadas pelo estado na House of Representatives (Câmara dos Deputados). A Califórnia tem a maior bancada no Colégio Eleitoral (55 delegados); oito estados e Washington, DC têm as menores bancadas (três delegados cada).

As assembleias legislativas dos estados definem as regras para a eleição dos delegados pelos partidos. A lista é elaborada antes do dia de votação; em alguns estados, a lista com os nomes dos delegados é apresentada na cédula ou na máquina de votar.

O aspecto mais importante das eleições presidenciais dos Estados Unidos é o sistema eleitoral utilizado para a escolha dos delegados, já que serão eles a efetivamente eleger o(a) presidente do país. Em 48 estados, a regra utilizada é a de maioria simples: o partido cujo candidato à presidência recebeu mais votos populares (dos eleitores comuns) no estado fica com todas as vagas daquele estado para delegados do Colégio Eleitoral. Nas eleições de 2008, por exemplo, Barack Obama, o candidato do Partido Democrata à presidência, obteve 55% dos votos populares no estado do Colorado, o que garantiu ao seu partido ocupar as nove vagas para delegados a que o Colorado tem direito no Colégio Eleitoral — e, com isso, nove votos para Obama na eleição efetiva para presidente; desse modo, mesmo um candidato obtendo 55% do voto popular num estado, ele fica com 100% dos votos de delegados desse estado.

Os estados do Maine (quatro delegados no Colégio Eleitoral) e do Nebraska (cinco delegados) utilizam um sistema diferente: o candidato a presidente mais votado em cada um dos distritos eleitorais conquista um delegado. O candidato mais votado em todo o estado conquista mais dois delegados. Em Washington, DC o candidato a presidente mais votado em cada um dos três distritos eleitorais leva uma vaga de delegado.

Uma vez definidos os delegados de cada estado e de Washington, DC, essas pessoas se reúnem na capital dos respectivos estados para votar para presidente. É uma votação praticamente protocolar, uma vez que os delegados votarão no candidato do seu próprio partido e, portanto, o resultado geral já é sabido de antemão. Os resultados são enviados para a capital e abertos no primeiro dia de trabalho da nova legislatura do Congresso. O Congresso certifica o resultado e o nome escolhido assume a presidência do país no dia 20 de janeiro do ano seguinte à eleição.

Gerrymandering

Nos Estados Unidos, cada um dos cinquenta estados é recortado em distritos (unidades territoriais) eleitorais e cada distrito tem direito a eleger um

Nota sobre o contexto político-eleitoral norte-americano

representante para a House of Representatives (Câmara dos Deputados) e um representante para o legislativo de seu estado.

A Constituição estabelece que os distritos de cada estado tenham população aproximadamente igual; nas eleições para Câmara dos Deputados um distrito tem cerca de 760 mil habitantes. A cada dez anos, após o Censo Demográfico, os distritos podem ter seu traçado alterado para contemplar eventuais mudanças demográficas.

A reconfiguração decenal do desenho dos distritos eleitorais é um tema de intenso debate no país, já que não há um órgão técnico nacional responsável por tal tarefa: cabe aos estados estabelecer essas fronteiras em seu território. Na maioria dos estados é o legislativo que define esses agrupamentos eleitorais; somente em nove estados há uma comissão independente para esse fim.

Em 1812, Elbridge Gerry, governador de Massachusetts, promulgou uma lei que redesenhava os distritos eleitorais para as eleições do Senado estadual. Um dos distritos fora delineado para favorecer o seu partido (Federalista) e acabara ficando com um formato semelhante ao de uma salamandra (*salamander*). A junção de *salamander* com o sobrenome Gerry levou a *gerrymandering*, e o termo passou a designar, nos Estados Unidos, as diversas formas de um partido se favorecer politicamente no momento de traçar as fronteiras de um novo distrito eleitoral.

Filibuster

Filibuster é o termo utilizado nos Estados Unidos para caracterizar a prática de certos membros do legislativo de prolongar o debate parlamentar com o intuito de impedir que haja uma deliberação sobre uma determina proposta.

O *filibuster* é amplamente utilizado no Senado americano. O site da instituição apresenta uma definição da prática:

A tradição do Senado de debate ilimitado permitiu o uso do *filibuster*, um termo vagamente definido para ação projetada para prolongar o debate e atrasar ou impedir uma votação sobre um projeto de lei, resolução, emenda ou outra questão discutível. Antes de 1917, as regras do Senado não previam uma maneira de terminar o debate e forçar uma votação sobre uma medida. Naquele ano, o Senado adotou uma regra para permitir que uma maioria de dois terços acabasse com uma obstrução, um procedimento conhecido como *cloture*. Em 1975, o Senado reduziu o número de votos necessários para o *cloture* de dois terços dos senadores votando para três quintos de todos os senadores (sessenta senadores de um total de cem).[*]

---

[*] Ver <https://www.senate.gov/about/powers-procedures/filibusters-cloture.htm>.

Agradecimentos

Tivemos muita sorte. Ao escrever este livro, fomos imensamente beneficiados pela generosidade, pelo apoio e pelo conselho de amigos, alunos e colegas.

Não teríamos escrito este livro sem a colaboração de um grupo de extraordinários assistentes de pesquisa. Queremos deixar um muito obrigado a Oliver Adler, Florian Bochert, Joyce Chen, Nourhan Elsayed, Addie Esposito, Daniel Lowery, Dorothy Manevich, Sarah Mohamed, Andrew O'Donohue, Connor Phillips, Emilie Segura, Elizabeth Thom, Aaron Watanabe e Michael Waxman, por seu árduo trabalho. E agradecimentos especiais a Ethan Jasny, cuja contribuição perpassa todo o livro, e Manuel Meléndez, que coordenou a pesquisa comparativa de instituições e nos forneceu um valioso feedback sobre o texto completo.

Somos gratos às equipes do Center for European Studies e do David Rockefeller Center for Latin American Studies da Universidade Harvard, bem como ao Wissenschaftszentrum Berlin, por seu generoso apoio (e paciência).

Tivemos conversas muito proveitosas com vários colegas, como Danielle Allen, Ian Bassin, Sheri Berman, Jamelle Bouie, Dan Carpenter, Larry Diamond, Lee Drutman, Peter Hall, Richard Hasen, Gretchen Helmke, Torben Iversen, Michael Klarman, Mary Lewis, Rob Mickey, Paul Pierson, Richard Pildes, Michael Podhorzer, Theda Skocpol, Dan Slater, Todd Washburn e Lucan Ahmad Way, além de colegas e amigos de Daniel no Wissenschaftszentrum Berlin.

Somos gratos ainda a Bernard Fraga, Jennifer Hochschild, Hakeem Jefferson, Evan Lieberman, Jamila Michener, Rob Mickey e Vesla Weaver por generosamente nos instruírem sobre o conceito de democracia multirracial.

Vários colegas se deram ao trabalho de ler e comentar o manuscrito, no todo ou em parte. O feedback de Ian Bassin, Larry Diamond, Lee Drutman, Patrice Higonnet, Michael Klarman, Mary Lewis, James Loxton, Suzanne Mettler, Rob Mickey, Chris Millington e Ben Radersdorf melhorou muito este livro.

Mais uma vez agradecemos a Amanda Cook, nossa editora excepcionalmente perspicaz na Crown. Amanda sempre viu o livro com mais clareza do que nós, e de alguma forma conseguiu nos arrastar nessa direção. Obrigado pela confiança, pela paciência e por sua inabalável dedicação a este projeto. Somos gratos também a toda a equipe da Crown, incluindo Katie Berry, Mark Birkey, Gillian Blake, Julie Cepler, David Drake, Melissa Esner, Dyana Messina, Annsley Rosner e Penny Simon.

Somos profundamente gratos a Katherine Flynn, Sarah Khalil e à agência Kneerim & Williams, que sempre estiveram do nosso lado.

Sofremos duas perdas imensas enquanto escrevíamos este livro. Nossa extraordinária agente, Jill Kneerim, faleceu em 2022. É impossível exagerar o impacto do seu apoio, da sua sabedoria e das suas aulas de redação. Nenhum dos nossos livros teria sido possível sem ela. Jill, sentimos terrivelmente sua falta.

Por fim, David Ziblatt, pai de Daniel, faleceu também em 2022. Ele foi o primeiro editor de Daniel. Sua influência no pensamento do filho sobre as questões abordadas neste livro é imensa, e ele nos faz falta todos os dias.

Dedicamos este livro a Jill e David.

Notas

Introdução [pp. 17-24]

1. Ver Steve Peoples, Bill Barrow e Russ Bynum, "Warnock Makes History with Senate Win as Dems near Majority". Associated Press, 5 jan. 2021.
2. Ver Rachel Epstein, "LaTosha Brown Says a New South Is Rising". *Marie Claire*, 27 nov. 2021.
3. Sobre como outras sociedades lidaram com situações nas quais minorias étnicas constituíram coletivamente uma maioria da população, ver Justin Gest, *Majority Minority*. Oxford: Oxford University Press, 2022.
4. Um termo mais acurado poderia ser "democracia multiétnica", uma vez que o conceito abrange não só diferentes raças, mas também diferentes grupos étnicos (como latinos ou judeus). No entanto, considerando a centralidade histórica da raça nos Estados Unidos, e o fato de que a expressão "democracia multirracial" é mais comumente empregada em debates públicos no país, optamos por utilizá-la.
5. Um estudo da eleição de 2018 revelou que, em média, os eleitores latinos e negros esperaram, respectivamente, 46% e 45% mais tempo do que os eleitores brancos para votar. Ver Hannah Klain et al., "Waiting to Vote: Racial Disparities in Election Day Experiences". Brennan Center for Justice, jun. 2020. Ver também Daniel Garisto, "Smartphone Data Show Voters in Black Neighborhoods Wait Longer". *Scientific American*, 1 out. 2019.
6. Ver Vann R. Newkirk II, "Voter Suppression Is Warping Democracy". *Atlantic*, 17 jul. 2018.
7. Ver Lynne Peeples, "What the Data Say About Police Shootings", *Nature*, 4 set. 2019.
8. Ver Jennifer Hochschild, Vesla Weaver e Traci Burch, *Creating a New Racial Order: How Immigration, Genomics, and the Young Can Remake Race in America*. Princeton, NJ: Princeton University Press, 2012, pp. 128, 148. Em 2020, um estudo examinou cerca de 100 milhões de ordens de parada no trânsito e revelou que motoristas negros são parados com mais frequência do que motoristas brancos, e têm quase o dobro de probabilidade de serem revistados. Ver Emma Pierson et al., "A Large--Scale Analysis of Racial Disparities in Police Stops Across the United States". *Nature Human Behaviour*, v. 4, pp. 736-45, jul. 2020.
9. Ver "Report to the United Nations on Racial Disparities in the U.S. Criminal Justice System". Sentencing Project, 9 abr. 2018; Glenn R. Schmitt et al., "Demographic Differences in Sentencing: An Update to the 2012 Booker Report". U.S. Sentencing Commission, nov. 2017; E. Anne Carson e William J. Sabol, "Prisoners in 2011". U.S. Department of Justice Bureau of Justice Statistics, dez. 2012.

10. Justin Hansford, "The First Amendment Freedom of Assembly as a Racial Project". *Yale Law Journal*, v. 127, 2018.

11. William H. Frey, *Diversity Explosion: How New Racial Demographics Are Remaking America*. Washington, DC: Brookings Institution Press, 2018.

12. Jennifer Hochschild, Vesla Weaver e Traci Burch, *Creating a New Racial Order*, p. 24.

13. Ver Mohamed Younis, "Americans Want More, Not Less, Immigration for First Time". Gallup, 1 jul. 2020; "Voters' Attitudes About Race and Gender Are Even More Divided Than in 2016". Pew Research Center, 10 set. 2020; Hannah Fingerhut, "Most Americans Express Positive Views of Country's Growing Racial and Ethnic Diversity". Pew Research Center, 14 jun. 2018; Juliana Menasce Horowitz, "Americans See Advantages and Challenges in Country's Growing Racial and Ethnic Diversity". Pew Research Center, 8 maio 2019; "General Social Survey (GSS)". NORC, Universidade de Chicago.

14. Nos últimos cinco anos, foram escritos vários livros importantes sobre os desafios da democracia americana, entre os quais: Theda Skocpol e Caroline Tervo (Orgs.), *Upending American Politics: Polarizing Parties, Ideological Elites, and Citizen Activists from the Tea Party to the Anti-Trump Resistance*. Nova York: Oxford University Press, 2020; Suzanne Mettler e Robert C. Lieberman, *Four Threats: The Recurring Crises of American Democracy*. Nova York: St. Martin's Press, 2020; Robert C. Lieberman, Suzanne Mettler e Kenneth M. Roberts (Orgs.), *Democratic Resilience: Can the United States Withstand Rising Polarization?* Cambridge, Reino Unido: Cambridge University Press, 2022.

15. Adam Przeworski e Fernando Limongi, "Modernization: Theories and Facts". *World Politics*, v. 49, p. 165, 1997.

16. Rafaela Dancygier, *Dilemmas of Inclusion: Muslims in Europe*. Cambridge, Reino Unido: Cambridge University Press, 2017.

17. Dominik Hangartner et al., "Does Exposure to the Refugee Crisis Make Natives More Hostile?". *American Political Science Review*, v. 113, n. 2, pp. 442-55, 2019; Pippa Norris e Ronald Inglehart, *Cultural Backlash: Trump, Brexit, and Authoritarian Populism*. Nova York: Cambridge University Press, 2019.

18. Tarik Abou-Chadi e Simon Hix, "Brahmin Left Versus Merchant Right? Education, Class, Multiparty Competition, and Redistribution in Western Europe". *British Journal of Sociology*, v. 72, n. 1, pp. 79-92, 2021; J. Lawrence Broz, Jeffry Frieden e Stephen Weymouth, "Populism in Place: The Economic Geography of the Globalization Backlash". *International Organization*, v. 75, n. 2, pp. 464-94, 2021; Larry Bartels, *Democracy Erodes from the Top: Leaders, Citizens, and the Challenge of Populism in Europe*. Princeton, NJ: Princeton University Press, 2023, p. 166.

19. Para uma excelente discussão de algumas dessas falhas, ver Sanford Levinson, *Our Undemocratic Constitution: Where the Constitution Goes Wrong (and How We the People Can Correct It)*. Oxford: Oxford University Press, 2008.

1. Medo de perder [pp. 25-42]

1. Gustavo Beliz, *CGT: El otro poder*. Buenos Aires: Planeta, 1988, p. 74.
2. Mario Wainfeld, entrevista com Levitsky, 22 dez. 2021.
3. Ver "A 38 años del retorno de la democracia: La asunción de Raúl Alfonsín". *La Voz*, 10 dez. 2021.
4. Ver Rogelio Alaniz, "Las elecciones del 30 de octubre de 1983". *El Litoral*, 29 out. 2014.
5. Ver "Raúl Alfonsín exige a los militares argentinos el traspaso inmediato del poder". *El País*, 1 nov. 1983.
6. Mario Wainfeld, entrevista com Levitsky, 22 dez. 2021.
7. Áudio da entrevista coletiva de Italo Luder e Raúl Alfonsín, 1 nov. 1983. *Radio Universidad Nacional de La Plata*. Disponível em: <sedici.unlp.edu.ar/bitstream/handle/10915/34284/Audio_de_Luder_y_Alfons%C3%ADn_04_19_.mp3?sequence=1&isAllowed=y>.
8. Adam Przeworski, *Democracy and the Market*. Nova York: Cambridge University Press, 1991, p. 10.
9. Sean Wilentz, *The Rise of American Democracy: Jefferson to Lincoln*. Nova York: W. W. Norton, 2005, p. 94.
10. Seymour Martin Lipset, *The First New Nation: The United States in Historical and Comparative Perspective*. Nova York: W. W. Norton, 1979, p. 44.
11. Ver Joanne B. Freeman, "Corruption and Compromise in the Election of 1800: The Process of Politics on the National Stage". In: James Horn, Jan Ellen Lewis e Peter S. Onuf (Orgs.), *The Revolution of 1800: Democracy, Race, and the New Republic*. Charlottesville: University of Virginia Press, 2002, pp. 87-120.
12. Richard Hofstadter, *The Idea of a Party System: The Rise of Legitimate Opposition in the United States, 1780-1840*. Berkeley: University of California Press, 1969, pp. 92-6, 106-11.
13. A expressão "mergulho no desconhecido" é de Adam Przeworski, "Acquiring the Habit of Changing Governments Through Elections". *Comparative Political Studies*, v. 48, n. 1, p. 102, 2015.
14. Seymour Martin Lipset, *First New Nation*, pp. 38-9.
15. Sean Wilentz, *Rise of American Democracy*, pp. 49-62.
16. Richard Hofstadter, *The Idea of a Party System*, pp. 123-4.
17. James MacGregor Burns, *The Vineyard of Liberty*. Nova York: Knopf, 1982, pp. 125-6.
18. James Sharp, *American Politics in the Early Republic: The New Nation in Crisis*. New Haven, CT: Yale University Press, 1993, p. 322n1.
19. Ibid., pp. 241-2.
20. Ibid., p. 242; Douglas Egerton, *Gabriel's Rebellion: The Virginia Slave Conspiracies of 1800 and 1802*. Chapel Hill: University of North Carolina Press, 1993, pp. 114-5. O fato de dois franceses estarem ativamente envolvidos na rebelião de Gabriel não ajudou (Egerton, *Gabriel's Rebellion*, p. 45).

21. Citado em James Sharp, *American Politics in the Early Republic*, p. 214.

22. John Murrin et al., *Liberty, Equality, Power: A History of the American People*. Nova York: Harcourt Brace, 1996, p. 292.

23. James Sharp, *American Politics in the Early Republic*, p. 250.

24. Ibid., p. 219.

25. Carson Holloway e Bradford Wilson (Orgs.), *The Political Writings of Alexander Hamilton*. Cambridge, Reino Unido: Cambridge University Press, 2017, v. 2, p. 417.

26. John Ferling, *Adams vs. Jefferson: The Tumultuous Election of 1800*. Oxford: Oxford University Press, 2004, p. 177.

27. James Sharp, *American Politics in the Early Republic*, p. 266.

28. Susan Dunn, *Jefferson's Second Revolution: The Election Crisis of 1800 and the Triumph of Republicanism*. Boston: Houghton Mifflin, 2004, p. 196.

29. James E. Lewis, "What Is to Become of Our Government? The Revolutionary Potential of the Election of 1800". In: James Horn, Jan Ellen Lewis e Peter S. Onuf (Orgs.), *The Revolution of 1800*, p. 14. Os federalistas se dividiam em relação à sensatez dessa estratégia. Adams a encarava como não mais perigosa que uma presidência de Jefferson ou Burr (Susan Dunn, *Jefferson's Second Revolution*, p. 205). Por outro lado, Hamilton descrevia o jogo de "impedir uma eleição" como "extremamente perigoso e impróprio" (Susan Dunn, *Jefferson's Second Revolution*, p. 197).

30. James Sharp, *American Politics in the Early Republic*, p. 257.

31. John Ferling, *Adams vs. Jefferson*, p. 182.

32. Ibid.

33. Susan Dunn, *Jefferson's Second Revolution*, pp. 212-3.

34. Bayard para Richard Bassett, 16 fev. 1801. In: Elizabeth Donnan (Org.), *Papers of James Bayard, 1796-1815*. Washington, DC: American Historical Association, 1913, pp. 126-7. Jefferson mais tarde também atribuiu a aquiescência federalista à chance "de que uma usurpação legislativa enfrentasse resistência armada" (Jefferson para Madison, 18 fev. 1801, conforme citado por James E. Lewis, "What Is to Become of Our Government?", p. 20).

35. Susan Dunn, *Jefferson's Second Revolution*, p. 228.

36. Ibid., pp. 227-8.

37. Richard Hofstadter, *The Idea of a Party System*, p. 142.

38. Susan Dunn, *Jefferson's Second Revolution*, p. 226.

39. Richard Hofstadter, *The Idea of a Party System*, p. 140.

40. Ibid., p. 137.

41. Ibid., pp. 145-6.

42. Joanne B. Freeman, "Corruption and Compromise in the Election of 1800", pp. 109-10; ver também a discussão em John Ferling, *Adams vs. Jefferson*, p. 194.

43. Richard Hofstadter, *The Idea of a Party System*, p. 163.

44. Ibid., pp. 142-3.

45. Susan Dunn, Jefferson's Second Revolution, p. 225.

46. Ver Henri Tajfel, "Experiments in Intergroup Discrimination". *Scientific American*, v. 223, n. 5, pp. 96-102, 1970; James Sidanius e Felicia Pratto, *Social Dominance:*

An Intergroup Theory of Social Hierarchy and Oppression. Nova York: Cambridge University Press, 1999; Noam Gidron e Peter A. Hall, "The Politics of Social Status: Economic and Cultural Roots of the Populist Right". *British Journal of Sociology*, v. 68, n. S1, pp. 57-84, 2017; Diana C. Mutz, "Status Threat, Not Economic Hardship, Explains the 2016 Presidential Vote". *PNAS*, v. 115, n. 19, 2018.

47. Barbara Ehrenreich, *Fear of Falling: The Inner Life of the Middle Class*. Nova York: Pantheon, 1989.

48. Relatórios taquigráficos da 77ª Sessão da Câmara dos Deputados, 20 maio 1912.

49. Citado por Daniel Ziblatt, *Conservative Parties and the Birth of Democracy*. Cambridge, Reino Unido: Cambridge University Press, 2017, p. 40.

50. Surin Maisrikrod, "Thailand 1992: Repression and Return of Democracy". *Southeast Asian Affairs*, pp. 333-8, 1993.

51. Ver, por exemplo, James Fallows, *Looking at the Sun: The Rise of the New East Asian Economic and Political System*. Nova York: Pantheon, 1994.

52. Para uma análise cuidadosa das circunstâncias demográficas desse movimento, feita pela Asia Foundation, ver Duncan McCargo, "Thailand in 2014: The Trouble with Magic Swords". *Southeast Asian Affairs*, pp. 335-58, 2015.

53. Ver Andrew R. C. Marshall, "High Society Hits the Streets as Prominent Thais Join Protests". Reuters, 13 dez. 2013.

54. Abhisit Vejjajiva, entrevista com Ziblatt, 13 jan. 2022.

55. Ver Suttinee Yuvejwattana e Anuchit Nguyen, "Thai Opposition to Petition Court to Annul Weekend Vote". Bloomberg, 4 fev. 2014.

56. Ver Thomas Fuller, "Protesters Disrupt Thai Voting, Forcing Additional Elections". *The The New York Times*, 2 fev. 2014; ver também Kocha Olarn, Pamela Boykoff e Jethro Mullen, "After Disrupting Thailand Election, Protesters Pledge More Demonstrations". CNN, 3 fev. 2014.

57. Kocha Olarn, Pamela Boykoff e Jethro Mullen, "After Disrupting Thailand Election, Protesters Pledge More Demonstrations".

58. Andrew R. C. Marshall, "High Society Hits the Streets as Prominent Thais Join Protests".

59. Thomas Fuller, "Thailand's Military Stages Coup, Thwarting Populist Movement". *The New York Times*, 22 maio 2014.

60. Kaweewit Kaewjinda, "Thailand's Oldest Party Will Join Coup Leader's Coalition". Associated Press, 5 jun. 2019.

61. Suchit Bunbongkarn, "Thailand's November 1996 Election and Its Impact on Democratic Consolidation". *Democratization*, v. 4, n. 2, 1997.

62. Duncan McCargo, "Thaksin and the Resurgence of Violence in the Thai South: Network Monarchy Strikes Back?". *Critical Asian Studies*, v. 38, n. 1, 2006; Dan Rivers, "Ousted Thai PM Thaksin Guilty of Corruption". CNN, 21 out. 2008.

63. Kevin Hewison, "Crafting Thailand's New Social Contract". *Pacific Review*, v. 17, n. 4, 2004; Michael Montesano, "Thailand in 2001: Learning to Live with Thaksin". *Asia Survey*, v. 42, n. 1, p. 91, 2002.

64. Ver Nick Cumming-Bruce, "For Thaksin, How Big a Victory?". *The New York Times*, 4 fev. 2005.

65. David Hughes e Songkramchai Leethongdee, "Universal Coverage in the Land of Smiles: Lessons from Thailand's 30 Baht Health Reforms". *Health Affairs*, v. 26, n. 4, pp. 999-1008, 2007.

66. Ver Thomas Fuller, "Thaksin Can Rely on Thai Villagers". *The New York Times*, 5 mar. 2006; Thanasak Jenmana, *Income Inequality, Political Instability, and the Thai Democratic Struggle* Dissertação de mestrado. Escola de Economia de Paris, 2018.

67. Thanasak Jenmana, *Income Inequality, Political Instability, and the Thai Democratic Struggle.*

68. Duncan McCargo, "Thaksin and the Resurgence of Violence in the Thai South".

69. Ver Thomas Fuller, "Thai Beer Loses Esteem After Heiress's Remarks". CNBC, 13 jan. 2014.

70. Ver Andrew R. C. Marshall, "High Society Hits the Streets as Prominent Thais Join Protests".

71. Profile of the *"Bangkok Shutdown" Protestors: A Survey of Anti-Government PDRC Demonstrators in Bangkok*. Asia Foundation, jan. 2014, p. 18.

72. Ver Marc Saxer, "Middle Class Rage Threatens Democracy". *New Mandala*, 21 jan. 2014.

73. Ver Peter Shadbolt, "Thailand Elections: Politics of Crisis". CNN, 2 fev. 2014.

74. Ver Petra Desatova, "What Happened to Thailand's Democrat Party?". *Thai Data Points*, 4 dez. 2019; Punchada Sirivunnabood, "Thailand's Democrat Party: The Gloomy Light at the End of the Tunnel". Diplomat, 24 maio 2022; Joshua Kurlantzick, "Thailand's Coup, One Year On". Council on Foreign Relations, 26 maio 2015.

2. A banalidade do autoritarismo [pp. 43-68]

1. Para uma comparação entre os acontecimentos de 6 de fevereiro de 1934 na França e de 6 de janeiro de 2021 nos Estados Unidos, ver John Ganz, "Feb 6 1934/Jan 6 2021: What Do the Two Events Really Have in Common?". *Unpopular Front*, v. 15, jul. 2021. Disponível em: <johnganz.substack.com/p/feb-6-1934jan-6-2021>; ver também Baptiste Roger-Lacan, "Le 6 février de Donald Trump". *Le Grand Continent*, 7 jan. 2021.

2. William Irvine, *French Conservatism in Crisis: The Republican Federation of France in the 1930s*. Baton Rouge: Louisiana State University Press, 1979, p. 105.

3. Ver, por exemplo, Brian Jenkins e Chris Millington, *France and Fascism: February 1934 and the Dynamics of Political Crisis*. Londres: Routledge, 2015, pp. 52, 89-90.

4. René Rémond, *The Right Wing in France: From 1815 to De Gaulle*. Filadélfia: University of Pennsylvania Press, 2016, p. 283.

5. As ligas de direita frequentemente contavam com importante apoio financeiro de poderosos interesses econômicos conservadores, tais como Ernest Mercier (mag-

Notas   247

nata do setor elétrico e petrolífero). Ver William L. Shirer, *The Collapse of the Third Republic: An Inquiry into the Fall of France in 1940*. Nova York: Simon & Schuster, 1969, pp. 200, 202-3.

6. A descrição baseia-se no relato de primeira mão de William L. Shirer, *The Collapse of the Third Republic*, pp. 213-20.

7. Ibid., p. 210.

8. Ibid., p. 215.

9. Ibid.

10. *The Guardian*, 7 fev. 1934.

11. William L. Shirer, *Collapse of the Third Republic*, p. 216.

12. Julian Jackson, *France: The Dark Years, 1940-1944*. Oxford: Oxford University Press, 2001, p. 72.

13. William L. Shirer, *Collapse of the Third Republic*, pp. 954n16, 226.

14. Essa cooperação pavimentou o caminho para a formação do governo de uma Frente Popular de esquerda (1936-8). Ver Julian Jackson, *The Popular Front in France: Defending Democracy, 1934-1938*. Cambridge, Reino Unido: Cambridge University Press, 1988.

15 .William Irvine, *French Conservatism in Crisis*, p. 100.

16. Ibid., pp. 107-8.

17. Ibid., p. 123.

18. Max Beloff, "The Sixth of February". In: James Joll (Org.), *The Decline of the Third Republic*. Londres: Chatto and Windus, 1959, p. 11; ver também Brian Jenkins e Chris Millington, *France and Fascism*, p. 88.

19. Citado em Brian Jenkins e Chris Millington, *France and Fascism*, p. 88.

20. Ibid., p. 179.

21. Ibid., pp. 126-48.

22. Ibid., p. 130; ver também Kevin Passmore, *The Right in France: From the Third Republic to Vichy*. Oxford: Oxford University Press, 2013, pp. 295-6.

23. William Irvine, *French Conservatism in Crisis*, pp. 117-8; Brian Jenkins e Chris Millington, *France and Fascism*, p. 132.

24. Ver detalhes em Brian Jenkins e Chris Millington, *France and Fascism*, pp. 131-3.

25. William Irvine, *French Conservatism in Crisis*, p. 118.

26. Brian Jenkins e Chris Millington, *France and Fascism*, p. 88.

27. William Irvine, *French Conservatism in Crisis*, pp. 116-7.

28. *Rapport général: Evénements du 6 février 1934 procès verbaux de la commission*, p. 2820.

29. Ibid., pp. 2861-2.

30. Ibid., pp. 2839-40.

31. Juan Linz, *The Breakdown of Democratic Regimes*. Baltimore: Johns Hopkins University Press, 1978.

32. Para uma discussão mais elaborada da importância de perder numa democracia, ver Jan-Werner Müller, *Democracy Rule*. Nova York: Farrar, Straus and Giroux, 2021, pp. 58-64.

33. Juan Linz, *Breakdown of Democratic Regimes*.

34. Ibid., p. 38.

35. Ibid.

36. Daniel Ziblatt, *Conservative Parties and the Birth of Democracy*, p. 344.

37. Gabriel Jackson, *The Spanish Republic and the Civil War, 1931-1939*. Princeton, NJ: Princeton University Press, 1965, pp. 148-69, 184-95; Stanley G. Payne, *Spain's First Democracy: The Second Republic, 1931-1936*. Madison: University of Wisconsin Press, 1993.

38. Este ponto se baseia em Juan Linz, *Breakdown of Democratic Regimes*, p. 37.

39. Gabriel Jackson, *Spanish Republic and the Civil War*, pp. 148-69, 184-95; Stanley G. Payne, *Spain's First Democracy*.

40. Daniel Ziblatt, *Conservative Parties and the Birth of Democracy*, pp. 347-53.

41. Javier Tusell, *Spain: From Dictatorship to Democracy*. Oxford: Wiley-Blackwell, 2011, pp. 294-5.

42. Ibid., p. 311.

43. Javier Cercas, *Anatomía de un instante*. Barcelona: Mondadori, 2009, pp. 276, 337, 371.

44. Ibid., pp. 144-6.

45. Javier Tusell, *Spain*, p. 309; Javier Cercas, *Anatomía de un instante*, p. 324. Para um relato detalhado do golpe, ver Javier Cercas, *Anatomía de un instante*.

46. Javier Cercas, *Anatomía de un instante*, p. 169.

47. Ibid., pp. 271, 325.

48. Ibid., pp. 161, 168-9, 283-4.

49. Ibid., pp. 30, 180.

50. Ibid., pp. 176-7.

51. Ibid., p. 183.

52. Ibid., p. 160.

53. Bill Cemlyn-Jones, "King Orders Army to Crush Coup". *The Guardian*, 23 fev. 1981. Para um relato detalhado do golpe, ver Javier Cercas, *Anatomía de un instante*.

54. Bill Cemlyn-Jones, "King Orders Army to Crush Coup".

55. Ver "La manifestación más grande de la historia de España desfiló ayer por las calles de Madrid". *El País*, 27 fev. 1981.

56. Ibid.

57. Javier Cercas, *Anatomía de un instante*, p. 419.

58. Renaud Meltz, Pierre Laval: *Un mystère français*. Paris: Perrin, 2018, p. 494.

59. Carmen Callil, *Bad Faith: A Forgotten History of Family, Fatherland, and Vichy France*. Nova York: Vintage Press, 2006, pp. 106-8.

60. *Robert Paxton, Vichy France: Old Guard and New Order, 1940-1944*. Nova York: Columbia University Press, 1972, p. 249. Ver também Stanley Hoffmann, "The Vichy Circle of French Conservatives". In: *Decline or Renewal? France Since the 1930s*. Nova York: Viking Press, 1960, pp. 3-25.

61. Sheri Berman, *Democracy and Dictatorship in Europe: From the Ancien Régime to the Present Day*. Nova York: Oxford University Press, 2019, p. 181.

Notas

62. Ibid.

63. Ver Philip Nord, *France 1940: Defending the Republic*. New Haven, CT: Yale University Press, 2015, pp. 150-1.

64. Larry Tye, *Demagogue: The Life and Long Shadow of Senator Joe McCarthy*. Boston: Houghton Mifflin Harcourt, 2020, pp. 457-59.

65. Nossa expressão é um empréstimo de Hannah Arendt, *Eichmann in Jerusalem: A Report on the Banality of Evil*. Londres: Penguin, 2006.

66. A expressão "jogo duro constitucional" foi cunhada pelo acadêmico Mark Tushnet. Ver Mark Tushnet, "Constitutional Hardball". *John Marshall Law Review*, v. 37, pp. 523-54, 2004. Ver também Steven Levitsky e Daniel Ziblatt, *How Democracies Die*. Nova York: Crown, 2018.

67. Os estudiosos têm usado o termo "legalismo autocrático" de modo semelhante. Ver Javier Corrales, "Autocratic Legalism in Venezuela". *Journal of Democracy*, v. 26, n. 2, pp. 37-51, abr. 2015; Kim Lane Scheppele, "Autocratic Legalism". *University of Chicago Law Review*, v. 85, n. 2, art. 2, 2018.

68. Lee Epstein e Jeffrey Segal, *Advice and Consent: The Politics of Judicial Appointments*. Nova York: Oxford University Press, 2005.

69. Robin Bradley Kar e Jason Mazzone, "The Garland Affair: What History and the Constitution Really Say About President Obama's Powers to Appoint a Replacement for Justice Scalia". *New York University Law Review*, v. 91, pp. 53-115, maio 2016.

70. Ibid., pp. 107-14.

71. Ver Abraham García Chávarry, "Tres maneras de conceptualizar la figura de permanente incapacidad moral del presidente de la República como causal de vacancia en el cargo". IDEHPUCP, 17 nov. 2020.

72. Ver Diego Salazar, "¿Cuántas vidas le quedan al presidente Pedro Castillo?". *Washington Post*, 8 dez. 2021.

73. Ibid.

74. Ver Ian MacKinnon, "Court Rules Thai Prime Minister Must Resign over Cookery Show". *The Guardian*, 9 set. 2008.

75. Ver "Thai Leader Ordered to Quit over Cooking Show". MSNBC, 8 set. 2008.

76. Gyan Prakash, *Emergency Chronicles: Indira Gandhi and Democracy's Turning Point*. Princeton, NJ: Princeton University Press, 2019, pp. 92-108.

77. Christophe Jaffrelot e Pratinay Anil, *India's First Dictatorship: The Emergency, 1975--77*. Oxford: Oxford University Press, 2021, pp. 233-64.

78. Granville Austin, *Working a Democratic Constitution: A History of the Indian Experience*. Nova Delhi: Oxford University Press, 1999, p. 214; Christophe Jaffrelot e Pratinay Anil, *India's First Dictatorship*, pp. 6-7.

79. Gyan Prakash, *Emergency Chronicles*, pp. 158-9.

80. Ibid., pp. 160-1; Christophe Jaffrelot e Pratinay Anil, *India's First Dictatorship*, pp. 4-5.

81. Granville Austin, *Working a Democratic Constitution*, p. 304; Christophe Jaffrelot e Pratinay Anil, *India's First Dictatorship*, p. 14.

82. Christophe Jaffrelot e Pratinay Anil, *India's First Dictatorship*, p. 15; Granville Austin, *Working a Democratic Constitution*, p. 305.

83. Gyan Prakash, *Emergency Chronicles*, p. 9; Christophe Jaffrelot e Pratinay Anil, *India's First Dictatorship*, pp. 15-6.

84. Christophe Jaffrelot e Pratinay Anil, *India's First Dictatorship*, p. 15.

85. Ibid., pp. 15-6.

86. Gyan Prakash, *Emergency Chronicles*, p. 166.

87. Ibid., pp. 166, 307; Christophe Jaffrelot e Pratinay Anil, *India's First Dictatorship*, pp. 2-3.

88. Christophe Jaffrelot e Pratinay Anil, *India's First Dictatorship*, pp. 12, 28-98; Gyan Prakash, *Emergency Chronicles*.

89. Gyan Prakash, *Emergency Chronicles*, pp. 180-3.

90. Ibid., p. 10.

91. Daniel Brinks, Steven Levitsky e María Victoria Murillo, *Understanding Institutional Weakness: Power and Design in Latin American Institutions*. Nova York: Cambridge University Press, 2019.

92. Alena V. Ledeneva, *How Russia Really Works: The Informal Practices That Shaped Post-Soviet Politics and Business*. Ithaca, NY: Cornell University Press, 2014.

93. David E. Hoffman, *The Oligarchs Wealth and Power in the New Russia*. Nova York: Public Affairs, 2011.

94. Marshall I. Goldman, *Petrostate: Putin, Power, and the New Russia*. Oxford: Oxford University Press, 2008, pp. 102-3.

95. Ibid., pp. 113-6.

96. Ibid., pp. 105, 116.

97. Esta definição é um refinamento de um termo amplamente usado para caracterizar o uso de instituições legais com o objetivo de atingir oponentes políticos.

98. Ver "Zambia: Elections and Human Rights in the Third Republic". *Human Rights Watch*, v. 8, n. 4(A), dez. 1996.

99. Ibid.

100. Ver Joe Chilaizya, "Zambia-Politics: Kaunda's Comeback Finally Over". Inter Press Service News Agency, 16 maio 1996.

101. Ver Paul Lendvai, *Orbán: Europe's New Strongman*. Oxford: Oxford University Press, 2017.

102. Ibid., p. 149.

103. András Bozóki e Eszter Simon, "Two Faces of Hungary: From Democratization to Democratic Backsliding". In: Sabrina P. Ramet e Christine M. Hassenstab (Orgs.), *Central and Southeast European Politics Since 1989*. 2. ed. Cambridge, Reino Unido: Cambridge University Press, 2019, p. 229.

104. Paul Lendvai, *Orbán*, p. 103.

105. Miklós Bánkuti, Gábor Halmai e Kim Lane Scheppele, "Hungary's Illiberal Turn: Disabling the Constitution". *Journal of Democracy*, v. 23, n. 3, p. 139, jul. 2012.

106. Ibid., p. 140.

Notas

107. Paul Lendvai, *Hungary: Between Democracy and Authoritarianism*. Nova York: Columbia University Press, 2012, p. 222.

108. "Wrong Direction on Rights: Assessing the Impact of Hungary's New Constitution and Laws". Human Rights Watch, 16 maio 2013. Ver também Paul Lendvai, *Orbán*, p. 104.

109. "Wrong Direction on Rights".

110. András Bozóki e Eszter Simon, "Two Faces of Hungary", p. 231.

111. Citado em Paul Lendvai, *Orbán*, p. 110.

112. András Bozóki e Eszter Simon, "Two Faces of Hungary", p. 231.

113. Paul Lendvai, *Hungary*, p. 220; András Bozóki e Eszter Simon, "Two Faces of Hungary", p. 231.

114. Paul Lendvai, *Hungary*, pp. 219-20.

115. Paul Lendvai, *Orbán*, pp. 158-63.

116. Ibid., pp. 161-2; András Bozóki e Eszter Simon, "Two Faces of Hungary", p. 231.

117. "Hungary: Media Law Endangers Press Freedom: Problematic Legislation Part of Wider Concern About Country's Rights Record". Human Rights Watch, 7 jan. 2011. Ver também Paul Lendvai, *Hungary*, p. 218; U.S. Department of State, "Hungary 2013 Human Rights Report".

118. Miklós Bánkuti, Gábor Halmai e Kim Lane Scheppele, "Hungary's Illiberal Turn", p. 140; Paul Lendvai, *Orbán*, p. 115; U.S. Department of State, "Hungary 2013 Human Rights Report", p. 25; "Hungary: Media Law Endangers Press Freedom".

119. U.S. Department of State, "Hungary 2011 Human Rights Report"; U.S. Department of State, "Hungary 2012 Human Rights Report"; U.S. Department of State, "Hungary 2013 Human Rights Report".

120. Ver Attila Mong, "Hungary's Klubrádió Owner András Arató on How the Station Is Responding to the Loss of Its Broadcast License". Committee to Protect Journalists, 9 nov. 2021.

121. Ibid.

122. Zack Beauchamp, "It Happened There: How Democracy Died in Hungary". *Vox*, 13 set. 2018.

123. Paul Lendvai, *Orbán*, 119.

124. Miklós Bánkuti, Gábor Halmai e Kim Lane Scheppele, "Hungary's Illiberal Turn", pp. 140, 125.

125. Ibid.; András Bozóki e Eszter Simon, "Two Faces of Hungary", p. 229.

126. Paul Lendvai, *Orbán*, pp. 129-30; ver também Dylan Difford, "How Do Elections Work in Hungary?". Electoral Reform Society, 1 abr. 2022.

127. Paul Lendvai, *Orbán*, p. 129.

128. Citado em Paul Lendvai, *Hungary*, p. 226.

129. András Bozóki e Eszter Simon, "Two Faces of Hungary", p. 230.

130. Ibid.

131. Paul Lendvai, *Orbán*, p. 128.

132. András Bozóki e Eszter Simon, "Two Faces of Hungary", p. 230.

133. Paul Lendvai, *Orbán*, p. 91.

134. Citado em Paul Lendvai, *Hungary*, p. 221.

3. Aconteceu aqui [pp. 69-91]

1. Sobre a transformação da indústria do algodão durante esse período, ver Sven Beckert, *Empire of Cotton: A New History of Global Capitalism*. Londres: Penguin, 2014, pp. 312-39.

2. Ronald Hartzer, *To Great and Useful Purpose: A History of the Wilmington, North Carolina District, U.S. Army Corps of Engineers (United States)*. Tese de doutorado. Indiana University, 1987, p. 37.

3. John R. Killick, "The Transformation of Cotton Marketing in the Late Nineteenth Century: Alexander Sprunt and Son of Wilmington, NC, 1884-1956". *Business History Review*, v. 55, n. 2, p. 155, 1981.

4. Ibid., p. 145.

5. 1898 Wilmington Race Riot Commission, *1898 Wilmington Race Riot Report*. Raleigh: North Carolina Department of Cultural Resources, 2006, pp. 228-9.

6. Ibid., p. 30.

7. Ibid., p. 31.

8. Elizabeth Sanders, *Roots of Reform: Farmers, Workers, and the American State, 1877-1917*. Chicago: University of Chicago Press, 1999.

9. Steven Hahn, *A Nation Under Our Feet: Black Political Struggles in the Rural South from Slavery to the Great Migration*. Cambridge, MA: Harvard University Press, 2003, pp. 436-8; Helen Edmonds, *The Negro and Fusion Politics in North Carolina, 1894-1901*. Chapel Hill: University of North Carolina Press, 1951.

10. J. Morgan Kousser, *The Shaping of Southern Politics: Suffrage Restriction and the Establishment of the One-Party South, 1880-1910*. New Haven, CT: Yale University Press, 1974, p. 187.

11. David Zucchino, *Wilmington's Lie: The Murderous Coup of 1898 and the Rise of White Supremacy*. Nova York: Grove Press, 2021, pp. xv-xvii, 68, 91-2, 156.

12. Ver relato em Suzanne Mettler e Robert C. Lieberman, *Four Threats: The Recurring Crises of American Democracy*. Nova York: St. Martin's Press, 2020, pp. 92-101.

13. David Zucchino, *Wilmington's Lie*, pp. 80, 65-82.

14. Ibid., p. 146.

15. 1898 Wilmington Race Riot Commission, *Report*, pp. 66-7.

16. Ibid., p. 33.

17. David Zucchino, *Wilmington's Lie*, p. 137.

18. Ibid., p. 148.

19. Ibid., pp. 125-37.

20. Ibid., pp. 147, 149-50.

21. 1898 Wilmington Race Riot Commission, *Report*, pp. 79-80.

Notas

22. Suzanne Mettler e Robert C. Lieberman, *Four Threats*, pp. 93-5.
23. David Zucchino, *Wilmington's Lie*, pp. 119-20.
24. 1898 Wilmington Race Riot Commission, *Report*, p. 92.
25. David Zucchino, *Wilmington's Lie*, pp. 160-3.
26. 1898 Wilmington Race Riot Commission, *Report*, pp. 107-9.
27. David Zucchino, *Wilmington's Lie*, pp. 189-219.
28. Ibid., pp. 341-2.
29. Suzanne Mettler e Robert C. Lieberman, *Four Threats*, p. 94.
30. David Zucchino, *Wilmington's Lie*, pp. 228-56.
31. Suzanne Mettler e Robert C. Lieberman, *Four Threats*, p. 121.
32. Richard M. Valelly, *The Two Reconstructions: The Struggle for Black Enfranchisement.* Chicago: University of Chicago Press, 2004, p. 132; David Zucchino, *Wilmington's Lie*, pp. 159-60.
33. J. Morgan Kousser, *Shaping of Southern Politics*, pp. 190-2, 239.
34. David Zucchino, *Wilmington's Lie*, p. 330; Kent Redding, *Making Race, Making Power: North Carolina's Road to Disfranchisement.* Urbana: University of Illinois Press, 2003, p. 37.
35. David Zucchino, *Wilmington's Lie*, p. 330.
36. Ver Eric Foner, *Reconstruction: America's Unfinished Revolution, 1863-1877.* Nova York: Harper & Row, 1988; W. E. B. Du Bois, *Black Reconstruction in America: An Essay Toward a History of the Part Which Black Folk Played in the Attempt to Reconstruct Democracy in America, 1860-1880.* Nova York: Free Press, 1998.
37. Eric Foner, *The Second Founding: How the Civil War and Reconstruction Remade the Constitution.* Nova York: Norton, 2019, p. 7; Eric Foner, *Reconstruction*, p. 278.
38. Eric Foner, *Second Founding*, pp. 68-78.
39. Citado em Eric Foner, *Second Founding*, p. 112.
40. Xi Wang, *The Trial of Democracy: Black Suffrage and Northern Republicans, 1860-1910.* Athens: University of Georgia Press, 2012, pp. 36-7.
41. Rayford W. Logan, *The Betrayal of the Negro, from Rutherford B. Hayes to Woodrow Wilson.* Nova York: Hachette, 1965, p. 107.
42. Citado em Eric Foner, *Second Founding*, p. 33.
43. Ibid., p. 86.
44. Ibid., p. 107.
45. J. Morgan Kousser, *Colorblind Injustice: Minority Voting Rights and the Undoing of the Second Reconstruction.* Chapel Hill: University of North Carolina Press, 1999, p. 39.
46. Kenneth Stampp, *The Era of Reconstruction, 1865-1877.* Nova York: Vintage, 1965, p. 83.
47. Outros incluíam os senadores Henry Wilson, de Massachusetts, Benjamin Wade, de Ohio, e Zachariah Chandler, do Michigan, bem como os deputados George Boutwell, de Massachusetts, e George Julian, de Indiana. Ver Kenneth Stampp, *The Era of Reconstruction*, pp. 83-4.
48. Eric Foner, *Reconstruction*, pp. 230-1.

49. James Morone, *Hellfire Nation: The Politics of Sin in American History*. New Haven, CT: Yale University Press, 2003, pp. 123-44; Daniel Carpenter, *Democracy by Petition: Popular Politics in Transformation, 1790-1870*. Cambridge, MA: Harvard University Press, 2021, pp. 75-6.

50. *Congressional Globe*, 6 fev. 1866, p. 687.

51. Ibid.

52. Sandra Gustafson, *Imagining Deliberative Democracy in the Early American Republic*. Chicago: University of Chicago Press, 2011, p. 125.

53. Marilyn Richardson, *Maria W. Stewart: America's First Black Woman Political Writer*. Bloomington: Indiana University Press, 1987, p. xiii; Valerie C. Cooper, *Word, Like Fire: Maria Stewart, the Bible, and the Rights of African Americans*. Charlottesville: University of Virginia Press, 2011, p. 1.

54. Stephen Kantrowitz, *More Than Freedom: Fighting for Black Citizenship in a White Republic, 1829-1889*. Nova York: Penguin, 2012, p. 28.

55. Pauline Maier, *American Scripture: Making the Declaration of Independence*. Nova York: Vintage, 1997, p. 129.

56. Stephen Kantrowitz, *More Than Freedom*, pp. 52, 109, 130-1.

57. Eric Foner, *Second Founding*, p. 98.

58. Ibid., p. 101.

59. Richard M. Valelly, *Two Reconstructions*, p. 3.

60. Ibid., p. 33.

61. Ibid., 122; Eric Foner, *Reconstruction*, p. 294.

62. W. E. B. Du Bois, *Black Reconstruction in America*, p. 371.

63. Ibid., 372; Eric Foner, *Reconstruction*, p. 318.

64. W. E. B. Du Bois, *Black Reconstruction in America*, pp. 404, 444; Eric Foner, *Reconstruction*, p. 354; Richard M. Valelly, *Two Reconstructions*, p. 3.

65. W. E. B. Du Bois, *Black Reconstruction in America*, pp. 469-70; Eric Foner, *Reconstruction*, p. 354.

66. Eric Foner, *Reconstruction*, pp. 356-63.

67. Trevon D. Logan, "Do Black Politicians Matter? Evidence from Reconstruction". *Journal of Economic History*, v. 80, n. 1, p. 2, 2020; Eric Foner, *Freedom's Lawmakers: A Directory of Black Officeholders During Reconstruction*. Baton Rouge: Louisiana State University Press, 1996.

68. Robert Mickey, *Paths Out of Dixie: The Democratization of Authoritarian Enclaves in America's Deep South, 1944-1972*. Princeton, NJ: Princeton University Press, 2015, p. 38; Eric Foner, *Reconstruction*, p. 355.

69. Citado em Steven Hahn, *Nation Under Our Feet*, p. 243.

70. David Zucchino, *Wilmington's Lie*, p. 307.

71. Steven Hahn, *Nation Under Our Feet*, p. 237.

72. Ver Michael Perman, *Struggle for Mastery: Disenfranchisement in the South, 1888-1908*. Chapel Hill: University of North Carolina Press, 2001, pp. 22-7; David Zucchino, *Wilmington's Lie*.

Notas

73. Glenda Elizabeth Gilmore, *Gender and Jim Crow*. Chapel Hill: University of North Carolina Press, 2019; Jane Dailey, *White Fright: The Sexual Panic at the Heart of America's Racist History*. Nova York: Basic Books, 2020.

74. Glenda Elizabeth Gilmore, *Gender and Jim Crow*, p. 83.

75. Citado em Earl Black e Merle Black, *The Rise of Southern Republicans*. Cambridge, MA: Harvard University Press, 2002, p. 44.

76. Citado em Michael Perman, *Struggle for Mastery*, p. 23.

77. Allen W. Trelease, *White Terror: The Ku Klux Klan Conspiracy and Southern Reconstruction*. Baton Rouge: Louisiana State University Press, 1971.

78. Citado em Jamelle Bouie, "Why I Keep Coming Back to Reconstruction". *The New York Times*, 25 out. 2022.

79. Rayford W. Logan, *Betrayal of the Negro*, p. 10.

80. Equal Justice Initiative, "Reconstruction in America". Montgomery, Alabama, 2020; Eric Foner, *Reconstruction*, pp. 425-8.

81. Eric Foner, *Reconstruction*, pp. 427, 440-2.

82. W. E. B. Du Bois, *Black Reconstruction in America*; Xi Wang, *The Trial of Democracy*, pp. 79-83; Eric Foner, *Reconstruction*, pp. 342-3.

83. W. E. B. Du Bois, *Black Reconstruction in America*, p. 474; *Equal Justice Initiative*, "Reconstruction in America"; Eric Foner, *Reconstruction*, p. 342.

84. Eric Foner, *Reconstruction*, p. 343.

85. Richard Abbott, "The Republican Party Press in Reconstruction Georgia, 1867-1874". *Journal of Southern History*, v. 61, n. 4, p. 758, nov. 1995.

86. Eric Foner, *Reconstruction*, pp. 440-1.

87. Xi Wang, *The Trial of Democracy*, pp. 78-92; Eric Foner, *Reconstruction*, pp. 454-9.

88. Eric Foner, *Reconstruction*, pp. 454-5.

89. Xi Wang, *The Trial of Democracy*, pp. 93-102.

90. Eric Foner, *Reconstruction*, pp. 458-9.

91. James M. McPherson, "War and Peace in the Post-Civil War South". In: Williamson Murray e Jim Lacey (Orgs.), *The Making of Peace: Rulers, States, and the Aftermath of War*. Cambridge, Reino Unido: Cambridge University Press, 2009, p. 168.

92. Xi Wang, *The Trial of Democracy*, pp. 102-5; Eric Foner, *Reconstruction*, pp. 497-9.

93. Eric Foner, *Reconstruction*, pp. 523-31.

94. "The Era of Moral Politics", *The New York Times*, 30 dez. 1874; Eric Foner, *Reconstruction*, pp. 525-7.

95. Eric Foner, *Reconstruction*, p. 559.

96. Ibid., p. 562.

97. Ibid., pp. 574-5; W. E. B. Du Bois, *Black Reconstruction in America*, pp. 687-9.

98. Eric Foner, *Reconstruction*, pp. 574-5.

99. Robert Mickey, *Paths Out of Dixie*, p. 39.

100. Rayford W. Logan, *Betrayal of the Negro*, p. 10; Richard M. Valelly, *Two Reconstructions*, p. 47.

101. Equal Justice Initiative, "Reconstruction in America".

102. Para uma discussão deste ponto e problemas com a chamada tese do fato consumado, ver Richard M. Valelly, *Two Reconstructions*, p. 186n14.

103. W. E. B. Du Bois, *Black Reconstruction in America*, pp. 597-8.

104. J. Morgan Kousser, *Colorblind Injustice*, p. 20; Richard M. Valelly, *Two Reconstructions*, p. 52.

105. C. Vann Woodward, *The Strange Career of Jim Crow*. Oxford: Oxford University Press, 2002, pp. 57-65, 77; J. Morgan Kousser, *Shaping of Southern Politics*.

106. J. Morgan Kousser, *Shaping of Southern Politics*, pp. 27-8.

107. Ibid., pp. 36-42.

108. C. Vann Woodward, *Strange Career of Jim Crow*, pp. 61-4, 79; J. Morgan Kousser, *Shaping of Southern Politics*.

109. Michael Perman, *Struggle for Mastery*, pp. 22-7; C. Vann Woodward, *Strange Career of Jim Crow*, p. 79.

110. J. Morgan Kousser, *Shaping of Southern Politics*, p. 37.

111. Citado em J. Morgan Kousser, *Shaping of Southern Politics*, p. 145.

112. Michael Perman, *Struggle for Mastery*; J. Morgan Kousser, *Shaping of Southern Politics*.

113. Ver J. Morgan Kousser, *Shaping of Southern Politics*; Michael Perman, *Struggle for Mastery*.

114. Citado em Eric Foner, *Reconstruction*, p. 590.

115. Michael Perman, *Struggle for Mastery*, p. 12.

116. Michael J. Klarman, *From Jim Crow to Civil Rights: The Supreme Court and the Struggle for Racial Equality*. Oxford: Oxford University Press, 2004, p. 33.

117. V. O. Key, *Southern Politics in State and Nation*. Nova York: Vintage, 1949, p. 531.

118. A urna secreta foi usada pela primeira vez na Austrália na década de 1850.

119. J. Morgan Kousser, *Shaping of Southern Politics*, pp. 110-14, 239; Michael Perman, *Struggle for Mastery*, p. 54.

120. Citado em Michael Perman, *Struggle for Mastery*, p. 20.

121. Alexander Keyssar, *The Right to Vote: The Contested History of Democracy in the United States*. Nova York: Basic Books, 2000, cap. 5.

122. J. Morgan Kousser, *Shaping of Southern Politics*, pp. 139-45; Michael Perman, *Struggle for Mastery*, pp. 70-90.

123. J. Morgan Kousser, *Shaping of Southern Politics*, p. 239.

124. Ibid., p. 134.

125. Alexander Keyssar, *Right to Vote*, pp. 89-90; 111-3.

126. J. Morgan Kousser, *Shaping of Southern Politics*, p. 239.

127. Ibid.

128. Citado em Michael Perman, *Struggle for Mastery*, p. 58. Citado em Michael Perman, *Struggle for Mastery*, p. 58.

129. David Bateman, *Disenfranchising Democracy: Constructing the Electorate in the United States, the United Kingdom, and France*. Cambridge, Reino Unido: Cambridge University Press, 2018, p. 25.

Notas

130. Michael J. Klarman, *From Jim Crow to Civil Rights*, p. 34; Richard M. Valelly, *Two Reconstructions*, pp. 104-5.

131. R. Volney Riser, *Defying Disfranchisement: Black Voting Rights Activism in the Jim Crow South, 1890-1908*. Baton Rouge: Louisiana State University Press, 2010.

132. Richard Pildes, "Democracy, Anti-Democracy, and the Canon". *Constitutional Commentary*, v. 17, p. 297, 2000.

133. Ver Brian Lyman, "The Journey of Jackson Giles". *Montgomery Advertiser*, 7 fev. 2022.

134. John Hope Franklin e Evelyn Brooks Higginbotham, *From Slavery to Freedom: A History of African Americans*. 9. ed. Nova York: McGraw-Hill, 2011, p. 268.

135. Citado em Richard Pildes, "Democracy, Anti-Democracy, and the Canon", p. 302.

136. Louis Menand, *The Metaphysical Club: A Story of Ideas in America*. Nova York: Farrar, Straus and Giroux, 2001, p. 4.

137. Michael J. Klarman, *From Jim Crow to Civil Rights*, p. 38.

138. Richard Pildes, "Democracy, Anti-Democracy, and the Canon", p. 306. Sobre os *Civil Rights Cases* de 1883, ver Xi Wang, *The Trial of Democracy*, pp. 212-3.

139. Samuel Brenner, "Airbrushed out of the Constitutional Canon: The Evolving Understanding of Giles v. Harris, 1903-1925". *Michigan Law Review*, v. 107, n. 5, p. 862, 2009; ver também Richard M. Valelly, *Two Reconstructions*, pp. 112-20.

140. Richard M. Valelly, *Two Reconstructions*, p. 131; Xi Wang, *The Trial of Democracy*, p. 254.

141. David W. Blight, *Frederick Douglass: The Prophet of Freedom*. Nova York: Simon & Schuster, 2018, p. 743.

142. Xi Wang, *The Trial of Democracy*, p. 224.

143. Citado em Richard M. Valelly, "Partisan Entrepreneurship and Policy Windows: George Frisbie Hoar and the 1890 Federal Elections Bill". In: Stephen Skowronek e Matthew Glassman (Orgs.), *Formative Acts: American Politics in the Making*. Filadélfia: University of Pennsylvania Press, 2007, p. 126.

144. Alexander Keyssar, *Right to Vote*, p. 109.

145. J. Morgan Kousser, *Shaping of Southern Politics*, pp. 29-30.

146. Xi Wang, *The Trial of Democracy*, pp. 236-7.

147. Gregory Wawro e Eric Schickler, *Filibuster: Obstruction and Lawmaking in the U.S. Senate*. Princeton, NJ: Princeton University Press, 2013, pp. 76-8.

148. George Rothwell Brown (Org.), *Reminiscences of Senator William M. Stewart*. Nova York: Neale, 1908, pp. 297-8.

149. Gregory Wawro e Eric Schickler, *Filibuster*, pp. 82-3.

150. Xi Wang, *The Trial of Democracy*, p. 248.

151. Ibid.

152. Gregory Wawro e Eric Schickler, *Filibuster*, pp. 76-87.

153. Xi Wang, *The Trial of Democracy*, p. 249.

154. Kent Redding e David James, "Estimating Levels and Modeling Determinants of Black and White Voter Turnout in the South, 1880-1912". *Historical Methods*, v. 34, n. 4, p. 148, 2001.

155. Richard M. Valelly, *Two Reconstructions*, p. 128.
156. Citado em J. Morgan Kousser, *Shaping of Southern Politics*, p. 209.
157. Robert Mickey, *Paths Out of Dixie*, pp. 35-61.
158. Ibid.
159. W. E. B. Du Bois, *Black Reconstruction in America*, p. 30.

4. Por que o Partido Republicano abandonou a democracia [pp. 92-126]

1. Ver Lyndon B. Johnson, "Address Before a Joint Session of the Congress". American Presidency Project, UC Santa Barbara, 27 nov. 1963.
2. Geoffrey M. Kabaservice, *Rule and Ruin: The Downfall of Moderation and the Destruction of the Republican Party, from Eisenhower to the Tea Party*. Oxford: Oxford University Press, 2012, p. 100.
3. Julian Zelizer, *The Fierce Urgency of Now: Lyndon Johnson, Congress, and the Battle for the Great Society*. Nova York: Penguin, 2015, p. 128.
4. Byron C. Hulsey, *Everett Dirksen and His Presidents: How a Senate Giant Shaped American Politics*. Lawrence: University Press of Kansas, 2000, p. 201.
5. Conservadores no Partido Republicano já haviam tentado enfraquecer a Lei dos Direitos de Voto. Em 1970, por exemplo, o governo Nixon tentou, sem sucesso, desmantelar a seção 5, um dos principais pilares da legislação. Ver Ari Berman, *Give Us the Ballot: The Modern Struggle for Voting Rights in America*. Nova York: Farrar, Straus and Giroux, 2015.
6. "Walking Away: The Republican Party and Democracy". *Economist*, 1 jan. 2022.
7. Glenn Thrush, "'We're Not a Democracy', Says Mike Lee, a Republican Senator. That's a Good Thing, He Adds". *The New York Times*, 8 out. 2020.
8. Anna Luhrmann et al., "New Global Data on Political Parties: V-Party". V-Dem Institute Briefing Paper n. 9, 26 out. 2020, pp. 1-2.
9. Ibid., p. 1.
10. Eis alguns trabalhos importantes sobre esta questão: Daniel Schlozman, *When Movements Anchor Parties: Electoral Alignments in American History*. Princeton, NJ: Princeton University Press, 2015; E. J. Dionne, *Why the Right Went Wrong: Conservatism — From Goldwater to Trump and Beyond*. Nova York: Simon & Schuster, 2016; Theda Skocpol e Vanessa Williamson, *The Tea Party and the Remaking of Republican Conservativism*. Nova York: Oxford University Press, 2016; Sam Rosenfeld, *The Polarizers: Postwar Architects of Our Partisan Era*. Princeton, NJ: Princeton University Press, 2017; Jacob Hacker e Paul Pierson, *Let Them Eat Tweets: How the Right Rules in an Age of Extreme Inequality*. Nova York: W. W. Norton, 2020.
11. Ver Lewis L. Gould, *The Republicans: A History of the Grand Old Party*. Oxford: Oxford University Press, 2014; Heather Cox Richardson, *To Make Men Free: A History of the Republican Party*. Nova York: Basic Books, 2014.

Notas 259

12. James L. Sundquist, *Dynamics of the Party System: Alignment and Realignment of Political Parties in the United States*. Ed. rev. Washington, DC: Brookings Institution, 1983, pp. 214-26.

13. Earl Black e Merle Black, *Rise of Southern Republicans*, p. 15.

14. Daniel Ziblatt, *Conservative Parties and the Birth of Democracy*, pp. 33-7; Jacob Hacker e Paul Pierson, *Let Them Eat Tweets*, p. 21.

15. Eric Schickler, *Racial Realignment: The Transformation of American Liberalism, 1932-1965*. Princeton, NJ: Princeton University Press, 2016, pp. 252-3; Boris Heersink e Jeffrey A. Jenkins, *Republican Party Politics and the American South, 1865-1968*. Cambridge, Reino Unido: Cambridge University Press, 2020, pp. 163-76; Sam Rosenfeld, *The Polarizers: Postwar Architects of Our Partisan Era*. Chicago: University of Chicago Press, 2017, pp. 70-89.

16. Earl Black e Merle Black, *Rise of Southern Republicans*, p. 57.

17. Eric Schickler, *Racial Realignment*, pp. 104-18; Tali Mendelberg, *The Race Card: Campaign Strategy, Implicit Messages, and the Norm of Equality*. Princeton, NJ: Princeton University Press, 2001, pp. 67-70.

18. Eric Schickler, *Racial Realignment*, pp. 81-97; Philip A. Klinkner, *The Unsteady March: The Rise and Decline of Racial Equality in America*. Chicago: University of Chicago Press, 1999, pp. 207-34.

19. Earl Black e Merle Black, *Rise of Southern Republicans*, pp. 45-6.

20. Citado em Earl Black e Merle Black, *Rise of Southern Republicans*, p. 32.

21. Eric Schickler, *Racial Realignment*, pp. 213-8.

22. Ibid., pp. 248-9.

23. Joseph Lowndes, *From the New Deal to the New Right: Race and the Southern Origins of Modern Conservatism*. New Haven, CT: Yale University Press, 2008, pp. 48-9, 60-4; Eric Schickler, *Racial Realignment*, pp. 248-53.

24. Eric Schickler, *Racial Realignment*, pp. 253-70; Boris Heersink e Jeffrey A. Jenkins, *Republican Party Politics and the American South*, pp. 177-8; Joseph Lowndes, *From the New Deal to the New Right*, pp. 52-61; Robert Mickey, *Paths Out of Dixie*, pp. 180-9.

25. Robert Novak, *The Agony of the GOP 1964*. Nova York: Macmillan, 1965, p. 179.

26. Angie Maxwell e Todd G. Shields, *The Long Southern Strategy: How Chasing White Voters in the South Changed American Politics*. Nova York: Oxford University Press, 2019, p. 8.

27. Eric Schickler, *Racial Realignment*, pp. 237-8.

28. James L. Sundquist, *Dynamics of the Party System*, p. 290.

29. Ibid.; Geoffrey M. Kabaservice, *Rule and Ruin*, pp. 98-113; Boris Heersink e Jeffrey A. Jenkins, *Republican Party Politics and the American South*, p. 182; John H. Kessel, *The Goldwater Coalition: Republican Strategies in 1964*. Nova York: The Bobbs-Merrill Company, 1968, pp. 195-6.

30. Edward G. Carmines e James A. Stimson, *Issue Evolution: Race and the Transformation of American Politics*. Princeton, NJ: Princeton University Press, 1989, pp. 38-9, 164-6;

Donald R. Kinder e Lynn M. Sanders, *Divided by Color: Racial Politics and Democratic Ideals*. Chicago: University of Chicago Press, 1996, pp. 206-7.

31. Stuart Stevens, *It Was All a Lie: How the Republican Party Became Donald Trump*. Nova York: Alfred A. Knopf, 2020, p. 12.

32. Philip A. Klinkner, *Unsteady March*, p. 275.

33. Donald R. Kinder e Lynn M. Sanders, *Divided by Color*, pp. 20-3, 33.

34. Ibid., pp. 101-3; Philip A. Klinkner, *Unsteady March*, pp. 280-1.

35. Donald R. Kinder e Lynn M. Sanders, *Divided by Color*, pp. 101-3; James L. Sundquist, *Dynamics of the Party System*, pp. 382-7; Philip A. Klinkner, *Unsteady March*, p. 280.

36. Earl Black e Merle Black, *Rise of Southern Republicans*, p. 205; Kevin Phillips, *The Emerging Republican Majority*. New Rochelle, NY: Arlington House, 1969.

37. James L. Sundquist, *Dynamics of the Party System*, pp. 364-5.

38. Citado em Geoffrey M. Kabaservice, *Rule and Ruin*, p. 274.

39. Tali Mendelberg, *Race Card*, pp. 95-8.

40. Kevin Phillips, *Emerging Republican Majority*, p. 227.

41. Joseph Lowndes, *From the New Deal to the New Right*, p. 137.

42. Edward G. Carmines e James A. Stimson, *Issue Evolution*, p. 54; Earl Black e Merle Black, *Rise of Southern Republicans*, pp. 215-6.

43. Rick Perlstein, *Reaganland: America's Right Turn, 1976-1980*. Nova York: Simon & Schuster, 2020, p. 830.

44. Robert P. Jones, *The End of White Christian America*. Nova York: Simon & Schuster, 2016, p. 88; ver também Angie Maxwell e Todd G. Shields, *Long Southern Strategy*, caps. 7-9.

45. Ver Daniel K. Williams, *God's Own Party: The Making of the Christian Right*. Oxford: Oxford University Press, 2010; Frances Fitzgerald, *The Evangelicals: The Struggle to Shape America*. Nova York: Simon & Schuster, 2017.

46. Daniel Schlozman, *When Movements Anchor Parties: Electoral Alignments in American History*. Princeton, NJ: Princeton University Press, 2015, pp. 77-107; Daniel K. Williams, *God's Own Party*, pp. 171-9.

47. Daniel Schlozman, *When Movements Anchor Parties*, pp. 87-8.

48. Ibid., pp. 90-101; Jones, *End of White Christian America*, p. 171; Frances Fitzgerald, *The Evangelicals*, pp. 303-5.

49. Daniel K. Williams, *God's Own Party*, pp. 188-94.

50. Ibid., pp. 189-90; Geoffrey M. Kabaservice, *Rule and Ruin*, p. 361; Angie Maxwell e Todd G. Shields, *Long Southern Strategy*, pp. 291-2.

51. Earl Black e Merle Black, *Rise of Southern Republicans*, pp. 205-40.

52. Ibid., pp. 217-9; Daniel K. Williams, *God's Own Party*, p. 206.

53. Earl Black e Merle Black, *Rise of Southern Republicans*, pp. 206; ver também James L. Sundquist, *Dynamics of the Party System*, p. 417.

54. Earl Black e Merle Black, *Rise of Southern Republicans*, pp. 268-368; David Lublin, *The Republican South: Democratization and Partisan Change*. Princeton, NJ: Princeton University Press, 2004, pp. 33-41.

Notas

55. Alan Abramowitz, *The Great Alignment: Race, Party Transformation, and the Rise of Donald Trump*. New Haven, CT: Yale University Press, 2018, pp. 130-1.

56. Donald R. Kinder e Lynn M. Sanders, *Divided by Color*, p. 106.

57. Daniel Ziblatt, *Conservative Parties and the Birth of Democracy*, pp. 174-5.

58. Ver William H. Frey, *The Diversity Explosion: How New Racial Demographics Are Remaking America*. Washington, DC: Brookings Institution Press, 2018.

59. Dados do censo de 2020 dos Estados Unidos.

60. William H. Frey, *Diversity Explosion*, p. 247.

61. Tara Bahrampour e Ted Mellnik, "Census Data Shows Widening Diversity: Number of White People Falls for First Time". *Washington Post*, 12 ago. 2021.

62. William H. Frey, *Diversity Explosion*, pp. 168-77, 184-9.

63. Ver Ted Mellnik e Andrew Van Dam, "How Mixed-Race Neighborhoods Quietly Became the Norm in the U.S.". *Washington Post*, 4 nov. 2022.

64. William H. Frey, *Diversity Explosion*, pp. 193-211.

65. Robert P. Jones e Daniel Cox, "America's Changing Religious Identity: Findings from the 2016 American Values Atlas". Public Religion Research Institute. Washington, DC, set. 2017, p. 18.

66. Ver Katherine Schaeffer, "Racial, Ethnic Diversity Increases Yet Again with the 117th Congress". Pew Research Center, 28 jan. 2021.

67. Ibid.

68. Jennifer Hochschild, Vesla Weaver e Traci Burch, *Creating a New Racial Order*.

69. Mohamed Younis, "Americans Want More, Not Less, Immigration for First Time".

70. Ibid.; "Voters' Attitudes About Race and Gender Are Even More Divided Than in 2016"; Hannah Fingerhut, "Most Americans Express Positive Views of Country's Growing Racial and Ethnic Diversity"; Juliana Menasce Horowitz, "Americans See Advantages and Challenges in Country's Growing Racial and Ethnic Diversity".

71. Emily Badger, "28 Percent of Whites Say They Favor a Law Allowing Homeowners to Discriminate". *Washington Post*, 9 jul. 2015; "General Social Survey (GSS)". NORC, Universidade de Chicago.

72. "Race Relations". Gallup.

73. Ver John Sides, "White Christian America Is Dying". *Washington Post*, 15 ago. 2016; Public Religion Research Institute, *American Values Atlas*, 2014.

74. William H. Frey, *Diversity Explosion*, pp. 31-2, 254. Em 2018, o Pew Research Center descobriu que 52% dos millennials acreditavam que a discriminação é "o principal motivo para que os negros não avancem hoje em dia", em comparação com 36% da geração baby boomer e 28% da chamada Geração Silenciosa. Aproximadamente 80% dos millennials acreditavam que imigrantes fortalecem o país, em comparação com 47% da Geração Silenciosa. Ver "The Generation Gap in American Politics". Pew Research Center, 1 mar. 2018.

75. Ver "Generation Gap in American Politics".

76. Jennifer Hochschild, Vesla Weaver e Traci Burch, *Creating a New Racial Order*, p. 173.

77. Ver "Voting Rights Restoration", Brennan Center for Justice.

78. Robert P. Jones, *End of White Christian America*, pp. 107-8.

79. Ibid., p. 106; Robert P. Jones e Daniel Cox, "America's Changing Religious Identity", p. 18.

80. Stuart Stevens, *It Was All a Lie*, p. 32.

81. Manuel Pastor, *State of Resistance: What California's Dizzying Descent and Remarkable Resurgence Mean for America's Future*. Nova York: New Press, 2018, p. 37; Soraya Sarhaddi Nelson e Richard O'Reilly, "Minorities Become Majority in State, Census Officials Say". *Los Angeles Times*, 30 ago. 2000.

82. "A Summary Analysis of the 1994 General Election". *California Opinion Index*, jan. 1995; Daniel Martinez HoSang, *Racial Propositions: Ballot Initiatives and the Making of Postwar California*. Berkeley: University of California Press, 2010, p. 197.

83. Daniel Martinez HoSang, *Racial Propositions*, pp. 161; 173-7.

84. "A Summary Analysis of the 1994 General Election".

85. Daniel Martinez HoSang, *Racial Propositions*, pp. 196-7; "A Summary Analysis of the 1994 General Election".

86. Daniel Martinez HoSang, *Racial Propositions*, pp. 212-28; pp. 231-41.

87. Soraya Sarhaddi Nelson e Richard O'Reilly, "Minorities Become Majority in State, Census Officials Say"; Jill Cowan, "Census Confirms Hispanic Residents Are Now the Biggest Ethnic Group in California". *The New York Times*, 12 ago. 2021; "California Voter and Party Profiles". Public Policy Institute of California Fact Sheet, set. 2021. Ver também Manuel Pastor, *State of Resistance*, pp. 3, 7.

88. Manuel Pastor, *State of Resistance*, p. 129.

89. Jeremy W. Peters, *Insurgency: How Republicans Lost Their Party and Got Everything They Ever Wanted*. Nova York: Crown, 2022, p. 140.

90. Ibid.

91. Ver Rosalind S. Helderman e Jon Cohen, "As Republican Convention Emphasizes Diversity, Racial Incidents Intrude". *Washington Post*, 29 ago. 2012.

92. Stuart Stevens, *It Was All a Lie*, p. 174.

93. Elyse Siegel, "Michael Steele: For Decades GOP Pursued 'Southern Strategy' That Alienated Minorities". *HuffPost*, 25 maio 2011; Michael Steele, entrevista com os autores, 13 dez. 2021.

94. Shushannah Walshe, "RNC Completes 'Autopsy' on 2012 Loss, Calls for Inclusion Not Policy Change". ABC News, 18 mar. 2013.

95. "Growth and Opportunity Project". Republican National Committee, mar. 2013, p. 4.

96. Ibid., pp. 7-8.

97. Ibid., p. 8.

98. Ibid., p. 5.

99. Ibid., pp. 5-8.

100. Tova Wang, *The Politics of Voter Suppression: Defending and Expanding Americans' Right to Vote*. Ithaca, NY: Cornell University Press, 2012; Ari Berman, *Give Us the*

Ballot; Carol Anderson, *One Person, No Vote: How Voter Suppression Is Destroying Our Democracy*. Nova York: Bloomsbury, 2018.

101. Ver "Dissecting the 2008 Electorate: Most Diverse in U.S. History: Overview". Pew Research Center, 30 abr. 2009; "Dissecting the 2008 Electorate: Most Diverse in U.S. History: Voter Turnout Rates", Pew Research Center, 30 abr. 2009. Sobre a "coalizão dos ascendentes", ver Ronald Brownstein e National Journal, "Analysis: Obama Gambles with Whites". *Atlantic*, 29 jun. 2012.

102. Ari Berman, *Give Us the Ballot*, p. 22.

103. Carol Anderson, *One Person, No Vote*, pp. 62-3; Ari Berman, *Give Us the Ballot*, pp. 10, 260; Wendy R. Weiser, "Voter Suppression: How Bad? (Pretty Bad)". Brennan Center for Justice, 1 out. 2014.

104. Benjamin Highton, "Voter Identification Laws and Turnout in the United States". *Annual Review of Political Science*, v. 20, pp. 151-8, 2017.

105. Ibid., p. 153.

106. Lorraine C. Minnite, *The Myth of Voter Fraud*. Ithaca, NY: Cornell University Press, 2011; Richard L. Hasen, *The Voting Wars: From Florida 2020 to the Next Election Meltdown*. New Haven, CT: Yale University Press, 2012, pp. 52-62; Justin Levitt, "The Truth About Voter Fraud". Brennan Center for Justice, 2007.

107. Richard L. Hasen, *The Voting Wars*, pp. 52-3; Lorraine C. Minnite, *The Myth of Voter Fraud*, pp. 86-128.

108. Keesha Gaskins e Sundeep Iyer, "The Challenge of Obtaining Voter Identification". Brennan Center for Justice, jul. 2012.

109. Ibid.

110. Wendy R. Weiser, "Voter Suppression", p. 5; Ari Berman, *Give Us the Ballot*, p. 266.

111. Tova Wang, *The Politics of Voter Suppression*, p. 3.

112. Carol Anderson, *One Person, No Vote*, p. 118.

113. Tova Wang, *The Politics of Voter Suppression*, p. 2; Carol Anderson, *One Person, No Vote*, p. 119.

114. Ver Michael Cooper e Jo Craven McGinty, "Florida's New Election Law Blunts Voter Drives". *The New York Times*, 27 mar. 2012.

115. Ver Abby Goodnough, "In a Break from the Past, Florida Will Let Felons Vote". *The New York Times*, 6 abr. 2007; Ari Berman, *Give Us the Ballot*, p. 263.

116. Carol Anderson, *One Person, No Vote*, pp. 94, 118.

117. Ari Berman, *Give Us the Ballot*, p. 291.

118. Ibid.; Carol Anderson, *One Person, No Vote*, p. 68.

119. Ari Berman, *Give Us the Ballot*, p. 295; Wendy R. Weiser, "Voter Suppression", p. 4.

120. Carol Anderson, *One Person, No Vote*, p. 68.

121. Stuart Stevens, entrevista com os autores, 29 abr. 2022.

122. Ver Michael Wines, "Some Republicans Acknowledge Leveraging Voter ID Laws for Political Gain". *The New York Times*, 16 set. 2016.

123. Wendy R. Weiser e Erik Opsal, "The State of Voting in 2014". Brennan Center for Justice, 17 jun. 2014.

124. Ver Jason D. Mycoff, Michael W. Wager e David C. Wilson, "The Empirical Effects of Voter ID Laws: Present or Absent?". *PS: Political Science and Politics*, v. 42, n. 1, pp. 121-6, jan. 2009; Benjamin Highton, "Voter Identification Laws and Turnout in the United States", pp. 149-67; Nicholas A. Valentino e Fabian G. Neuner, "Why the Sky Didn't Fall: Mobilizing Anger in Reaction to Voter ID Laws". *Political Psychology*, v. 38, n. 2, pp. 331-50, 2017; Justin Grimmer et al., "Obstacles to Estimating Voter ID Laws' Effects on Turnout". *Journal of Politics*, v. 80, n. 3, pp. 1045-51, 2018; Justin Grimmer e Jesse Yoder, "The Durable Differential Deterrent Effects of Strict Photo Identification Laws". *Political Science Research and Methods*, v. 10, n. 3, pp. 453-69, 2022.

125. Ver "Margarito Banned for One Year over 'Loaded' Gloves". *The Guardian*, 11 fev. 2009.

126. Ver Ashley Jardina, *White Identity Politics*. Nova York: Cambridge University Press, 2019; Robert P. Jones, *End of White Christian America*.

127. Lawrence D. Bobo, "Inequalities That Endure? Racial Ideology, American Politics, and the Peculiar Role of the Social Sciences". In: Maria Krysan e Amanda E. Lewis (Orgs.), *The Changing Terrain of Race and Ethnicity*. Nova York: Russell Sage Foundation, 2004; Jennifer Hochschild, Vesla Weaver e Traci Burch, *Creating a New Racial Order*.

128. Ashley Jardina, *White Identity Politics*, pp. 22, 35-6.

129. Joel Olson, "Whiteness and the Polarization of American Politics". *Political Research Quarterly*, v. 61, n. 4, p. 708, dez. 2008.

130. W. E. B. Du Bois, *Black Reconstruction in America*, p. 700.

131. Jennifer Hochschild, Vesla Weaver e Traci Burch, *Creating a New Racial Order*; Ashley Jardina, *White Identity Politics*.

132. Joel Olson, "Whiteness and the Polarization of American Politics", pp. 704-18; Justin Gest, *The New Minority: White Working Class Politics in an Age of Immigration and Inequality*. Nova York: Oxford University Press, 2016; Arlie Russell Hochschild, *Strangers in Their Own Land: Anger and Mourning on the American Right*. Nova York: New Press, 2018; Ashley Jardina, *White Identity Politics*.

133. Robert P. Jones, *End of White Christian America*, p. 86.

134. Justin Gest, *The New Minority*, p. 16; Arlie Russell Hochschild, *Strangers in Their Own Land*, pp. 137-9; Ashley Jardina, *White Identity Politics*, p. 153.

135. Joel Olson, "Whiteness and the Polarization of American Politics"; Ashley Jardina, *White Identity Politics*, p. 153.

136. Justin Gest, *The New Minority*, p. 16; Arlie Russell Hochschild, *Strangers in Their Own Land*, pp. 137-9; Rogers M. Smith e Desmond King, "White Protectionism in America". *Perspectives on Politics*, v. 19, n. 2, pp. 460-78, jun. 2021.

137. Michael I. Norton e Samuel R. Sommers, "Whites See Racism as a Zero-Sum Game That They Are Now Losing". *Perspectives on Psychological Science*, v. 6, n. 3, pp. 215-8, 2011; Alex Samuels e Neil Lewis Jr., "How White Victimhood Fuels Republican Politics". FiveThirtyEight, 21 mar. 2022.

138. Michael Tesler, *Post Racial or Most Racial? Race and Politics in the Obama Era*. Chicago: University of Chicago Press, 2016.

139. Ibid., pp. 47-63.

140. Ibid.

141. Ver Philip S. Gorski e Samuel L. Perry, *The Flag and the Cross: White Christian Nationalism and the Threat to American Democracy*. Nova York: Oxford University Press, 2022; Andrew L. Whitehead e Samuel L. Perry, *Taking America Back for God: Christian Nationalism in the United States*. Nova York: Oxford University Press, 2020.

142. Ver Philip Gorski, "Christianity and Democracy After Trump". Political Theology Network, 18 jul. 2018.

143. Andrew L. Whitehead e Samuel L. Perry, *Taking America Back for God*, p. 10; Philip Gorski, "Christianity and Democracy After Trump".

144. Philip S. Gorski e Samuel L. Perry, *The Flag and the Cross*, pp. 10, 84-5. Em 2016, entre os cristãos evangélicos, os frequentadores menos assíduos da igreja tinham de fato maior probabilidade de apoiar Trump do que os frequentadores mais assíduos. Ver Philip Gorski, "Christianity and Democracy After Trump".

145. Ver Philip Gorski, "Christianity and Democracy After Trump".

146. Sobre as raízes do Tea Party, ver Theda Skocpol e Vanessa Williamson, *The Tea Party and the Remaking of Republican Conservatism*. Nova York: Oxford University Press, 2012; Christopher Parker e Matt A. Barreto, *Change They Can't Believe In: The Tea Party and Reactionary Politics in America*. Princeton, NJ: Princeton University Press, 2013.

147. Para estimativas, ver Theda Skocpol e Vanessa Williamson, *Tea Party and the Remaking of American Conservatism*, p. 22; Christopher Parker e Matt A. Barreto, *Change They Can't Believe In*, p. 242.

148. Theda Skocpol e Vanessa Williamson, *Tea Party and the Remaking of American Conservatism*, pp. 76-82; Christopher Parker e Matt A. Barreto, *Change They Can't Believe In*; Rachel M. Blum, *How the Tea Party Captured the GOP: Insurgent Factions in American Politics*. Chicago: University of Chicago Press, 2020, pp. 95-7.

149. Theda Skocpol e Vanessa Williamson, *Tea Party and the Remaking of American Conservatism*, pp. 57-8, 69-72; Christopher Parker e Matt A. Barreto, *Change They Can't Believe In*, pp. 165-72; Rachel M. Blum, *How the Tea Party Captured the GOP*, pp. 64-95.

150. Christopher Parker e Matt A. Barreto, *Change They Can't Believe In*, p. 249. Ver também pp. 3, 245, 257.

151. Citado em Ashley Jardina, *White Identity Politics*, p. 219.

152. Ibid.

153. Angie Maxwell e Todd G. Shields, *Long Southern Strategy*; Alan Abramowitz, *Great Alignment*.

154. Alan Abramowitz, *Great Alignment*, pp. 130-1.

155. Lawrence R. Jacobs, *Democracy Under Fire: Donald Trump and the Breaking of American History*. Oxford: Oxford University Press, 2022, pp. 163-88.

156. Sam Rosenfeld e Daniel Schlozman, "The Hollow Parties". In: Frances Lee e Nolan McCarty (Orgs.), *Can America Govern Itself?* Cambridge, Reino Unido: Cambridge University Press, 2019, pp. 120-51; Jacob Hacker e Paul Pierson, *Let Them Eat Tweets*.

157. Tony Fabrizio, citado em Jeremy W. Peters, *Insurgency*, p. 18.

158. Ibid., pp. 143-4.

159. Ibid.

160. Ver Jon Cohen e Dan Balz, "Poll: Immigration a Quandary for Republicans". *Washington Post*, 23 jul. 2013.

161. Citado em Jeremy W. Peters, *Insurgency*, p. 223.

162. Ibid., p. 224.

163. Ibid., pp. 180-1.

164. Ibid., pp. 256-7.

165. Ashley Jardina, *White Identity Politics*, p. 45.

166. Ibid., pp. 230-45; Tahema Lopez Bunyasi, "The Role of Whiteness in the 2016 Presidential Primaries". *Perspectives on Politics*, v. 17, n. 3, set. 2019; Brenda Major, Alison Blodorn e Gregory Major Blascovich, "The Threat of Increasing Diversity: Why Many White Americans Support Trump in the 2016 Presidential Election". *Group Processes and Intergroup Relations*, v. 21, n. 6, pp. 931-40, 2018; Diana C. Mutz, "Status Threat, Not Economic Hardship, Explains the 2016 Presidential Vote"; Michael Tesler e John Sides, "How Political Science Helps Explain the Rise of Trump: The Role of White Identity and Grievances". *Washington Post*, 3 mar. 2016.

167. Matthew Continetti sobre *The Ezra Klein Show*, "Donald Trump Didn't Hijack the GOP, He Understood It". *The New York Times*, 6 maio 2022.

168. Ver Nathaniel Rakich, "Congressional Republicans Left Office in Droves Under Trump. Just How Conservative Are Their Replacements?". FiveThirtyEight, 27 abr. 2021.

169. Ver Larry Schack e Mick McWilliams, "Project Home Fire/Center for Politics Research Reveals Outsized Role Immigration Plays in Fueling Our National Divide". *Sabato's Crystal Ball*, UVA Center for Politics, 7 out. 2021.

170. Ver Hawes Spencer e Sheryl Gay Stolberg, "White Nationalists March on University of Virginia". *The New York Times*, 11 ago. 2017.

171. Ver Tim Arango, Nicholas Bogel-Burroughs e Katie Benner, "Minutes Before El Paso Killing, Hate-Filled Manifesto Appears Online". *The New York Times*, 3 ago. 2019; Alan Feuer, "How Buffalo Suspect's Racist Writings Reveal Links to Other Attacks". *The New York Times*, 16 maio 2022.

172. Ver Ian Schwartz, "Laura Ingraham: Democrats Want to Replace American Voters with Newly Amnestied Citizens". RealClearPolitics, 17 out. 2018.

173. Ver *The The New York Times' Tucker Carlson Tonight* interativo.

174. Citado em Jonathan Chair, "Yes, Tucker Carlson Shares Blame for the Buffalo Supermarket Attack. The White Nationalist's Allies Mount an Unconvincing Defense". *Intelligencer*, 16 maio 2022.

Notas 267

175. Ver Daniel A. Cox, "After the Ballots Are Counted: Conspiracies, Political Violence, and American Exceptionalism: Findings from the January 2021 American Perspectives Survey". Survey Center on American Life, American Enterprise Institute, 11 fev. 2021.

176. Ver Alan Yuhas, "Trump Says He May Not Accept Result if Clinton Wins, in Reversal from Debate". *The Guardian*, 1 out. 2016; Jeremy Diamond, "Donald Trump: 'I Will Totally Accept' Election Results 'if I Win'". CNN, 20 out. 2016.

177. "Trump Claims Millions Voted Illegally in Presidential Poll". BBC, 28 nov. 2016.

178. Mark Bowden e Matthew Teague, *The Steal*. Nova York: Atlantic Monthly Press, 2022, pp. 2-3.

179. Bob Woodward e Robert Costa, *Peril*. Nova York: Simon & Schuster, 2021, p. 131.

180. Mark Bowden e Matthew Teague, *The Steal*, p. 3; Kevin Liptak, "A List of the Times Trump Has Said He Won't Accept the Election Results or Leave Office if He Loses". CNN, 24 set. 2020.

181. Citado em Mark Bowden e Matthew Teague, *The Steal*, p. 82.

182. Bob Woodward e Robert Costa, *Peril*, pp. 144, 153, 288.

183. Para relatos detalhados desses esforços, ver Mark Bowden e Matthew Teague, *The Steal*; Bob Woodward e Robert Costa, *Peril*; e Jonathan Karl, *Betrayal: The Final Act of the Trump Show*. Nova York: Dutton, 2021.

184. Mark Bowden e Matthew Teague, *The Steal*, pp. 202-3.

185. Citado em Bob Woodward e Robert Costa, *Peril*, pp. 151-2. Ver Betsy Woodruff Swan, "Read the Never-Issued Trump Order That Would Have Seized Voting Machines". *Politico*, 25 jan. 2022; e Alan Feuer et al., "Trump Had Role in Weighing Proposals to Seize Voting Machines". *The New York Times*, 31 jan. 2022.

186. Jonathan Karl, *Betrayal*, pp. 258, 266, 271; Bob Woodward e Robert Costa, *Peril*, pp. 230, 238-9.

187. Ver Katie Benner, "Justice Dept. Is Reviewing Role of Fake Trump Electors, Top Official Says". *The New York Times*, 25 jan. 2022.

188. Jamie Gangel e Jeremy Herb, "Memo Shows Trump Lawyer's Six-Step Plan for Pence to Overturn the Election". CNN, 21 set. 2021; Jonathan Karl, *Betrayal*, pp. 259-60; Bob Woodward e Robert Costa, *Peril*, pp. 209-12; Richard L. Hasen, "Identifying and Minimizing the Risk of Election Subversion and Stolen Elections in the Contemporary United States". *Harvard Law Review Forum*, v. 135, 2022, pp. 273-4.

189. Andrew Solender, "Just 25 Republicans in Congress Have Acknowledged Biden's Win Since Electoral College Vote". *Forbes*, 17 dez. 2020.

190. Ver "GOP Democracy Report Card". Republican Accountability. Disponível em: <accountability.gop/report-card>.

191. Ver Karen Yourish, Larry Buchanan e Denise Lu, "The 147 Republicans Who Voted to Overturn Election Results". *The New York Times*, 7 jan. 2021.

192. Ver Matthew Choi, "Georgia Elections Official Says Lindsey Graham Looked for Way to Exclude Some Legal Ballots". *Politico*, 16 nov. 2020.

193. Aaron Blake, "The Big Disconnect Between Mike Lee's Words and His Actions". *Washington Post*, 18 abr. 2022.

194. Ver Michael Kranish, "Inside Ted Cruz's Last-Ditch Battle to Keep Trump in Power". *Washington Post*, 28 mar. 2022.

195. Ver Nick Corasaniti, Karen Yourish e Keith Collins, "How Trump's 2020 Election Lies Have Gripped State Legislatures". *The New York Times*, 22 maio 2022.

196. Ibid.

197. Zack Beauchamp, "The Big Lie Is the GOP's One and Only Truth". *Vox*, 21 maio 2021; Ashley Parker e Marianna Sotomayor, "For Republicans, Fealty to Trump's Election Falsehood Becomes Defining Loyalty Test". *Washington Post*, 2 maio 2021.

198. Ver Michael Gerson, "The Threat of Violence Now Infuses GOP Politics. We Should All Be Afraid". *Washington Post*, 20 maio 2021.

199. Ver Luke Broadwater e Matthew Rosenberg, "Republican Ties to Extremist Groups Are Under Scrutiny". *The New York Times*, 10 jun. 2021; Catie Edmondson, "Marjorie Taylor Greene's Controversies Are Piling Up. Republicans Are Quiet". *The New York Times*, 25 maio 2021; Felicia Sonmez, "Rep. Paul Gosar Tweets Altered Anime Video Showing Him Killing Rep. Ocasio-Cortez and Attacking President Biden". *Washington Post*, 8 nov. 2021.

200. Craig Mauger e Beth Leblanc, "Trump Tweets 'Liberate' Michigan, Two Other States with Dem Governors". *Detroit News*, 17 abr. 2020; Lois Beckett, "Armed Protesters Demonstrate Against COVID-19 Lockdown at Michigan Capitol". *The Guardian*, 30 abr. 2020; Kathleen Gray, "In Michigan, a Dress Rehearsal for the Chaos at the Capitol on Wednesday". *The New York Times*, 9 jan. 2021.

201. Ver Craig Mauger e Beth Leblanc, "Trump Tweets 'Liberate' Michigan, Two Other States with Dem Governors".

202. Katelyn Burns, "Armed Protesters Entered Michigan's State Capitol During Rally Against Stay-at-Home Order". *Vox*, 30 abr. 2020; Lois Beckett, "Armed Protesters Demonstrate Against Covid-19 Lockdown at Michigan Capitol".

203. Ver Emily Singer, "Republicans Encourage Violence Against Protesters amid Anti-racism Demonstrations". *American Independent*, 4 set. 2020.

204. Doha Madani, "Matt Gaetz Tweet on Hunting Antifa Hit with Warning from Twitter for Glorifying Violence". MSNBC, 2 jun. 2020.

205. Ver David Smith, "Why Republicans Are Embracing Kyle Rittenhouse as Their Mascot". *The Guardian*, 27 nov. 2021; John Fritze, Kevin Johnson e David Jackson, "Trump Defends Kyle Rittenhouse on Eve of Visit to Kenosha". *USA Today*, 31 ago. 2020.

206. Ver David Smith, "Why Republicans Are Embracing Kyle Rittenhouse as Their Mascot".

207. Joan E. Greve, "St. Louis Couple Who Threatened Black Lives Matter Protesters Speak at RNC". *The Guardian*, 25 ago. 2020.

208. Ver Michael Wines, "Here Are the Threats Terrorizing Election Workers". *The New York Times*, 3 dez. 2020; Linda So e Jason Szep, "U.S. Election Workers Get

Little Help from Law Enforcement as Terror Threats Mount". Reuters, 8 set. 2021. Ver também Mark Bowden e Matthew Teague, *The Steal*.

209. "Local Election Officials Survey". Brennan Center for Justice, 6 mar. 2022, p. 19.

210. Ver Rich Kremer, "County Republican Parties Facing Scrutiny over Online Rhetoric in Wake of Insurrection". Wisconsin Public Radio, 12 jan. 2021.

211. Ver Alana Wise, "DOD Took Hours to Approve National Guard Request During Capitol Riot, Commander Says". NPR, 3 mar. 2021.

212. Bob Woodward e Robert Costa, *Peril*, 256.

213. Jonathan Karl, *Betrayal*, p. 339.

214. Libby Cathey, "Trump's Attempts to Discredit Jan. 6 Committee Being Put to Test Thursday". ABC News, 9 jun. 2022.

215. Ver Cristina Marcos, "GOP Efforts to Downplay Danger of Capitol Riot Increase". *Hill*, 21 maio 2021.

216. Ver Allison Pecorin, "GOP Sen. Ron Johnson Says He Didn't Feel 'Threatened' by Capitol Marchers but May Have if BLM or Antifa Were Involved". ABC News, 13 mar. 2021.

217. Ver Eugene Scott, "White House Condemns Greene over Claim She Would Have 'Won' Jan. 6 Insurrection". *Washington Post*, 12 dez. 2022.

218. Ver Jonathan Weisman e Reid J. Epstein, "GOP Declares Jan. 6 Attack 'Legitimate Political Discourse'". *The New York Times*, 4 fev. 2022.

219. Paul Waldman, "Elite Republicans Are Now Openly Encouraging Political Violence". *Washington Post*, 20 jun. 2022.

220. Ver Katie Glueck, Azi Paybarah e Leah Askarinam, "In More Than 100 GOP Midterm Ads This Year: Guns, Guns, Guns". *The New York Times*, 27 maio 2022.

221. Cristina Marcos, "Cheney in Defiant Floor Speech: Trump on 'Crusade to Undermine Our Democracy'". *Hill*, 11 maio 2021.

222. Ver John Eligon e Thomas Kaplan, "These Are the Republicans Who Supported Impeaching Trump". *The New York Times*, 17 set. 2021.

223. Jonathan Martin e Alexander Burns, *This Will Not Pass: Trump, Biden, and the Battle for America's Future*. Nova York: Simon & Schuster, 2022, pp. 432-3; "Wyoming GOP Votes to Stop Recognizing Cheney as a Republican". Associated Press, 15 nov. 2021.

224. Jonathan Martin e Alexander Burns, *This Will Not Pass*, pp. 338-41, 217-8.

225. Jonathan Karl, *Betrayal*, pp. 240-1; Jonathan Martin e Alexander Burns, *This Will Not Pass*, p. 127.

226. Ver Alexander Burns e Jonathan Martin, "'I've Had It with This Guy': GOP Leaders Privately Blasted Trump After Jan. 6". *The New York Times*, 21 abr. 2022; Jonathan Martin e Alexander Burns, *This Will Not Pass*, pp. 222-3, 230-2.

227. Bob Woodward e Robert Costa, *Peril*, p. 342.

228. Ver Alexander Burns e Jonathan Martin, "'I've Had It with This Guy'"; Jonathan Martin e Alexander Burns, *This Will Not Pass*, pp. 222-3

229. Ver Alexander Burns e Jonathan Martin, "'I've Had It with This Guy'"; Jonathan Martin e Alexander Burns, *This Will Not Pass*, pp. 218, 230-1.

230. Jonathan Martin e Alexander Burns, *This Will Not Pass*, pp. 245-6.

231. Jonathan Karl, *Betrayal*, pp. 331-3.

232. Ver Paul LeBlanc, "McConnell Says He'll 'Absolutely' Support Trump in 2024 if He's the GOP Nominee". CNN, 25 fev. 2021; Carly Roman, "Kevin McCarthy: Trump Wants Me to Be Speaker". *Washington Examiner,* 19 jun. 2021.

233. Jonathan Martin e Alexander Burns, *This Will Not Pass*, p. 361.

234. Ibid., pp. 226, 244.

235. Jonathan Karl, *Betrayal*, pp. 243-4.

236. Deborah L. Norden, *Military Rebellion in Argentina: Between Coups and Consolidation.* Lincoln: University of Nebraska Press, 1996, pp. 117-9.

237. Ibid.

238. Ibid., pp. 136-7.

239. José Luis Manzano (ex-líder peronista), entrevista com Levitsky, 19 jan. 2022.

240. Ibid.

241. Mario Wainfeld (jornalista e ex-ativista peronista), entrevista com Levitsky, 21 dez. 2021.

242. Ibid.; José Luis Manzano, entrevista com Levitsky, 19 jan. 2022.

243. Ibid.

244. José Luis Manzano, entrevista com Levitsky, 19 jan. 2022.

245. Mario Wainfeld, entrevista com Levitsky, 21 dez. 2021.

246. Ibid.

247. José Luis Manzano, entrevista com Levitsky, 19 jan. 2022.

248. Ibid.

249. Ver "GOP Democracy Report Card".

250. Ibid.

5. Maiorias acorrentadas [pp. 127-54]

1. Julian Zelizer, *Fierce Urgency of Now,* p. 209.

2. A exigência ou não de pré-autorização por parte das jurisdições era determinada por uma fórmula especificada na seção 4 da Lei dos Direitos de Voto (1965).

3. Steven V. Roberts, "Voting Rights Act Renewed in Senate by Margin of 85-8". *The New York Times,* 19 jun. 1982.

4. Carl Hulse, "By a Vote of 98-0, Senate Approves 25-Year Extension of Voting Rights Act". *The New York Times,* 21 jul. 2006.

5. Drosenfeld, "July 20, 2006: Mitch McConnell Votes to Re-authorize the Voting Rights Act". C-SPAN, 28 jul. 2020.

6. "Public Opinion on the Voting Rights Act". Roper Center for Public Opinion Research, 6 ago. 2015.

7. Vann R. Newkirk II, "How Shelby County v. Holder Broke America". *Atlantic,* 10 jul. 2018.

Notas

8. Linda Greenhouse, *Justice on the Brink: A Requiem for the Supreme Court*. Nova York: Random House, 2021, p. 13.

9. Ver Caterina Feder e Michael G. Miller, "Voter Purges After Shelby". *American Politics Research*, v. 46, n. 6, pp. 687-92, 2020; Matt Vasilogambros, "Polling Places Remain a Target Ahead of November Elections". Pew Charitable Trusts, 4 set. 2018.

10. Ari Berman, "Eight Years Ago, the Supreme Court Gutted the Voting Rights Act. Widespread Voter Suppression Resulted". *Mother Jones*, 25 jun. 2021.

11. John Lewis et al., "John Lewis and Others React to the Supreme Court's Voting Rights Act Ruling". *Washington Post*, 25 jun. 2013.

12. Caitlin Oprysko, "House Passes Voting Rights Package Aimed at Restoring Protections". *Politico*, 6 dez. 2019.

13. Marianne Levine, "McConnell Won't Allow Vote on Election Reform Bill". *Politico*, 6 mar. 2019.

14. Luke Broadwater, "After Death of John Lewis, Democrats Renew Push for Voting Rights Law". *The New York Times*, 21 jul. 2020.

15. "Read the Full Transcript of Obama's Eulogy for John Lewis". *The New York Times*, 30 jul. 2020.

16. Mike DeBonis, "Senate Republicans Block Debate on a Third Major Voting Rights Bill". *Washington Post*, 3 nov. 2021.

17. Grace Panetta, "What's in the Major Voting Rights Bill That Senate Republicans Voted to Block". *Insider*, 20 jan. 2022.

18. Adam Eichen e Kevin Rissmiller, "A Majority of Americans Support Fixing the Filibuster to Pass the Freedom to Vote: John R. Lewis Act". Data for Progress, 19 jan. 2022.

19. "National Tracking Poll 2201029". Morning Consult/Politico, jan. 2022.

20. Nicholas Reimann, "Sinema Won't Support Eliminating Filibuster — Effectively Killing Democrats' Voting Rights Bill". *Forbes*, 13 jan. 2022.

21. A expressão "não foram projetadas para a democracia" é de Jamelle Bouie, "American Power, Prosperity, and Democracy", palestra pública, LaFollette Forum, Universidade do Wisconsin, Madison, 4 maio 2022.

22. Nate Silver, "The Senate's Rural Skew Makes It Very Hard for Democrats to Win the Supreme Court". FiveThirtyEight, 20 set. 2020.

23. Paul Starr, *Entrenchment: Wealth, Power, and the Constitution of Democratic Societies*. New Haven, CT: Yale University Press, 2019, p. 118.

24. *West Virginia State Board of Education v. Barnette*, 319 U.S., 1943, pp. 624, 638.

25. Ibid.

26. Noah Feldman, *Scorpions: The Battles and Triumphs of FDR's Great Supreme Court Justices*. Nova York: Hachette, 2010, p. 179.

27. Ibid.

28. Ibid., p. 185.

29. *West Virginia State Board of Education v. Barnette*, 319 U.S., p. 638.

30. Akhil Reed Amar, *The Bill of Rights: Creation and Reconstruction*. New Haven, CT: Yale University Press, 2008; Ronald Dworkin, *Freedom's Law: The Moral Reading of the American Constitution*. Cambridge, MA: Harvard University Press, 1996; Richard Fallon, "The Core of an Uneasy Case for Judicial Review". *Harvard Law Review*, v. 121, n. 7, p. 1700, maio 2008.

31. John Hart Ely, *Democracy and Distrust: A Theory of Judicial Review*. Cambridge, MA: Harvard University Press, 1980; Robert Post e Reva Siegel, "Popular Constitutionalism, Departmentalism, and Judicial Supremacy". *California Law Review*, v. 92, 2004.

32. Paul Starr, *Entrenchment*, p. 106.

33. Donald Lutz, "Toward a Theory of Constitutional Amendment". *American Political Science Review*, v. 88, n. 2, p. 363, jun. 1994. Ver também Melissa Schwartzberg, *Counting the Many: The Origins and Limits of Supermajority Rule*. Nova York: Cambridge University Press, 2014, pp. 187-8.

34. Isabel Kershner, "A Proposal to Overhaul the Judiciary Is Roiling Israel. What Is the Plan?". *The New York Times*, 14 fev. 2023.

35. Patrick Kingsley, "Netanyahu Surges Ahead with Judicial Overhaul, Prompting Fury in Israel". *The New York Times*, 12 jan. 2023.

36. Um dos mais destacados especialistas na questão de como diferentes democracias equilibram direitos da maioria e da minoria é Arend Lijphart, autor de *Patterns of Democracy: Government Forms and Performance in Thirty-six Countries*. New Haven, CT: Yale University Press, 1999.

37. Ver Robert A. Dahl, *Democracy and Its Critics*. New Haven, CT: Yale University Press, 1989, pp. 155-6.

38. Ibid.

39. Nos sistemas presidencialistas, isto significa que os candidatos que obtêm maiorias eleitorais devem vencer; nas democracias parlamentaristas, os governos devem contar com o apoio (explícito ou implícito) de partidos que representem uma maioria eleitoral.

40. Ver Melissa Schwartzberg, *Counting the Many*.

41. Ibid., pp. 142-4.

42. Ver Duncan McCargo, "Democratic Demolition in Thailand". *Journal of Democracy*, v. 30, n. 4, pp. 119-33, out. 2019.

43. Pamela Constable e Arturo Valenzuela, *A Nation of Enemies: Chile Under Pinochet*. Nova York: W. W. Norton, 1991, pp. 313-6.

44. Andrew Coan, "The Dead Hand Revisited". *Emory Law Journal*, v. 7, 2020.

45. John Locke, conforme citado por Stephen Holmes, *Passions and Constraint: On the Theory of Liberal Democracy*. Chicago: University of Chicago Press, 1995, p. 140.

46. Stephen Holmes, *Passions and Constraint*, p. 140.

47. Jefferson para Madison, 6 set. 1789, citado em Zachary Elkins, Tom Ginsburg e James Melton, *The Endurance of National Constitutions*. Nova York: Cambridge University Press, 2009, p. 1.

Notas

48. Zachary Elkins, Tom Ginsburg e James Melton, *The Endurance of National Constitutions*, p. 1.
49. Citado em Zachary Elkins, Tom Ginsburg e James Melton, *The Endurance of National Constitutions*, p. 13.
50. Paul Starr, *Entrenchment*, p. 106.
51. Michael Klarman, *The Framers' Coup: The Making of the United States Constitution*. Nova York: Oxford University Press, 2016, p. 628.
52. Ibid.
53. Sanford Levinson, *Our Undemocratic Constitution*, p. 165.
54. James MacGregor Burns, *Packing the Court: The Rise of Judicial Power and the Coming Crisis of the Supreme Court*. Nova York: Penguin, 2009, pp. 145-52.
55. Robert Dahl, *How Democratic Is the American Constitution?*. New Haven, CT: Yale University Press, 2002, pp. 18-9.
56. Robert Mickey, *Paths Out of Dixie*; Edward Gibson, *Boundary Control: Subnational Authoritarianism in Federal Democracies*. Nova York: Cambridge University Press, 2013.
57. Zachary Elkins, Tom Ginsburg e James Melton, *The Endurance of National Constitutions*, pp. 141-2; Steven L. Taylor et al., *A Different Democracy: American Government in a Thirty-One-Country Perspective*. New Haven, CT: Yale University Press, 2014, pp. 79-81.
58. Gordon Wood, *The Radicalism of the American Revolution*. Nova York: Vintage, 1991.
59. Woody Holton, *Unruly Americans and the Origins of the Constitution*. Nova York: Farrar, Straus and Giroux, 2007.
60. Michael Klarman, *The Framers' Coup*, pp. 228, 244-5; Robert Dahl, *How Democratic Is the American Constitution?*, p. 68.
61. Michael Klarman, *The Framers' Coup*, pp. 243-4.
62. David Brian Robertson, *The Constitution and America's Destiny*. Nova York: Cambridge University Press, 2005, pp. 101-2.
63. Michael Klarman, *The Framers' Coup*, pp. 126-7.
64. Linda Colley, *The Gun, the Ship, and the Pen: Warfare, Constitutions, and the Making of the Modern World*. Nova York: Liveright, 2021; Michael Klarman, *The Framers' Coup*.
65. Guillermo O'Donnell e Philippe C. Schmitter, *Transitions from Authoritarian Rule: Tentative Conclusions About Uncertain Democracies*. Baltimore: Johns Hopkins University Press, 1986.
66. Pamela Constable e Arturo Valenzuela, *Nation of Enemies*, pp. 311-3.
67. Timothy Sisk, *Democratization in South Africa: The Elusive Social Contract*. Princeton, NJ: Princeton University Press, 1997.
68. David Waldstreicher, *Slavery's Constitution: From Revolution to Ratification*. Nova York: Hill and Wang, 2009, pp. 57-104; Michael Klarman, *The Framers' Coup*.
69. Michael Klarman, *The Framers' Coup*, p. 264.

70. Dos 55 delegados enviados à convenção, 25 eram proprietários de escravos. Ibid., p. 263.

71. Michael Klarman, *The Framers' Coup*, p. 264.

72. Sean Wilentz, *No Property in Man: Slavery and Antislavery at the Nation's Founding.* Cambridge, MA: Harvard University Press, 2019, pp. 2, 5; Michael Klarman, *The Framers' Coup*, p. 272.

73. Sean Wilentz, *No Property in Man*, p. 58.

74. Ibid., p. 2.

75. Michael Klarman, *The Framers' Coup*, p. 287.

76. Ver Sean Wilentz, *No Property in Man*, pp. 97-8.

77. Michael Klarman, *The Framers' Coup*, 264; Sean Wilentz, *No Property in Man*, p. 3.

78. Sean Wilentz, *No Property in Man*, pp. 4, 22.

79. David Waldstreicher, *Slavery's Constitution*, pp. 6, 8-9.

80. Citado em Sean Wilentz, *No Property in Man*, p. 64.

81. Jill Lepore, *These Truths: A History of the United States.* Nova York: W. W. Norton, 2018, p. 125.

82. David A. Bateman, Ira Katznelson e John S. Lapinski, *Southern Nation: Congress and White Supremacy After Reconstruction.* Princeton, NJ: Princeton University Press, 2018, p. 8.

83. Sean Wilentz, *No Property in Man*, p. 113. David Waldstreicher, *Slavery's Constitution*, p. 3.

84. David Waldstreicher, *Slavery's Constitution*, p. 3.

85. Ver Alexander Hamilton, "Federalist No. 22". In: Alexander Hamilton, James Madison e John Jay, *The Federalist, with Letters of "Brutus"*, org. de Terence Ball. Cambridge, Reino Unido: Cambridge University Press, 2003, pp. 100-1; Greg Weiner, *Madison's Metronome: The Constitution, Majority Rule, and the Tempo of American Politics.* Lawrence: University Press of Kansas, 2012, pp. 13-4.

86. Alexander Hamilton, citado em Robert Dahl, *How Democratic Is the American Constitution?*, pp. 13-4.

87. Alexander Hamilton, "Federalist No. 22", p. 100.

88. Ibid., p. 101.

89. Greg Weiner, *Madison's Metronome*, p. 14; Michael Klarman, *The Framers' Coup*, p. 185.

90. Michael Klarman, *The Framers' Coup*, p. 185.

91. David Brian Robertson, *Constitution and America's Destiny*, pp. 83-99.

92. Michael Klarman, *The Framers' Coup*, pp. 191-3.

93. Ibid., p. 193.

94. Ibid., p. 194.

95. Agradecemos a Michael Klarman (comunicação pessoal) por nos lembrar deste ponto.

96. Robert Dahl, *How Democratic Is the American Constitution?*, pp. 67, 74-6; Jesse Wegman, *Let the People Pick the President.* Nova York: St. Martin's Press, 2020, p. 58.

Notas

97. Alexander Keyssar, *Why Do We Still Have the Electoral College?* Cambridge, MA: Harvard University Press, 2020, p. 17.
98. Ibid., p. 18; Robert Dahl, *How Democratic Is the American Constitution?*, pp. 70-1.
99. Michael Klarman, *The Framers' Coup*, p. 227.
100. Alexander Keyssar, *Why Do We Still Have the Electoral College?*, pp. 19-21.
101. Ibid., p. 19.
102. Michael Klarman, *The Framers' Coup*, pp. 228, 244-5; Robert Dahl, *How Democratic Is the American Constitution?*, p. 68.
103. Klarman, *Framers'Coup*, p. 228; Jesse Wegman, *Let the People Pick the President*, pp. 70-5.
104. Alexander Keyssar, *Why Do We Still Have the Electoral College?*, p. 21; Michael Klarman, *The Framers' Coup*, p. 228.
105. Akhil Reed Amar, "Actually the Electoral College Was a Pro-Slavery Play". *The New York Times*, 6 abr. 2019.
106. Jesse Wegman, *Let the People Pick the President*, pp. 57-8.
107. Robert Dahl, *How Democratic Is the American Constitution?*, pp. 74-5.
108. Michael Klarman, *The Framers' Coup*, pp. 230-1.
109. Peter H. Wilson, *The Heart of Europe: A History of the Holy Roman Empire*. Cambridge, MA: Harvard University Press, 2016, pp. 305-7
110. Josep M. Colomer e Iain McLean, "Electing Popes: Approval Balloting and Qualified-Majority Rule". *Journal of Interdisciplinary History*, v. 29, n. 1, pp. 1-22, 1998.
111. Josep M. Colomer, "The Electoral College Is a Medieval Relic. Only the U.S. Still Has One". *Washington Post*, 11 dez. 2016.
112. Alexander Keyssar, *Why Do We Still Have the Electoral College?*, p. 24.
113. Michael Klarman, *The Framers' Coup*, p. 228; Jesse Wegman, *Let the People Pick the President*, pp. 69-70.
114. Michael Klarman, *The Framers' Coup*, p. 231.
115. Ver Robert Dahl, *How Democratic Is the American Constitution?*, pp. 77-9.
116. Alexander Hamilton, "Federalist No. 68", p. 331.
117. James MacGregor Burns, *Packing the Court*, pp. 11-2. Ver também Edgar B. Herwick III, "Why Did the Framers Give Lifetime Tenure to Supreme Court Justices?". WGBH, 2 out. 2018.
118. James MacGregor Burns, *Packing the Court*, pp. 7-8.
119. Ibid., p. 8.
120. Tom Ginsburg, "Term Limits and Turnover on the U.S. Supreme Court: A Comparative View". Depoimento à Comissão Presidencial sobre a Suprema Corte, 20 jul. 2021, p. 5.
121. Michael Klarman, *The Framers' Coup*, pp. 160-1.
122. James MacGregor Burns, *Packing the Court*, pp. 13-4.
123. James MacGregor Burns, *The Vineyard of Liberty*, p. 188.
124. Para discussões detalhadas sobre as origens e a evolução do processo de obstrução, ver Sarah A. Binder e Steven S. Smith, *Politics or Principle? Filibustering in*

the United States Senate (Washington, DC: Brookings Institution, 1997); Gregory Wawro e Eric Schickler, *Filibuster*; e Gregory Koger, *Filibustering: A Political History of Obstruction in the House and Senate*. Chicago: University of Chicago Press, 2010.

125. Ver Sarah A. Binder e Steven S. Smith, *Politics or Principle?*.

126. Citado Gregory Wawro e Eric Schickler, *Filibuster*, p. 8.

127. Sarah A. Binder e Steven S. Smith, *Politics or Principle?*, p. 11.

128. Gregory Koger, *Filibustering*, p. 40.

129. Um exemplo da adesão explícita de Madison à regra da maioria como fator definidor do "republicanismo" está em uma carta que escreveu, reimpressa em Marvin Meyers (Org.), *The Mind of the Founder: Sources of the Political Thought of James Madison*. Indianapolis: Bobbs-Merrill, 1973, pp. 520-30. Ver também Greg Weiner, *Madison's Metronome*.

130. Citado em Marvin Meyers, *Mind of the Founder*, p. 530.

131. James Madison, citado em Greg Weiner, *Madison's Metronome*, p. 16.

132. Alexander Hamilton, "Federalist No. 22", p. 101.

133. Ibid., p. 102.

134. Sarah A. Binder e Steven S. Smith, *Politics or Principle?*, pp. 5, 20, 29-33; Adam Jentleson, *Kill Switch: The Rise of the Modern Senate and the Crippling of American Democracy*. Nova York: Liveright, 2021, p. 27.

135. Sarah A. Binder e Steven S. Smith, *Politics or Principle?*, p. 35.

136. Ibid., pp. 35-7.

137. Ibid., p. 38.

138. Ibid.; Gregory Wawro e Eric Schickler, *Filibuster*, p. 14.

139. Citado em Adam Jentleson, *Kill Switch*, p. 47.

140. Sarah A. Binder e Steven S. Smith, *Politics or Principle?*, p. 39; Gregory Koger, *Filibustering*, pp. 62-3; Adam Jentleson, *Kill Switch*, p. 50.

141. Sarah A. Binder e Steven S. Smith, *Politics or Principle?*, pp. 55-8.

142. Ibid., p. 60; Gregory Wawro e Eric Schickler, *Filibuster*, pp. 42-54.

143. Sarah A. Binder e Steven S. Smith, *Politics or Principle?*, p. 79; Adam Jentleson, *Kill Switch*, pp. 64-5.

144. Sarah A. Binder e Steven S. Smith, *Politics or Principle?*, p. 79.

145. Adam Jentleson, *Kill Switch*, p. 67.

146. Gregory Koger, *Filibustering*, pp. 54-8.

147. Ibid., pp. 179-80; Adam Jentleson, *Kill Switch*, p. 212.

148. Gregory Koger, *Filibustering*, pp. 179-87; Gregory Wawro e Eric Schickler, *Filibuster*, p. 180; Adam Jentleson, *Kill Switch*, p. 212.

149. Gregory Wawro e Eric Schickler, *Filibuster*, p. 259.

150. Gregory Koger, *Filibustering*, p. 3.

151. Louis Hartz, *The Liberal Tradition in America*. Nova York: Harcourt, 1991, p. 129.

6. O governo das minorias [pp. 155-82]

1. "Die Junker gegen das Volk". *Vorwärts*, 23 fev. 1909, p. 1.
2. "Stenographischer Bericht über die 16 General-Versammlungdes Bund der Landwirte". *Korrespondenz des Bundes der Landwirte*, 22 fev. 1909, p. 70.
3. Jacob Hacker e Paul Pierson, *Let Them Eat Tweets*, pp. 172-3.
4. Stanley Suval, *Electoral Politics in Wilhelmine Germany*. Chapel Hill: University of North Carolina Press, 1985, p. 229.
5. George D. Crothers, *The German Elections of 1907*. Nova York: Columbia University Press, 1941, p. 175.
6. Dylan Matthews, "You Can't Understand What's Happened to the Senate Without These Two Graphs". *Washington Post*, 18 abr. 2013.
7. Margo Anderson, *The American Census: A Social History*. New Haven, CT: Yale University Press, 2015, pp. 133-55.
8. De 1920 até os anos 1960, os interesses rurais também ganharam influência desproporcional na Câmara dos Deputados. Isso acabou com duas decisões da Suprema Corte americana (*Baker contra Carr*, em 1962, e *Reynolds contra Sims*, em 1964).
9. Stephen Ansolabehere e James M. Snyder, *The End of Inequality: One Person, One Vote and the Transformation of American Politics*. Nova York: Norton, 2008, pp. 81-2
10. Ver Jonathan Rodden, *Why Cities Lose*. Nova York: Basic Books, 2019.
11. Ibid.
12. Ibid.
13. Suzanne Mettler e Trevor Brown, "The Growing Rural-Urban Political Divide and Democratic Vulnerability". *Annals of the American Academy of Political and Social Science*, v. 699, n. 1, pp. 130-42, 2022; Jonathan Rodden, *Why Cities Lose*.
14. James MacGregor Burns, *The Deadlock of Democracy: Four-Party Politics in America*. Englewood Cliffs, NJ: Prentice-Hall, 1963, pp. 295-6.
15. Nate Cohn, "The Electoral College's Real Problem: It's Biased Toward the Big Battlegrounds". *The New York Times*, 22 mar. 2019.
16. Ibid.
17. Laura Bronner e Nathaniel Rakich, "Advantage, GOP". FiveThirtyEight, 29 abr. 2021.
18. Frances E. Lee e Bruce I. Oppenheimer, *Sizing Up the Senate: The Unequal Consequences of Equal Representation*. Chicago: University of Chicago Press, 1999, pp. 10-1.
19. Dylan Matthews, "You Can't Understand What's Happened to the Senate Without These Two Graphs".
20. Ver Stephen Wolf, "How Minority Rule Plagues Senate: Republicans Last Won More Support Than Democrats Two Decades Ago". *Daily Kos*, 23 fev. 2021.
21. São os anos entre 1996-2001, 2003-2007 e 2015-2020. Os republicanos perderam brevemente o controle do Senado em 2001 — quando o senador por Vermont, James Jeffords, deixou o partido — mas o recuperaram em 2002.
22. Laura Bronner e Nathaniel Rakich, "Advantage, GOP".

23. Ibid.

24. Em estados com um senador de cada partido, é atribuída metade da população do estado a cada um.

25. Stephen Wolf, "How Minority Rule Plagues Senate".

26. Ian Millhiser, "America's Anti-democratic Senate, in One Number". *Vox*, 6 jan. 2021.

27. Dados de Stephen Wolf, baseados nos resultados das eleições preliminares de 2022.

28. Alexander Burns, "Making the Senate Work for Democrats". *New York Review of Books*, 19 jan. 2023.

29. Philip Bump, "The Minoritarian Third of the Supreme Court". *Washington Post*, 2 dez. 2021.

30. Ibid.

31. Christopher J. Casillas, Peter K. Enns e Patrick C. Wohlfarth, "How Public Opinion Constrains the U.S. Supreme Court". *American Journal of Political Science*, v. 55, n. 1, pp. 74-88, jan. 2011.

32. Stephen Jessee, Neil Malhotra e Maya Sen, "A Decade-Long Longitudinal Survey Shows That the Supreme Court Is Now Much More Conservative Than the Public". *Proceedings of the National Academy of Sciences*, v. 119, n. 24, p. e2120284119, 2022.

33. Miriam Seifter, "Countermajoritarian Legislatures". *Columbia Law Review*, v. 121, n. 6, pp. 1733-800, 2021; David Pepper, *Laboratories of Autocracy: A Wake-Up Call from Behind the Lines*. Cincinnati: St. Helena Press, 2021; Jacob Grumbach, *Laboratories Against Democracy: How National Parties Transformed State Politics*. Princeton, NJ: Princeton University Press, 2022. Ver também Christian R. Grose et al., "The Worst Partisan Gerrymanders in U.S. State Legislatures". University of Southern California Schwarzenegger Institute for State and Global Policy, 4 set. 2019, p. 2.

34. Jonathan Rodden, *Why Cities Lose*.

35. Miriam Seifter, "Countermajoritarian Legislatures", pp. 1744-5.

36. Ibid.

37. Ver Jonathan Rodden, *Why Cities Lose*, pp. 131-48.

38. Ibid.

39. Richard H. Pildes et al., "Brief of Political Geography Scholars as Amici Curiae in Support of Appellees". Counsel for Amici Curiae, 5 set. 2017.

40. Jonathan Rodden, *Why Cities Lose*.

41. David Daley, *Ratf**ked: Why Your Vote Doesn't Count*. Nova York: Liveright, 2017.

42. Ibid.

43. Ibid.; Christian R. Grose et al., "Worst Partisan Gerrymanders in U.S. State Legislatures", p. 1.

44. David Daley, *Ratf**ked*, p. 139.

45. Christian R. Grose et al., "Worst Partisan Gerrymanders in U.S. State Legislatures", p. 3; David Pepper, *Laboratories of Autocracy*, p. 104.

46. Miriam Seifter, "Countermajoritarian Legislatures", pp. 1762-3.

Notas

47. Ibid., pp. 1764-5.
48. Christian R. Grose et al., "Worst Partisan Gerrymanders in U.S. State Legislatures".
49. Frances Lee, *Insecure Majorities: Congress and the Perpetual Campaign*. Chicago: University of Chicago Press, 2016; John Sides, Chris Tausanovich e Lynn Vavreck, *The Bitter End: The 2020 Presidential Campaign and the Challenge to American Democracy*. Princeton, NJ: Princeton University Press, 2022. Ver também "The Great Mystery of American Politics". *Economist*, 5 jan. 2023; e Ezra Klein, "Three Theories That Explain This Strange Moment". *The New York Times*, 12 nov. 2022.
50. Ver Larry Bartels e Christopher Achen, *Democracy for Realists*. Princeton, NJ: Princeton University Press, 2017.
51. Benjamin I. Page e Martin Gilens, *Democracy in America? What Has Gone Wrong and What We Can Do About It*. Chicago: University of Chicago Press, 2020; Jacob S. Hacker e Paul Pierson, *Winner-Take-All Politics: How Washington Made the Rich Richer — and Turned Its Back on the Middle Class*. Nova York: Simon & Schuster, 2010.
52. Wendy Brown, "Alito's Dobbs Decision Will Further Degrade Democracy", *Washington Post*, 27 jun. 2022.
53. Jonathan Weisman e Jazmine Ulloa, "Supreme Court Throws Abortion to an Unlevel State Playing Field". *The New York Times*, 25 jun. 2022.
54. "Abortion". Gallup, 2022.
55. "Public Opinion on Abortion". Pew Research Center, 2022.
56. Alexandra Hutzler, "House Passes Bills to Codify Roe, Protect Interstate Travel for Abortion". ABC News, 15 jul. 2022; "Bill to Protect Abortion Rights Fails to Pass Senate", *Axios*, 11 maio 2022.
57. Elizabeth Nash e Lauren Cross, "26 States Are Certain or Likely to Ban Abortion Without Roe: Here's Which Ones and Why". Guttmacher Institute, 28 out. 2021.
58. Ver Jacob Grumbach e Christopher Warshaw, "In Many States with Antiabortion Laws, Majorities Favor Abortion Rights". *Washington Post*, 25 jun. 2022.
59. Ibid.
60. Jacob M. Grumbach, "The Supreme Court Just Rolled Democracy Back. You Can Measure How Much". *Politico*, 30 jun. 2022.
61. Laura Hancock, "Federal Judge Allows Blocked 'Heartbeat Bill' to Take Effect, Banning Abortion Around Six Weeks in Ohio". Cleveland.com, 25 jun. 2022.
62. Jane Mayer, "State Legislatures Are Torching Democracy". *New Yorker*, 6 ago. 2022.
63. Jacob M. Grumbach, "Supreme Court Just Rolled Democracy Back".
64. Eli Yokley, "After Texas Shooting, Republican and Independent Voters Drive Increase in Support for Gun Control". Morning Consult, 26 maio 2022.
65. Katherine Schaeffer, "Key Facts About Americans and Guns". Pew Research Center, 13 set. 2021; Frank Newport, "Analyzing Surveys on Banning Assault Weapons". Gallup, 14 nov. 2019; "Guns". Gallup, 2022.
66. Ronald Brownstein, "The Real Reason America Doesn't Have Gun Control". *Atlantic*, 25 maio 2022.
67. Adam Jentleson, *Kill Switch*, pp. 18-9.

68. Ibid., p. 19.

69. Gabby Birenbaum, "The House Just Passed Universal Background Checks for Gun Sales — Again". *Vox*, 11 mar. 2021.

70. Mychael Schnell, "House Passes Bill to Ban Assault Weapons". *Hill*, 29 jul. 2022.

71. Brianna Herlihy, "Key GOP Senator Says Schumer's Assault Weapons Ban 'No Longer on the Table'". Fox News, 7 dez. 2022.

72. Shawn Salamone, "Baldwin Wallace CRI Poll Finds Broad Support for New Gun Laws in Ohio". Baldwin Wallace University, 22 mar. 2018.

73. Jane Mayer, "State Legislatures Are Torching Democracy".

74. Jamelle Bouie, "It's Not Looking Too Good for Government of the People, by the People, and for the People". *The New York Times*, 27 maio 2022.

75. Mads Andreas Elkjær e Torben Iversen, "The Democratic State and Redistribution: Whose Interests Are Served?". *American Political Science Review*, v. 117, n. 2, p. 14, 2022.

76. Larry M. Bartels, *Unequal Democracy: The Political Economy of the New Gilded Age*. Nova York: Russell Sage Foundation, 2008, p. 224.

77. Martha J. Bailey, John DiNardo e Bryan A. Stuart, "The Economic Impact of a High National Minimum Wage: Evidence from the 1966 Fair Labor Standards Act". *Journal of Labor Economics*, v. 39, n. S2, p. S330, 2021.

78. Ralph E. Smith e Bruce Vavrichek, "The Minimum Wage: Its Relation to Incomes and Poverty". *Monthly Labor Review*, pp. 26-7, jun. 1987.

79. Larry M. Bartels, *Unequal Democracy*, p. 226.

80. David Cooper, Elise Gould e Ben Zipperer, "Low-Wage Workers Are Suffering from a Decline in the Real Value of the Federal Minimum Wage". Economic Policy Institute, 27 ago. 2019, figura A.

81. Scott A. Wolla, "Would Increasing the Minimum Wage Reduce Poverty?". *Page One Economics*, mar. 2014.

82. Larry M. Bartels, *Unequal Democracy*, pp. 230-1; ver também Martin Gilens, *Affluence and Influence: Economic Inequality and Political Power in America*. Princeton, NJ: Princeton University Press, 2012, p. 114.

83. Wesley Lowery, "Senate Republicans Block Minimum Wage Increase Bill". *Washington Post*, 30 abr. 2014.

84. Ver Alexa Fernández Campbell, "The $15 Minimum Wage Bill Has All but Died in the Senate". *Vox*, 16 ago. 2019.

85. Ver "Poll: Majority of Voters Support $15 Minimum Wage". *Hill*, 24 jan. 2019.

86. Amina Dunn, "Most Americans Support a $15 Federal Minimum Wage". Pew Research Center, 22 abr. 2021.

87. Jennifer De Pinto. "Most Americans Favor a Higher Federal Minimum Wage — CBS News Poll". CBS News, 5 set. 2021.

88. Emily Cochrane, "Top Senate Official Disqualifies Minimum Wage from Stimulus Plan". *The New York Times*, 25 fev. 2021.

Notas

89. Ver Matthew Desmond, *Poverty, by America*. Nova York: Crown, 2023; David Brady, *Rich Democracies, Poor People: How Politics Explains Poverty*. Oxford, Reino Unido: Oxford University Press, 2009; Jacob Hacker et al. (Orgs.), *The American Political Economy: Politics, Markets, and Power*. Cambridge, Reino Unido: Cambridge University Press, 2021.

90. Lane Kenworthy e Jonas Pontusson, "Rising Inequality and the Politics of Redistribution in Affluent Countries". *Perspectives on Politics*, v. 3, n. 3, pp. 449-71, 2005.

91. Para um apanhado geral, ver Sheri Berman, "The Causes of Populism in the West", *Annual Review of Political Science*, v. 24, pp. 71-88, 2021.

92. Martin Gilens, *Affluence and Influence*; David Brady, *Rich Democracies*; Jacob S. Hacker e Paul Pierson, *Winner-Take-All Politics*; Jonas Pontusson, "Unionization, Inequality and Redistribution". *British Journal of Industrial Relations*, v. 51, n. 4, pp. 797-825, 2013.

93. Paul Starr, *Entrenchment*.

94. Jonathan Martin, "In Capital, a G.O.P. Crisis. At the R.N.C. Meeting, a Trump Celebration". *The New York Times*, 8 jan. 2021.

95. Ibid.

96. Ibid.

97. Ibid.

98. Ibid.

99. Brittany Bernstein, "Kevin McCarthy Thanks Trump After Speakership Win: 'I Don't Think Anybody Should Doubt His Influence'". *National Review*, 7 jan. 2023.

100. Leigh Ann Caldwell e Amy B. Wang, "Greene, Gosar Lost Committee Seats over Comments. Now, They're Back". *Washington Post*, 17 jan. 2023.

101. John Stuart Mill, *On Liberty*. Boston: Ticknor and Fields, 1863, p. 102.

102. Alexander Hamilton, James Madison e John Jay, *The Federalist*, p. 43.

103. Paul Pierson, "Power and Path Dependence". In: James Mahoney e Kathleen Thelen (Orgs.), *Advances in Comparative-Historical Analysis*. Nova York: Cambridge University Press, 2015, pp. 24-46.

104. Bridgit Bowden e Shawn Johnson, "Wisconsin Republicans' Map Still Stands, but a Supreme Court Case Could Have Changed Everything". Wisconsin Public Radio, 20 out. 202.1

105. Laurel White, "U.S. Supreme Court Ruling Effectively Ends Wisconsin Gerrymandering Challenge". Wisconsin Public Radio, 27 jun. 2019.

106. Ethan Herenstein e Thomas Wolf, "The 'Independent State Legislature Theory', Explained". Brennan Center for Justice, 6 jun. 2022.

107. Richard L. Hasen, "Identifying and Minimizing the Risk of Election Subversion and Stolen Elections in the Contemporary United States", p. 287; J. Michael Luttig, "Opinion: The Republican Blueprint to Steal the 2024 Election". CNN, 27 abr. 2022.

108. J. Michael Luttig, "Republican Blueprint to Steal the 2024 Election"; Richard L. Hasen, "Identifying and Minimizing the Risk of Election Subversion and Stolen Elections in the Contemporary United States", p. 286.

109. Ver Cas Mudde, *The Far Right Today*. Nova York: Polity, 2019.

7. Estados Unidos, o ponto fora da curva [pp. 183-204]

1. Håvard Friis Nilsen, "Republican Monarchy: The Neo-Roman Concept of Liberty and the Norwegian Constitution of 1814". *Modern Intellectual History*, v. 16, n. 1, pp. 29-56, 2019.

2. Ruth Hemstad, *"Like a Herd of Cattle": Parliamentary and Public Debates Regarding the Cession of Norway, 1813-1814*. Oslo: Akademisk Publisering, 2014.

3. Håvard Friis Nilsen, "Republican Monarchy".

4. Ola Mestad, "The Impact of the U.S. Constitution on the Norwegian Constitution and on Emigration to America". In: Terje Mikael e Hasle Joranger (Orgs.), *Norwegian-American Essays*. Oslo: Novus Press, 2017.

5. Ibid., p. 3.

6. Håvard Friis Nilsen, "Republican Monarchy", p. 39.

7. George Athan Billias, *American Constitutionalism Heard Around the World, 1776-1989*. Nova York: New York University Press, 2009, p. 144.

8. Ola Mestad, "The Impact of the U.S. Constitution on the Norwegian Constitution and on Emigration to America", p. 36.

9. Håvard Friis Nilsen, "Republican Monarchy".

10. Tom Ginsburg e James Melton, "Norway's Enduring Constitution: Implications for Countries in Transition". Estocolmo: International IDEA, 2014.

11. Bernt Aardal, "Electoral Systems in Norway". In: Bernard Grofman e Arend Lijphart (Orgs.), *The Evolution of Electoral and Party Systems in the Nordic Countries*. Nova York: Agathon Press, 2002, p. 74.

12. Ibid., p. 178.

13. Ibid., p. 175.

14. Ibid., p. 178.

15. Eivind Smith, "The Rise and Fall of the Quasi-bicameral System of Norway (1814-2007)". In: Nikolaj Bijleveld et al. (Orgs.), *Reforming Senates: Upper Legislative Houses in North Atlantic Small Powers, 1800-Present*. Londres: Routledge, 2021.

16. "Norway's Constitution of 1814 with Amendments Through 2004". *Comparative Constitutions Project*.

17. Tom Ginsburg e James Melton, "Norway's Enduring Constitution", pp. 13-4.

18. Bernt Aardal, "Electoral Systems in Norway", p. 193.

19. Eivind Smith, "Rise and Fall of the Quasi-bicameral System of Norway".

20. Tom Ginsburg e James Melton, "Norway's Enduring Constitution", p. 9.

Notas

21. Oystein Steinlien, "The Sami Law: A Change of Norwegian Government Policy Toward the Sami Minority?". *Canadian Journal of Native Studies*, v. 9, n. 1, pp. 1-14, 1989.

22. Rauna Kuokkanen, *Restructuring Relations: Indigenous Self-Determination, Governance, and Gender*. Oxford: Oxford University Press, 2019, p. 80.

23. Tom Ginsburg e James Melton, "Norway's Enduring Constitution", p. 9.

24. Ibid.

25. "Norway's Constitution of 1814 with Amendments Through 2004".

26. Anine Kierulf, "Norway: Human Rights and Judicial Review Constitutionalized". *International Journal of Constitutional Law Blog*, 15 jun. 2015.

27. Tom Ginsburg e James Melton, "Norway's Enduring Constitution", p. 7.

28. José A. Cheibub, Fernando Limongi e Adam Przeworski, "Electing Presidents: A Hidden Facet of Democratization". SSRN Electronic Journal, 2022.

29. J. A. R. Marriott, *Second Chambers: An Inductive Study in Political Science*. Oxford: Clarendon Press, 1910, pp. 1, 240.

30. Richard Albert, "The Modern Liberum Veto". *International Journal of Constitutional Law Blog*, 21 fev. 2013.

31. Nicholas C. Wheeler, "The Noble Enterprise of State Building: Reconsidering the Rise and Fall of the Modern State in Prussia and Poland". *Comparative Politics*, v. 44, n. 1, p. 31, 2011.

32. Alexander Hamilton, "Federalist No. 22", pp. 101-2.

33. Georg Jellinek, "Parliamentary Obstruction". *Political Science Quarterly*, v. 19, n. 4, p. 579, 1904.

34. Ver José A. Cheibub, Fernando Limongi e Adam Przeworski, "Electing Presidents".

35. Daniele Caramani, *The Societies of Europe*. Londres: Macmillan, 2000, p. 58; o Senado da França, a menos proeminente das duas casas parlamentares francesas, continua a ser eleito indiretamente por meio de painéis eleitorais.

36. Julian Jackson, *De Gaulle*. Cambridge, MA: Harvard University Press, 2018, p. 505. [Ed. bras.: *Charles de Gaulle: Uma biografia*. Rio de Janeiro: Zahar, 2020.]

37. José A. Cheibub, Fernando Limongi e Adam Przeworski, "Electing Presidents", p. 6.

38. Esta descrição se baseia em Paul Starr, *Entrenchment*, p. 109. Ver Jonathan Rodden, "Why Did Western Europe Adopt Proportional Representation? A Political Geography Explanation". Manuscrito inédito, Stanford University, 2010; Patrick Emmenegger e André Walter, "Disproportional Threat: Redistricting as an Alternative to Proportional Representation". *Journal of Politics*, v. 83, n. 3, pp. 917-33, 2021; Lucas Leemann e Isabela Mares, "The Adoption of Proportional Representation". *Journal of Politics*, v. 76, n. 2, pp. 461-78, 2014.

39. Arend Lijphart, *Thinking About Democracy: Power Sharing and Majority Rule in Theory and Practice*. Londres: Routledge, 2008, pp. 125-37.

40. Paul Starr, *Entrenchment*, p. 109.

41. Números eleitorais extraídos de F. W. S. Craig, *Electoral Facts: 1885-1975*. Londres: Macmillan, 1976, p. 32.

42. Daniel Ziblatt, *Conservative Parties and the Birth of Democracy*, p. 146; Iain McLean, *What's Wrong with the British Constitution?*. Oxford: Oxford University Press, 2010, p. 9.

43. Corinne Comstock Weston, *The House of Lords and Ideological Politics: Lord Salisbury's Referendal Theory and the Conservative Party, 1846-1922*. Filadélfia: American Philosophical Society, 1995.

44. Roy Jenkins, *Mr. Balfour's Poodle: An Account of the Struggle Between the House of Lords and the Government of Mr. Asquith*. Londres: Heinemann, 1954.

45. Iain McLean e Jennifer Nou, "Why Should We Be Beggars with the Ballot in Our Hand? Veto Players and the Failure of Land Value Taxation in the United Kingdom, 1909-14". *British Journal of Political Science*, v. 36, n. 4, p. 583, 2006.

46. Daniel Ziblatt, *Conservative Parties and the Birth of Democracy*, p. 147.

47. *The Parliamentary Debates*. Relatório oficial, Câmara dos Lordes, 4 jul. 1911, p. 101.

48. A grande reforma seguinte veio quase um século depois, sob o governo do primeiro-ministro Tony Blair. Sobre essa reforma, ver Meg Russell, *The Contemporary House of Lords: Westminster Bicameralism Revived*. Oxford: Oxford University Press, 2013, p. 34.

49. Louis Massicotte, "Legislative Unicameralism: A Global Survey and a Few Case Studies". *Journal of Legislative Studies*, v. 7, n. 1, p. 151, 2002.

50. Peter Bucher (Org.), *Der Verfassungskonvent auf Herrenchiemsee*. Boppard: Boldt, 1981.

51. Sobre as origens do Bundesrat na Alemanha imperial, ver Daniel Ziblatt, *Structuring the State: The Formation of Italy and Germany and the Puzzle of Federalism*. Princeton, NJ: Princeton University Press, 2006, p. 137.

52. Michael F. Feldkamp, *Der Parlamentarische Rat 1948-1949: Die Entstehung des Grundgesetzes*. Göttingen: Vandenhoeck & Ruprecht, 2019.

53. Ibid., pp. 80-1.

54. Jon C. Morgan, "Cloture: Its Inception and Usage in the Alabama Senate". *Journal of the American Society of Legislative Clerks and Secretaries*, v. 17, n. 1, pp. 15-34, 2011.

55. Robert Laird Borden, *Robert Laird Borden, His Memoirs*. Toronto: McClelland and Stewart, 1969, p. 195.

56. Ibid., pp. 194-5.

57. Mikko Mattila, "From Qualified Majority to Simple Majority: The Effects of the 1992 Change in the Finnish Constitution". *Scandinavian Political Studies*, v. 20, n. 4, p. 332, 1997.

58. Matt Qvortrup, *A Comparative Study of Referendums: Government by the People*. 2. ed. Manchester: Manchester University Press, 2005, p. 123.

59. Helgi Bernódusson, "Filibustering in the Althingi". Comunicação do secretário-geral do Althingi. Association of Secretaries-General of Parliaments, mar. 2016.

60. Ibid.

61. Ibid.

62. Ibid.

Notas 285

63. Gréta Sigríður Einarsdóttir, "Parliament Operations Changed to Eliminate Filibusters". *Iceland Review*, 11 set. 2019.

64. Steven L. Taylor et al., *Different Democracy*, pp. 296-7.

65. James G. Snell e Frederick Vaughan, *The Supreme Court of Canada: History of the Institution*. Toronto: Osgoode Society, 1985, p. 126.

66. Michael Kirby, "Sir Edward McTiernan: A Centenary Reflection". *Federal Law Review*, v. 20, n. 2, p. 180, 1991.

67. Ibid.

68. George Williams e David Hume, *People Power: The History and Future of the Referendum in Australia*. Sydney: University of New South Wales Press, 2010, p. 158.

69. Alysia Blackham, "Judges and Retirement Ages". *Melbourne University Law Review*, v. 39, pp. 752-3, 2016. Ver John F. Kowal e Wilfred U. Codrington III, *The People's Constitution: 200 Years, 27 Amendments, and the Promise of a More Perfect Union*. Nova York: New Press, 2021.

70. Elaine K. Smith, "The Making of an American House of Lords: The U.S. Senate in the Constitutional Convention of 1787". *Studies in American Political Development*, v. 7, n. 2, pp. 177-224, outono 1993; John F. Kowal e Wilfred U. Codrington III, *People's Constitution*, pp. 135-40.

71. Jesse Wegman, *Let the People Pick the President*, p. 132.

72. Ver Stephen Ansolabehere e James M. Snyder, *The End of Inequality*.

73. Ibid., p. 70.

74. Ibid., p. 32.

75. Jesse Wegman, *Let the People Pick the President*, p. 132.

76. Stephen Ansolabehere e James M. Snyder, *The End of Inequality*, pp. 80, 30-1.

77. Ibid., p. 9.

78. Ibid., p. 188. Ver John F. Kowal e Wilfred U. Codrington III, *People's Constitution*, pp. 183-215.

79. Alexander Keyssar, *Why Do We Still Have an Electoral College?*; Jesse Wegman, *Let the People Pick the President*, p. 20.

80. Sarah A. Binder e Steven S. Smith, *Politics or Principle?*, p. 79; Adam Jentleson, *Kill Switch*, pp. 64-5.

81. Gregory Koger, *Filibustering*, p. 5.

82. José A. Cheibub, Fernando Limongi e Adam Przeworski, "Electing Presidents", p. 23.

83. Steven L. Taylor et al., *Different Democracy*, pp. 99-114.

84. Ibid., p. 225.

85. Ibid., pp. 79-80; Donald Lutz, "Toward a Theory of Constitutional Amendment", pp. 355-70.

86. Tom Ginsburg e James Melton, "Norway's Enduring Constitution", pp. 16-7.

87. Donald Lutz, "Toward a Theory of Constitutional Amendment", p. 369.

88. Ibid.

89. Ibid.

90. "Measures Proposed to Amend the Constitution". U.S. Senate, 2023.

91. Jesse Wegman, *Let the People Pick the President*, p. 20.

92. Alexander Keyssar, *Why Do We Still Have the Electoral College?*, p. 207.

93. Jesse Wegman, *Let the People Pick the President*, p. 129.

94. Ibid., pp. 144-5.

95. Alexander Keyssar, *Why Do We Still Have the Electoral College?*, p. 211.

96. Jesse Wegman, *Let the People Pick the President*, p. 147.

97. Ibid., p. 48.

98. Alexander Keyssar, *Why Do We Still Have the Electoral College?*, pp. 216-7.

99. Jesse Wegman, *Let the People Pick the President*, p. 152.

100. Alexander Keyssar, *Why Do We Still Have the Electoral College?*, pp. 214-28, 240-1; Jesse Wegman, *Let the People Pick the President*, pp. 150-2.

101. Citado em Alexander Keyssar, *Why Do We Still Have the Electoral College?*, p. 217.

102. Ibid., p. 227.

103. Jesse Wegman, *Let the People Pick the President*, p. 154.

104. Alexander Keyssar, *Why Do We Still Have the Electoral College?*, pp. 246-60.

105. Citado em Alexander Keyssar, *Why Do We Still Have the Electoral College?*, p. 259.

106. Jesse Wegman, *Let the People Pick the President*, pp. 155-9.

107. Citado em Alexander Keyssar, *Why Do We Still Have the Electoral College?*, pp. 244-5.

108. Ibid., pp. 248-9.

109. Jesse Wegman, *Let the People Pick the President*, p. 160.

110. Alexander Keyssar, *Why Do We Still Have the Electoral College?*, pp. 267-70.

111. Ibid., pp. 298-302.

112. Ibid., p. 307.

113. Sobre o fracasso da Emenda da Igualdade de Direitos, ver Jane Mansbridge, *Why We Lost the ERA*. Chicago: University of Chicago Press, 1986; Julie Suk, *We the Women: The Unstoppable Mothers of the Equal Rights Amendment*. Nova York: Simon & Schuster, 2020.

114. Jane Mansbridge, *Why We Lost the ERA*, pp. 9-10.

115. Ibid., pp. 10-2.

116. Ibid.

117. Mark R. Daniels, Robert Darcy e Joseph W. Westphal, "The ERA Won — at Least in the Opinion Polls". *PS*, v. 15, n. 4, p. 578, outono 1982.

118. Ibid., p. 579.

119. "Three in Four Americans Support Equal Rights Amendment, Poll Shows". *The Guardian*, 24 fev. 2020. Sobre a situação atual da Emenda da Igualdade de Direitos, ver Julie Suk, *We the Women*.

8. Democratizar nossa democracia [pp. 205-34]

1. James Bryce, *The American Commonwealth*, v. 1. Nova York: Macmillan, 1896, p. 1.

2. Giovanni Capoccia, *Defending Democracy: Reactions to Extremism in Interwar Europe*. Baltimore: Johns Hopkins University Press, 2005, pp. 138-78.

3. Ibid., pp. 108-37.

4. Campbell Robertson, "Surprise in Pennsylvania: Republicans Back a (Former?) Democrat for Speaker". *The New York Times*, 4 jan. 2023.

5. Morgan Trau, "Statehouse 'Coup' — Ohio GOP Bitterly Divided by Deal with Democrats to Elect House Speaker". *Ohio Capital Journal*, 9 jan. 2023.

6. David Fortunato, *The Cycle of Coalition*. Cambridge, Reino Unido: Cambridge University Press, 2021.

7. Wolfgang Münchau, "Europe's Grand Coalitions Allow Extremes to Prosper". *Financial Times*, 1 maio 2016.

8. O nome dessa estratégia (*wehrhafte Demokratie*) foi originalmente traduzido como "democracia militante". Ver Karl Loewenstein, "Militant Democracy and Fundamental Rights, II". *American Political Science Review*, v. 31, n. 4, pp. 638-58, 1937.

9. Na Constituição alemã, além de outras disposições (art. 18), ver especialmente o art. 21 (2).

10. Jan-Werner Müller, "Militant Democracy". In: Michel Rosenfeld e András Sajó (Orgs.), *The Oxford Handbook of Comparative Constitutional Law*. Oxford: Oxford University Press, 2012, p. 1119.

11. Tom Ginsburg, Aziz Z. Huq e David Landau, "The Law of Democratic Disqualification". *California Law Review*, v. III, 2023.

12. "Large Majority of the Public Views Prosecution of Capitol Rioters as 'Very Important'". Pew Research Center, 18 mar. 2021.

13. Udi Greenberg, *The Weimar Century*. Princeton, NJ: Princeton University Press, 2015.

14. Jane Addams, *Democracy and Social Ethics*. Londres: Macmillan, 1905, pp. 11-2.

15. As propostas institucionais seguintes são em grande parte similares a recomendações de outros. Ver, em particular, Benjamin I. Page e Martin Gilens, *Democracy in America?*, pp. 210-35; Sanford Levinson, *Our Undemocratic Constitution*, pp. 167-80.

16. Para uma excelente discussão desse problema, ver Guy-Uriel E. Charles e Luis E. Fuentes-Rohwer, *Divided by Race: Voting Rights, Political Power, and Saving American Democracy*. Nova York: Cambridge University Press (no prelo). O projeto H.R. 4959, que foi apresentado (mas não aprovado) na Câmara dos Representates em 2021, destinava-se a estabelecer um direito de voto estatutário. Ver "H.R. 4959 — 117th Congress 2021-2022: Right to Vote Act". U.S. Congress, 2022.

17. Ver Jennifer S. Rosenberg, "Expanding Democracy: Voter Registration Around the World". Brennan Center for Justice, 2009, p. 2.

18. Ver Guy-Uriel E. Charles e Luis E. Fuentes-Rohwer, *Divided by Race*.

19. John Stuart Mill, *On Liberty and Other Essays*. Oxford: Oxford University Press, 1998, p. 304.

20. Ver Grant Tudor e Beau Tremitiere, "Towards Proportional Representation for the U.S. House: Amending the Uniform Congressional Districts Act". Protect Democracy, fev. 2023.

21. Devemos observar que sistemas de representação proporcional muitas vezes dão origem a mais partidos, e alguns estudiosos argumentam que a combinação de sistemas presidenciais e multipartidários pode ser desestabilizadora. Em anos recentes, porém, países como Brasil, Chile, Costa Rica e Uruguai têm demonstrado que o presidencialismo multipartidário pode funcionar. Ver Scott Mainwaring, "Presidentialism, Multipartism, and Democracy: The Difficult Combination". *Comparative Political Studies*, v. 26, n. 2, pp. 198-228, jul. 1993.

22. Lee Drutman, *Breaking the Two-Party Doom Loop: The Case for Multiparty Democracy in America*. Nova York: Oxford University Press, 2020, p. 246.

23. Lee Drutman et al., *The Case for Enlarging the House of Representatives*. Cambridge, MA: American Academy of Arts and Sciences, 2021, p. 26; ver também Danielle Allen, "The House Was Supposed to Grow with Population. It Didn't. Let's Fix That". *Washington Post*, 28 fev. 2023.

24. *Our Common Purpose: Reinventing American Democracy for the 21st Century*. Cambridge, MA: American Academy of Arts and Sciences, 2020.

25. Sobre o Center for American Progress, ver "Democracy Policy". Center for American Progress, s.d. Sobre as propostas da Protect Democracy, ver "Shaping the Democracy of Tomorrow". Protect Democracy, s.d.

26. "Presidential Commission on the Supreme Court of the United States". Casa Branca, 2021.

27. Ver Daniel Carpenter, "Agenda Democracy". *Annual Review of Political Science*, v. 26, 2023.

28. Harry Kreisler, "Conversation with Sir Ralf Dahrendorf". Institute of International Studies, UC Berkeley, s.d.

29. Para um exemplo importante do esforço para ampliar a imaginação histórica em vista da mudança constitucional nos Estados Unidos, ver o Amend Project de Jill Lepore, financiado pelo National Endowment for the Humanities.

30. Aziz Rana, "Why Americans Worship the Constitution". Seminário público, 11 out. 2021; Aziz Rana, *The Constitutional Bind: Why a Broken Document Rules America*. Chicago: University of Chicago Press, 2023.

31. Sanford Levinson, *Our Undemocratic Constitution*, p. 20.

32. John G. Roberts, "Memorandum for Fred F. Fielding". Casa Branca, 3 out. 1983.

33. Douglass C. North, *Institutions, Institutional Change, and Economic Performance*. Nova York: Cambridge University Press, 1990; Paul Pierson e Eric Schickler, "Polarization and the Fragility of the American Democratic Order". Manuscrito inédito, 2023.

34. George Washington para Bushrod Washington, 10 nov. 1787.

35. Citado em Zachary Elkins, Tom Ginsburg e James Melton, *Endurance of National Constitutions*, p. 1.

36. Citado em Zachary Elkins, Tom Ginsburg e James Melton, *Endurance of National Constitutions*, p. 16.

37. Yascha Mounk e Roberto Stefan Foa, "This Is How Democracy Dies". *Atlantic*, 29 jan. 2020.

Notas

38. Katherine Schaeffer, "On July Fourth, How Americans See Their Country and Their Democracy". Pew Research Center, 30 jun. 2022. Ver também John F. Kowal e Wilfred U. Codrington III, *People's Constitution*.

39. Christine A. Lunardini e Thomas J. Knock, "Woodrow Wilson and Woman Suffrage: A New Look". *Political Science Quarterly*, v. 95, n. 4, pp. 655-71, 1980.

40. Eric Schickler, *Racial Realignment*.

41. Ibid., p. 59.

42. Harvard Sitkoff, *A New Deal for Blacks: The Emergence of Civil Rights as a National Issue*. Nova York: Oxford University Press, 2009, p. 187, citado por Eric Schickler, *Racial Realignment*, p. 59.

43. Outro relato que enfatiza a importância de movimentos sociais para a mudança constitucional é o de Benjamin I. Page e Martin Gilens, *Democracy in America?*, pp. 239-63.

44. Thomas J. Sugrue, *Sweet Land of Liberty: The Forgotten Struggle for Civil Rights in the North*. Nova York: Random House, 2008.

45. Christine A. Lunardini e Thomas J. Knock, "Woodrow Wilson and Woman Suffrage", p. 660.

46. Ver Dawn Langan Teele, *Forging the Franchise: The Political Origins of the Women's Vote*. Princeton, NJ: Princeton University Press, 2018, pp. 100-1. Para uma citação mais completa, ver Carrie Chapman Catt e Nettie Rogers Shuler, *Woman Suffrage and Politics: The Inner Story of the Suffrage Movement*. Nova York: Scribner's Sons, 1923, p. 3.

47. Carrie Chapman Catt e Nettie Rogers Shuler, *Woman Suffrage and Politics*, pp. 107-8.

48. Para um contexto amplo, ver Corrine M. McConnaughy, *The Woman Suffrage Movement in America: A Reassessment*. Cambridge, Reino Unido: Cambridge University Press, 2013, pp. 170-1.

49. Lisa Tetrault, *The Myth of Seneca Falls: Memory and the Women's Suffrage Movement, 1848-1898*. Chapel Hill: University of North Carolina Press, 2014, p. 16.

50. Ibid.

51. Suzanne M. Marilley, *Woman Suffrage and the Origins of Liberal Feminism in the United States, 1820-1920*. Cambridge, MA: Harvard University Press, 2013, pp. 188-9.

52. JoEllen Lind, "Dominance and Democracy: The Legacy of Woman Suffrage for the Voting Right". *U.C.L.A. Women's Law Journal*, v. 5, pp. 188-9, 1994.

53. Dawn Langan Teele, *Forging the Franchise*, pp. 102-3; dados de Lee Ann Banaszak, *Why Movements Succeed or Fail: Opportunity, Culture, and the Struggle for Woman Suffrage*. Princeton, NJ: Princeton University Press, 1996, p. 45.

54. Suzanne M. Marilley, *Woman Suffrage and the Origins of Liberal Feminism in the United States*, p. 189.

55. Ver John F. Kowal e Wilfred U. Codrington III, *People's Constitution*, pp. 135-40.

56. Herman Vandenburg Ames, *The Proposed Amendments to the Constitution of the United States During the First Century of Its History*, v. 2. Washington, DC: U.S. Government Printing Office, 1897, p. 61.

57. John F. Kowal e Wilfred U. Codrington III, *People's Constitution*, p. 137.

58. James Landers, *The Improbable First Century of "Cosmopolitan" Magazine*. Columbia: University of Missouri Press, 2010, pp. 131-46; John F. Kowal e Wilfred U. Codrington III, *People's Constitution*, pp. 135-6.

59. John F. Kowal e Wilfred U. Codrington III, *People's Constitution*, p. 137.

60. "Landmark Legislation: The Seventeenth Amendment to the Constitution". U.S. Senate, s.d.

61. Larry Buchanan, Quoctrung Bui e Jugal K. Patel, "Black Lives Matter May Be the Largest Movement in U.S. History". *The New York Times*, 3 jul. 2020.

62. Ibid.

63. Ibid.; Lara Putnam, Jeremy Pressman e Erica Chenoweth, "Black Lives Matter Beyond America's Big Cities". *Washington Post*, 8 jul. 2020.

64. Lara Putnam, Jeremy Pressman e Erica Chenoweth, "Black Lives Matter Beyond America's Big Cities".

65. Christopher Sebastian Parker, "An American Paradox: Progress or Regress? BLM, Race, and Black Politics". *Perspectives on Politics*, v. 20, n. 4, p. 1167, dez. 2022.

66. Ibid.

67. Scott Clement e Dan Balz, "Big Majorities Support Protests over Floyd Killing and Say Police Need to Change, Poll Finds". *Washington Post*, 9 jun. 2020.

68. Juliana Menasce Horowitz, "Support for Black Lives Matter Declined After George Floyd Protests, but Has Remained Unchanged Since". Pew Research Center, 27 set. 2021.

69. David S. Meyer e Sidney Tarrow (Orgs.), *The Resistance: The Dawn of the Anti-Trump Opposition Movement*. Nova York: Oxford University Press, 2018; Theda Skocpol e Caroline Tervo (Orgs.), *Upending American Politics*.

70. Essas organizações incluem: Center for Secure and Modern Elections, American Oversight, Institute for Constitutional Advocacy and Protection, Voting Rights Lab, Protect Democracy, Unite America, Renew Democracy Initiative, Democracy Forward, States United Democracy Center, Keep Our Republic, Election Reformers Network, Democracy Docket, We the Action, Stand Up Republic e Stand Up America.

71. "Our Democracy Is in Danger". Protect Democracy, s.d.

72. Ian Bassin (diretor-executivo da Protect Democracy), entrevista com os autores, 3 jan. 2023.

73. Leah Asmelash, "Why This Bus Tours the South to Get Disenfranchised Voters to the Polls". CNN, 2 nov. 2020.

74. Andrea González-Ramírez, "LaTosha Brown Is Only Getting Started". Medium, 4 dez. 2020.

75. Leah Asmelash, "Why This Bus Tours the South to Get Disenfranchised Voters to the Polls".

76. Rachel Epstein, "LaTosha Brown Says a New South Is Rising".

77. "Harvard Youth Poll". Harvard Kennedy School Institute of Politics, 27 out. 2022.

78. Juliana Menasce Horowitz, "Support for Black Lives Matter Declined After George Floyd Protests, but Has Remained Unchanged Since".

Notas

79. "Shifting Public Views on Legal Immigration into the U.S.". Pew Research Center, 28 jun. 2018; Juliana Menasce Horowitz, "Americans See Advantages and Challenges in Country's Growing Racial and Ethnic Diversity".

80. Jen McAndrew e Robin Smyton, "Half of Young People Voted in 2020, Major Increase from 2016". Tufts Now, 29 abr. 2021.

81. Ryan Sit, "More Than 2 Million in 90 Percent of Voting Districts Joined March for Our Lives Protests". *Newsweek*, 26 mar. 2018.

82. John Della Volpe, *Fight: How Gen Z Is Channeling Their Fear and Passion to Save America*. Nova York: St. Martin's Press, 2021.

83. "Learn More About Us". Voters of Tomorrow, s.d.

84. Kayla Steinberg, "Prom at the Polls Encourages Younger Voters to Dress Up and Show Up". *Pittsburgh Jewish Chronicle*, 3 nov. 2020.

85. Sharlee Mullins Glenn, "Why I Became an Activist Against Fear". *The New York Times*, 19 fev. 2020.

86. Ibid.

87. Ibid.

88. Jenna Alton, "Mormon Women Worldwide Lobby for Ethical Government". *Daily Universe*, 17 abr. 2018.

89. Audrey Dutton, "They're Women. They're LDS. And They're Speaking Their Minds on Politics". *Idaho Press*, 2 out. 2022; Bryan Schott, "State Lawyers Ask Utah Supreme Court to Step In After Judge Declines to Dismiss Gerrymandering Lawsuit". *Salt Lake Tribune*, 26 nov. 2022; Wendy Dennehy e Erin Young, "Is the Filibuster the Best Tool to Protect Against Extremes? No. Do These Things Instead". *Salt Lake Tribune*, 8 nov. 2021.

90. Audrey Dutton, "They're Women".

91. Sharlee Mullins Glenn, "Why I Became an Activist Against Fear".

92. Audrey Dutton, "They're Women".

93. Der Bundespräsident, "75th Anniversary of the End of the 2nd World War", 8 maio 2020.

94. James Russell Lowell, *Literary and Political Addresses*. Boston: Houghton, Mifflin and Company, 1890, p. 207.

Índice remissivo

6 de janeiro de 2021, ataque ao Congresso, 17, 119, 121-3, 209

13ª Emenda (Constituição dos Estados Unidos), 74

14ª Emenda (Constituição dos Estados Unidos), 74-5, 208

15ª Emenda (Constituição dos Estados Unidos), 74-6, 78, 84, 225

17ª Emenda (Constituição dos Estados Unidos), 196, 226

19ª Emenda (Constituição dos Estados Unidos), 196, 221, 224-6

23ª Emenda (Constituição dos Estados Unidos), 197

24ª Emenda (Constituição dos Estados Unidos), 197

25ª Emenda (Constituição dos Estados Unidos), 201

26ª Emenda (Constituição dos Estados Unidos), 197

aborto, 170-2

Abramowitz, Alan, 112

Academia Americana de Artes e Ciências, 217

Adams, John, 27-8, 30

Addams, Jane, 209

Adenauer, Konrad, 192

África do Sul, 142, 212

afro-americanos: abolicionistas e democracia multirracial, 76-7; assassinatos de, por supremacistas brancos, 114; aumento no número de, no Congresso, 100; discriminação contra, em lugares públicos, 87; escravização de, 28-9, 143-5, 217; idade e crença em que afro-americanos são discriminados, 261n74; opinião pública sobre leis necessárias para reduzir discriminação contra, 101; paradas no trânsito por parte da polícia, 18, 241n8; Partido Democrata como partido dos direitos civis e, 97; Partido Republica-no como partido cristão branco e, 102; Partido Republicano e, 70, 80; resposta de Virgínia à integração das escolas, 197; segregação de, no Sul, 95-6; terrorismo no Sul pós-Guerra Civil e, 72-3, 80, 82, 84; em Wilmington, Carolina do Norte, 72-3; *ver também* direitos civis

afro-americanos, votação de: 15ª Emenda e Leis de Reconstrução, 74-6, 78, 84, 225; como ameaça ao Partido Democrata no Sul após a Guerra Civil, 79; após passadas leis de restrições de votação, 106-7, 108; Black Voters Matter [Eleitores Negros Importam], 228; Black Voters Matter Fund [Fundo Eleitores Negros Importam], 228; comparecimento em 2012, 106; decisões da Suprema Corte (1895-1905), 86-8; durante a Reconstrução, 78-9; medidas atuais usadas para restringir, 18, 241n5; medidas para restringir, no Sul pós-Guerra Civil, 73-4, 77-8, 83-6, 95, 153, 197; obstrucionismo no Senado da Lei dos Direitos de Voto (2021), 130; Plano Mississippi e, 82; plano republicano para proteger, 88-90; registro imediato e, 108; no Sul (1880-1912), 83, 90; terrorismo no Sul pós-Guerra Civil e, 80; votação por parte do movimento do sufrágio feminino e mulheres afro-americanas, 225; em Wilmington, Carolina do Norte (final de década de 1890), 69-71, 72-3

Ahmed, Fakruddin Ali, 61

Albright, Cliff, 228

Alemanha: banimento e restrição de discurso, grupos e partidos insurrecionistas ou "anticonstitucionais" na Alemanha Ocidental, 208; fronteiras de distritos eleitorais (1909), 155-7; partido tradicional de centro-direita na, 93; partidos de centro-esquerda e áreas urbanas, 159-60; redação da constituição da Alemanha Ocidental, 192; revisão judicial como desenvolvimento pós-Segunda Guerra Mundial, 194; satisfação pública com a democracia, 221; sistema político no começo do século xx, 34, 36; supervisão de eleições na, 212; transferência de poder de 2021, 32

Alemanha Ocidental, 192, 208

Alfonsín, Raúl, 26, 123-5

Alito, Samuel, 170, 182

Allen, James, 202

Althingi (Islândia), 194

Amar, Akhil Reed, 148

América Latina, 187, 189; *ver também países específicos*

American Bar Association [Ordem dos Advogados Americana], 201

American Enterprise Institute [Instituto Americano de Empreendimento], 115

americanos brancos: com altos índices de "ressentimento racial" no Partido Republicano, 99, 112; comparecimento eleitoral em 2012, 106; democracia multirracial como ameaça existencial ao Sul pós-Guerra Civil, 79-81; diversidade religiosa dos, 100; fronteiras étnicas e raciais borradas e hierarquias raciais enfraquecidas e, 100-1; "Grande Virada Branca" e vitórias republicanas, 99; imigração e, 18; menores em número, 111; perda de status considerada injusta, 110; porcentagem de imigrantes brancos não hispânicos, 100; porcentagem sentindo-se alienados e deslocados, 109; reação ao movimento de direitos civis por parte dos, 97; restauração do "governo branco" em Wilmington, Carolina do Norte, 72-3; status e posição na hierarquia racial dos protestantes, 109-10; no Sul como chave para vitórias republicanas, 97-8; Trump e a manutenção do status dos, 113

Ames, Adelbert, 82

Ames, Fisher, 33

Anil, Pratinay, 61

Anker, Carsten, 183

Ansolabehere, Stephen, 197

Anthony, Susan B., 225

aplicação da lei e afro-americanos, 18, 228

aposentadoria judicial: nas cortes estaduais americanas, 198; falta de, na Suprema

Corte dos Estados Unidos, 139, 149, 198, 199, 214; idade de aposentadoria obrigatória ou limites de mandato para juízes, 195; John Roberts sobre limites de mandato, 219

Appeal to Colored Citizens of the World (Walker), 76

Apportionment Act (1929) [Lei do Rateio], 214

Arató, András, 67

Argentina: eleição de 1983, 25-6, 32, 123; eleição de 1989, 32; eleições diretas para presidente, 189; golpe militar (1987), 123-4

Armada, Alfonso, 52

artigos federalistas, Os (Hamilton e Madison), 151

assassinatos em massa, 172-3

Associação Nacional Americana pelo Sufrágio Feminino, 225

Associação Nacional para o Progresso de Pessoas de Cor, 95

Associação pelo Governo Branco, clubes, 71-2

atitudes políticas e situação social, 34, 41

Atlantic, The, 232-3

Austrália: *cloture* como reforma na, 193; emancipação feminina, 189; idade de aposentadoria obrigatória para juízes da Suprema Corte, 195; satisfação pública com a democracia, 221

Áustria, 194

autoritarismo: apoiadores do, como minoria nos Estados Unidos, 23; democracia militante/defensiva para derrotar, 208-9; democracias multirraciais e, 206; estratégias de contenção, 206-7; estratégia de exclusão, 209; fascismo na Europa dos anos 1930, 206; Hungria como modelo para estabelecer um domínio autoritário, 64-8; instituições contramajoritárias que impedem maiorias eleitorais e legislativas e, 136; instituições planejadas para proteger minorias podem reforçar e fortalecer, 176; medo e, 42; mudanças demográficas e, 21; *ver também* forças antidemocráticas

Aycock, Charles Brantley, 71

Bailey, Josiah, 95

Bajnai, Gordon, 68

Índice remissivo

Baka, András, 65
Baker, Howard, 202
Baker contra Carr (1962), 167, 277n8
banalidade do autoritarismo, 56, 122
Barak, Ehud, 134
Barreto, Matt, 111
batimento cardíaco, lei do, 172
Bayard, James, 31
Bayh, Birch, 201, 203
Bedford, Gunning, 146
Bélgica, 189, 206
Benavides, Oscar, 62
Berezovski, Boris, 63
Bernódusson, Helgi, 194
Berstein, Serge, 46
Biden, Joe, 162
Binder, Sarah, 152
Bittel, Deolindo, 26
Black Lives Matter, 102, 227, 229
Black Voters Matter [Eleitores Negros Importam], 228
Black Voters Matter Fund [Fundo Eleitores Negros Importam], 228
Blair, Tony, 284n48
Blum, Léon, 55
Bodelschwingh, Franz von, 155-6
Boebert, Lauren, 118
Bolívia, 138
Bolsonaro, Jair, 50
Bonnevay, Laurent, 47
Borden, Robert, 193
Bossie, David, 177
Bouie, Jamelle, 173
Boutwell, George, 253n47
Bradford, Matt, 166
Bradshaw, Sally, 113
Brasil: eleição direta do presidente, 189; revisão judicial como desenvolvimento pós-Segunda Guerra Mundial, 194; supervisão de eleições no, 212; tentativa de golpe por parte de Bolsonaro, 50
Brennan Center for Justice, 107, 217
Brown, LaTosha, 17, 228
Brown contra o Conselho de Educação (1954), 96
Brownstein, Ronald, 105
Bryan, William Jennings, 226
Bryce, James, 205
Burch, Traci, 100
Burr, Aaron, 30-1, 152

Bush, George H. W., 202
Bush, George W., 106, 162
Bush, Jeb, 113

Cafiero, Antonio, 124
Califórnia, 102-4
Calvo-Sotelo, Leopoldo, 52
Câmara de Comércio dos Estados Unidos, 201
Câmara dos Deputados (Estados Unidos), 31-2
Câmara dos Lordes (Grã-Bretanha): descrição, 187; membros da, 191; políticas de governo sob liderança liberal, 190; uso do veto por parte da, 190-1
Camisas Vermelhas (milícia branca), 72-3, 82
Canadá: *cloture* no, 193, 198; escore no Índice Global de Liberdade da Freedom House do, 186; idade de aposentadoria obrigatória para juízes da Suprema Corte, 195; satisfação pública com a democracia, 221; Senado nomeado no, 187
Cantor, Eric, 113
carapintadas (Argentina), 123-4
Carlson, Tucker, 114-5
Carolina do Norte, 108; *ver também* Wilmington, Carolina do Norte
Carrillo, Santiago, 52-3
Carter, Jimmy, 203, 204
Casos de Direitos Civis (1883), 87
Castillo, Pedro, 59
Catt, Carrie Chapman, 224-5
cbs, pesquisa da, 175
Chandler, Zachariah, 253n47
Charlottesville, Virgínia, 114
Cheney, Liz, 120-1, 207
Chile: constituição contramajoritária no (1980), 136, 142; eleição direta do presidente, 189; Pinochet no, 82, 136, 142
Chiluba, Frederick, 63-4
Chitpas Bhirombhakdi, 37, 41
CIO News, 222
Cláusula Camponesa, 185
"cláusulas de anterioridade", 86
Clinton, Bill, 178
Clinton, Hillary, 161
cloture: para matar a reforma eleitoral no Senado dos Estados Unidos, 202-3; como procedimento para limitar

obstrucionismo minoritário em legislaturas, 193, 198; no Senado dos Estados Unidos, 152, 198, 202

Clyde, Andrew, 119

"coalizão dos ascendentes", 105

Colégio Eleitoral: *cloture* no Senado usada para matar reforma do, 202-3; eleição empatada (1800), 30-1; como instituição contramajoritária, 147-9, 199; necessidade de abolição do, 213; tentativas de abolir ou reformar, 201-3; vantagem do Partido Republicano no, 162-3; vencedores por voto popular (1998-2022) e, 169

"colisão de opiniões adversas", 179

Colômbia, 189

Columbine, assassinato em massa (1999), 172

Comitê de Atividades Antiamericanas da Câmara, 209

Comitê Não Violento de Coordenação Estudantil, 223

Comitê Popular de Reforma Democrática (PDRC, Tailândia), 37, 38

Como as democracias morrem (Levitsky e Ziblatt), 19, 29

comunidade americana, A (Bryce), 205

Coney Barrett, Amy, 165, 182

Conferência da Liderança Cristã do Sul, 223

Congresso (dos Estados Unidos): ataque ao (6 de janeiro de 2021), 17, 119, 121-3, 209; aumento de afro-americanos no, 100; aumento na assimetria entre estados de baixa e alta população, 158-60; Câmara dos Deputados e o empate na eleição de 1800, 31-2; Comitê de Atividades Antiamericanas da Câmara, 209; direito de voto estatuário (H.R. 4959), 287n16; eleição direta do Senado, 196; Emenda da Igualdade de Direitos no, 203-4; expansão do tamanho do, com o crescimento da população, 214; fracasso de votar Lei dos Direitos de Voto no, 129; fracasso de votar leis de direitos no, 87, 88-91, 128; como instituição contramajoritária, 144-7; latinos no, 100; membros republicanos do, apoio a posições antidemocráticas, 126; princípio de "uma pessoa, um voto" no, 197; sistema e representação proporcional no, 213, 288n21; *ver também* obstrucionismo

(Senado dos Estados Unidos); Senado (dos Estados Unidos)

Congresso de Organizações Industriais, 95, 222

Connecticut, Compromisso de, 146

Constituição (dos Estados Unidos): abraçando como sagrada, 218, 220; Comitê de Questões Irresolvidas, 148; Compromisso de Connecticut, 146; Declaração de Direitos, 131; dificuldades para fazer emendas, 199-200; direito de voto e, 211; como documento pré-democrático, 23, 141; elaboração da, 218; eleição do presidente, 30-1, 147-9; eleição de senadores, 196, 226; Emendas de Reconstrução, 74-6, 78, 84; escravidão na, 143-5; ferramentas para combater extremismo antidemocrático na, 208; importância do debate público sobre reforma da, 216; influência da constituição norueguesa, 183-4; inovações em democracias desde a redação da, 219; instituições contramajoritárias na, 139-40, 144-5; medo da "tirania da maioria", 23; minorias na, 23; como modelo na América Latina, 187; morte ou incapacidade do presidente na, 201; mudança para superar o domínio da minoria, 218, 220; mudanças para tornar mais fácil o processo de emendas, 214; mulheres na, 196, 203-4, 224-6; número de emendas tentadas para a, 200; período de emendas democratizantes, 221; como produto de improvisação e acordo, 142-8, 149; proposta de Emenda de Igualdade de Direitos, 203-4; representação no Congresso, 144-7; restrições de voto consideradas ilegais, 197; revisão judicial e, 150; Suprema Corte na, 149; tempo de vida da, 137-8; tentativas de abolir ou reformar o Colégio Eleitoral, 200-3; viés constitucional pró-pequeno estado como viés pró-rural, 160; voto feminino e, 196, 224-6; *ver também emendas específicas*

contramajoritarismo intergeracional, 138, 140, 195, 214

controle de armas, 172-4, 229

Corbett, Henry W., 77

cortes, limitação das, 65-6, 139, 150

Cosmopolitan, revista, 226

Índice remissivo

Costa Rica, 212
criminosos, votação de condenados presos, 18, 107
cristãos evangélicos brancos: entrada da disputa política, 98-9; nacionalismo cristão branco e, 111; Partido Republicano como partido político dos, 99, 112-4; porcentagem sentindo-se alienados e deslocados, 110
Cruz, Ted, 117

Dahl, Robert, 135
Dahrendorf, Sir Ralf, 217
Daily Advocate (Baton Rouge), 83
Daladier, Édouard, 44
Dancy, John, 70
Daniels, Josephus, 71, 79
Darquier de Pellepoix, Louis, 54
de La Rocque, François, 54
Debs, Eugene, 209
Declaração dos Direitos (Estados Unidos), 131
democracia/democracias: aceitação de perdas em eleições em, 26-7, 48, 115-7; adaptação a mudanças em eleitorado por parte de partidos derrotados, 105; alianças para conter extremistas e, 207; como autocorretiva, 176, 179; características de ricas e velhas, 20; comparecimento de eleitores na maioria das, 210; Constituição dos Estados Unidos anterior à, 23, 141; cura para os males da, 209; defesa da, como trabalho cansativo, 232, 233; eleições diretas, 189; elementos de democracia bem-sucedida, 20; empoderamento da maioria em, 135, 272n36; fim do compromisso do Partido Republicano com, 93; inovações na, desde a redação da Constituição dos Estados Unidos, 219; instituições antidemocráticas que impedem, 133-9; instituições claramente contramajoritárias antidemocráticas em, 140-1; instituições contramajoritárias essenciais em, 131-3, 139-40; limites ao poder da maioria em, 130-5, 185; mecanismos para proteger, em relação à maioria, 133, 135; militante/defensiva, 208-9; muitas instituições políticas americanas veneradas não foram feitas para, 130; parlamentarismo, 147-8;

perda de, mediante uma série de medidas aparentemente razoáveis, 64; perigo das estratégias de contenção, 207; períodos de reforma americanos, 221; satisfação americana com, 220-1; satisfação com, 221; tolerância de extremismo por parte de partidos tradicionais na, 49, 53, 55-6; votação em estabelecidas, atualmente, 188; *ver também* democracia multiétnica/multirracial; democratas leais; democratas semileais
democracia multiétnica/multirracial: abolicionistas negros, 76-7; aliança da Fusão na Carolina do Norte, 70; como ameaça existencial a brancos no Sul pós-Guerra Civil, 79-81; apoio público americano a princípios de, 101, 205; definição de, 18; nos Estados Unidos, 18-9; Estados Unidos em 2016 e, 19; fundações para os Estados Unidos como, 18, 74, 88, 92; Geração Z e, 228-9; medo do Partido Republicano em relação a, 180; Obama como presidente e, 110; republicanos radicais pós-Guerra Civil, 75-6; uso do termo, 241n4
democracias parlamentares, 147-8, 187-8; *ver também nações específicas*
democratas leais: aceitam resultados das eleições, 48, 115-7; condenam e rejeitam a violência sem ambiguidade, 48, 50, 118-20; expulsam forças antidemocráticas de suas próprias fileiras, 49; rompem com forças antidemocráticas, 48, 120-1; unem-se a rivais para derrotar forças antidemocráticas, 50
democratas semileais: aparência benigna, 53; definição de, 49-51; ignoram, toleram ou cooperam com forças antidemocráticas, 48-50, 56; legitimam ideias de forças antidemocráticas, 55; minimizam a violência de aliados, 50; nunca trabalham com rivais ideológicos, 51; Partido Republicano como, 121-3
democratas-cristãos (Alemanha), 32
demografia: mudanças globais na, 21; mudanças na americana, 19
derrota: aceitação da, como essencial para a democracia, 27, 32-4, 47; como ameaça existencial a políticos ou seus constituintes, 41-2; fatores que inibem a aceitação

da, 33-6; fatores que possibilitam a aceitação da, 32-3

desigualdade, 39-40, 174-6

Dinamarca: câmara superior eliminada, 191; capacidade em convocar referendos públicos, 194; escore no Índice Global de Liberdade da Freedom House, 186; Noruega e, 183; revisões judiciais como desenvolvimento pós-Segunda Guerra Mundial, 194

direitos civis: aliança do Partido Democrata com organizações lutando pelos, 95; ativismo pelos, começando na década de 1930, 222-3; Lyndon Johnson e, 92, 224; Partido Democrata como partido dos, 97; Partido Republicano e, 92-3, 258n5; processos legais contra violadores dos, 102; reação branca e, 97; transformação do Partido Democrata, de defensor do sistema segregacionista para advogado dos, 222-3; Truman e, 95

Direitos Civis, Lei dos (1875), 75

Direitos Civis, Lei dos (1964): como fundação legal para democracia multirracial, 18; Partido Republicano e, 92-3, 96, 258n5

"direitos dos estados", 96, 98

Dirksen, Everett, 92-3, 202

"distritos podres", 187, 196, 198

diversidade étnica, opinião pública sobre, 19

divisão urbano-rural (Estados Unidos): "distritos podres" e, 196; como divisão partidária, 161-2, 169, 179; princípio de "uma pessoa, um voto" da Suprema Corte, e, 197; viés do estado pequeno, como viés rural na Constituição dos Estados Unidos, 160

"Dixiecrat", Partido (Estados Unidos), 95

Dobbs contra Jackson (2022), 170-2

Dolliver, Jonathan, 84

Douglass, Frederick, 74, 88

Doumergue, Gaston, 44

"doutrina dos legislativos estaduais independentes", 181

Drutman, Lee, 213

Du Bois, W. E. B., 80, 91, 109

Eastland, James, 201, 202

Economist, The, 93

Ehrenreich, Barbara, 34

Eisenhower, Dwight, 96

eleições: na América Latina, 187; na Argentina, 25-7, 32, 123; no Brasil, 50; comparecimento de eleitores na maior parte das democracias, 211; democratas leais aceitam resultados das, 48; dia de, 210; diretas para presidente, 189, 199; diretas para membros do parlamento, 189; empoderamento da maioria por meio de, 135, 272n36; fronteiras de distritos eleitorais alemães (1909), 155-7; como mecanismo autocorretor da democracia, 179; resposta geral de partidos políticos a perdas repetidas, 178-9; supervisão de, 212; Tailândia (1992), 36; Tailândia (2014), 36-8

eleições (nos Estados Unidos): 1800, 27-8, 29-32, 33, 244n29; 1872, 81; 1894, 1896 e 1898 na Carolina do Norte, 70-4; 1960, 201; 1964, 96; 1968, 201; 1980, 178; 1984, 178; 1988, 178; 2000, 108-9, 162; 2008, 102, 108; 2012, 102, 106, 108; 2016, 161, 164, 229; 2016, primárias presidenciais, 112, 113; 2018, 164, 177; 2020, 109, 116, 162, 163, 177, 229; 2021 na Geórgia para o Senado, 17; 2022, 22, 164, 177; aceitação dos resultados, 48, 115-7; alianças para conter extremistas, 207; considerações federalistas para subverter, 29-30; "distritos podres" em, 196; "doutrina da legislatura estadual independente", 181; fraude nas, 106; "Grande Virada Branca" e vitórias republicanas, 99; instituições contendo incentivos para competir em, 179-80; medidas para aumentar a participação nas, 211-2; organizações para melhorar, 217; de senadores, 196, 226; sistema eleitoral do vencedor leva tudo, 165; sistema que fabrica maiorias artificiais, 165-6; *ver também* Colégio Eleitoral

emancipação feminina *ver* sufrágio feminino

Emenda da Igualdade de Direitos, 203-4

Equador, 138

escravidão: abolição, 217; na Constituição, 143-5; revoltas no Sul, 28-9, 243n20

Espanha, 50, 51-3, 194

estados de emergência, 60-2

Estados Unidos, área rural *ver* divisão urbano-rural (Estados Unidos)

estrangeiros e sedição, leis sobre (1798), 29, 209

Índice remissivo 299

estratégia de exclusão, 209

estratégias de contenção, 206-7

Europa: ascendência de forças antidemocráticas nos Estados Unidos *versus* na, 21, 44, 45; aumento da popularidade de partidos e movimentos de extrema direita na, 21; fascismo nos anos 1930, 206; televisão pública em democracias na, 66; *ver também nações específicas*

extremistas *ver* forças antidemocráticas

Falsen, Christian Magnus, 184

Falwell, Jerry, 98

fascismo, 49, 206

federalistas (Estados Unidos): ação contra o Partido Democrata-Republicano, 29-30; "dilema dos fundadores", 28; eleição de 1800 e, 27-8, 30-1, 33; fatos básicos sobre, 28

Fédération Républicaine (França), 45-7

Fidesz, Partido (Hungria), 64-8, 134

Finlândia: capacidade da minoria de postergar legislação, 193; derrota do Movimento Lapua, de orientação fascista, 206; emancipação feminina, 189; escore no Índice Global de Liberdade da Freedom House, 186; sistema eleitoral do vencedor leva tudo na, 189

Flórida, 107, 109

Floyd, George, 227

Foner, Eric, 74, 82

forças antidemocráticas: ascendência de, nos Estados Unidos *versus* na Europa, 21, 44, 45; democratas leais expulsos das próprias fileiras, 49; democratas leais isolados se unem a rivais para derrotar, 50; democratas leais rompem com, 48, 120-1; democratas semileais legitimam ideias de, 55; democratas semileais toleram silenciosamente ou cooperam com, 48-50, 56; extremismo no Partido Republicano e, 180; instituições contramajoritárias ajudam e entranhar, 180-1; membros republicanos do Congresso e, 126; regras de supermaioria possibilitam, 135; tolerância dos partidos tradicionais em relação a, 49, 54, 56

Ford, Gerald, 202, 204

Fox News, 173

Fraga, Manuel, 53

França: aproximação entre partidos de esquerda na, 45; ataque ao Parlamento (1934), 43-7, 53-4; *cloture* na, 193, 198; direita na, 43-5, 246n4; emancipação feminina, 189; ideia de "reforma constitucional autoritária", 55; supervisão de eleições na, 212; votação na, 189

Franklin, Benjamin, 146-7, 183

Freedom House, Índice Global de Liberdade da, 20, 186

Frente Legalista (Finlândia), 206

fronteiras de distritos eleitorais: comissões de redistritamento para desenhar, 214; como instituições contramajoritárias, 155-7; manipulação na definição de fronteiras (*gerrymandering*), 166-9

Fusão (Carolina do Norte), 70, 73, 83

Gabrielson, Guy, 96

Gaetz, Matt, 118

Gallup, pesquisas de opinião, 203; abolição do Colégio Eleitoral, 201, 203; aborto, 171; controle de armas, 172; Emenda de Igualdade de Direitos, 204; leis necessárias para reduzir discriminação contra afro-americanos, 101

Gandhi, Indira, 60-2

Garland, Merrick, 58

Garrison, William Lloyd, 77

gatilho, leis de, 171

Gen-Z for Change [Geração Z para Mudança], 229

George, David Lloyd, 190

Geórgia (estado da), 17, 106, 116

Gerry, Elbridge, 141

gerrymandering — manipulação no estabelecimento de fronteiras de distritos eleitorais, 166-9, 171, 180, 214

Giles, Jackson, 86-8

Giles contra Harris (1903), 86-8

Gilmore, Glenda, 79

Ginsburg, Ruth Bader, 128

Ginsburg, Tom, 200

Gladstone, William, 193

Glenn, Sharlee Mullins, 229-30

Gobitis, William, 131-2

Goldwater, Barry, 96

González, Felipe, 53

Gore, Al, 162

Gorski, Philip, 110

Gorsuch, Neil: confirmação de, 165; "doutrina da legislatura estadual independente", 182; legislaturas estaduais como representativas da população, 166

Gosar, Paul, 178

Grã-Bretanha: Câmara dos Lordes, 187, 190-1; *cloture* na, 193, 198; "distritos podres" na, 187; judiciário na, 150; Lei do Parlamento, 190-1; partido de centro-esquerda e áreas urbanas, 159; partido tradicional de centro-direita na, 93; reformas democráticas na, 191, 284n48; substituição do Partido Conservador pelo Partido Liberal, 190; transformação do Partido Trabalhista Britânico, 178

Graham, Lindsay, 104, 117

Gramm, Phil, 151

"Grande Virada Branca", 99

Grant, Ulysses S., 81

Greene, Marjorie Taylor, 118, 120, 178

Griffiths, Martha, 203

Grumbach, Jacob, 171-2

Guardian (Manchester), 44

Gustafson, Sandra, 76

Gutiérrez Mellado, Manuel, 52

Guttmacher, Instituto, 171

Hacker, Jacob, 157

Hamilton, Alexander: e o "dilema dos fundadores", 28; eleição para presidente e, 149; governo da minoria na Polônia, 188; Jefferson e, 33-4; leis sobre estrangeiros e sedição, 29; regras de supermaioria no Congresso e, 151; representação estadual igual no Senado e, 218-9; representação no Congresso, 145-6; tentativa de subverter resultados da eleição de 1800, 29-30

Hampton, Wade, 82

Harrison, Benjamin, 88-9

Harvard, Institute of Politics, 228

Hasen, Richard, 181

Haspel, Gina, 116

Hayes, Rutherford B., 82

Hearst, William Randolph, 226

Henriot, Philippe, 45, 54

Heydebrand, Ernst von, 35

Hill, Joe, 215-6

Hill-HarrisX, pesquisa, 175

Hillman, Sidney, 222

hispano-americanos *ver* latino-americanos

History of Woman Suffrage (Stanton e Anthony), 225

Hoar, George Frisbie, 88, 89

Hochschild, Jennifer, 100

Holanda, 189, 221

Holmes, Oliver Wendell, Jr., 87-8

Hugo, Victor, 218

Hungria, 20, 23, 64-8, 134, 168

Iéltsin, Boris, 62

Iglesias, Herminio, 26

igualdade racial, opinião pública sobre, 18, 101, 261n74

imigrantes/imigração: apoio para, 101, 261n74; para centros urbanos, 159; impacto global da, 21; Partido Republicano e reforma das leis de, 112; porcentagem de americanos brancos não hispânicos e, 100; republicanos anti-imigrantes na Califórnia, 103; sociedade branca cristã e, 19; como substitutos da população "nativa" dos Estados Unidos, 114-5; votação e, 77

impeachment, 58-60

impostos de votação: emenda constitucional tornando ilegais, 197; tentativas de tornar ilegais, 95, 153; uso dos, para impedir votação de afro-americanos, 73-4, 77-8, 84, 85, 86

Índice Global de Liberdade (Freedom House), 20, 186

Ingraham, Laura, 114

instituições contramajoritárias: ajudam a entrincheirar forças antidemocráticas, 180-1; antidemocráticas, 140-1; Câmara dos Lordes na Grã-Bretanha, 187, 190-1; Cláusula Camponesa na Noruega, 184-5; Colégio Eleitoral como, 147-9, 199; desmantelamento das, no século xx, 188; empecilhos à democracia criados por algumas, 133-9; essenciais para a democracia, 131-3, 139-40; fronteiras de distritos eleitorais como, 155-7; intergeracionais, 138-9, 140, 195, 214; proteção eleitoral das, e extremismo do Partido Republicano, 180; proteção eleitoral oferecida pelas, 179-80; reforço do autoritarismo por parte de, 176; reforço do extremismo com, 210; revisão judicial como, 139, 194-6; no sistema constitucional dos Estados Unidos, 139-40, 144-5; Suprema Corte como, 180; *ver também* minoria, governo da; obstrucionismo (Senado dos Estados Unidos)

insurreições: Argentina (golpe militar), 123-5; ataque ao Congresso (Estados Unidos, 6 de janeiro de 2021), 17, 119, 121-3, 209; ataque ao parlamento espanhol, 52; ataque ao parlamento francês (1934), 43-7, 53-4; eleição de 1800 nos Estados Unidos e, 31; como "mais sagrado dos deveres", 47; revoltas de escravos no Sul, 28-9, 243n20; Tailândia (golpes militares), 36, 38-9, 42; tentativa de golpe por Bolsonaro no Brasil (2023), 50

Islândia, 194

Isnards, Charles des, 46

Israel, 23, 134, 194

Issara, Srivara, 38

Itália, 194

Jackson, Robert H., 131, 132

Jaffrelot, Christophe, 61

Japan Times, The, 41

Japão, 194, 212

Jardina, Ashley, 113

Jay, John, 29, 149

Jefferson, Thomas: Constituição como sagrada, 220; constituição norueguesa e, 184; eleição de 1800 e, 30-2, 244n29; como líder do Democrata-Republicano, 28; opiniões federalistas de, 33-4; primeira posse de, 27; tempo de vida da Constituição e, 137

Jeffords, James, 277n21

Jellinek, George, 188

Jeunesses Patriotes [Juventudes Patrióticas], 43, 45, 55

jogo duro constitucional: aplicação seletiva da lei, 62-3, 85-6; definição de, 56-7; guerra jurídica, 56, 63-8, 108, 249n67; lacunas em leis e, 58-62, 84-6; no Sul (1888-1908), 83-6; termo cunhado, 249n66; em Wilmington, Carolina do Norte, 74

John R. Lewis, Lei de Avanço dos Direitos de Voto (projeto de lei de 2021), 129

Johnson, Lyndon: abraçando o movimento de direitos civis, 92, 224; importância do obstrucionismo, 151; como revolucionário, 221; salário mínimo e, 174

Johnson, Ron, 119

Jorgensen, Andy, 168

Juan Carlos (rei da Espanha), 51-2

Julian, George, 253n47

Karl, Jonathan, 123

Kaunda, Kenneth, 63

Kavanaugh, Brett: confirmação de, 165; *Dobbs contra Jackson*, 170; "doutrina da legislatura estadual independente", 182

Kefauver, Estes, 201

Kenworthy, Lane, 175

Keyssar, Alexander, 148

Khodorkovski, Mikhail, 63

King, Mackenzie, 195

King, Rufus, 33

Kinzinger, Adam, 207

Klarman, Michael, 84

Klein, Ezra, 113

Klubrádió (rádio húngara), 67

Koger, Gregory, 153

Ku Klux Klan, 80, 81

Ku Klux Klan, Lei (1871), 81

Kuczynski, Pedro Pablo, 59

Lapua, Movimento, 206

Laschet, Armin, 32

latino-americanos: na Califórnia, 103, 104; no Congresso, 100; crescimento populacional de, 104; medidas atuais para restringir votação de, 241n5; supremacistas brancos matando, 114; votação de, 18, 241n5

Laval, Pierre, 54

Lebrun, Albert, 45

Lee, Mike, 93, 117

legislaturas estaduais (Estados Unidos): banimento total ou parcial do aborto, 171; contenção de extremistas pelo Partido Republicano, 207; "doutrina dos legislativos estaduais independentes", 181; eleição dos senadores pelas, 196, 226; governo da minoria nas, 166-9, 181; medidas de controle de armas nas, 172-3; sistema do vencedor leva tudo nas, 165;

superrepresentação de áreas rurais nas, 197; vistas como mais representativas da população, 166

lei: aplicação seletiva da, 62-3, 85-6; normas de tolerância, 60; normas *versus*, 57; usada para atingir oponentes políticos, 56, 63-8, 249n66; uso excessivo ou indevido de lacunas na, 58-62, 84-6; *ver também* jogo duro constitucional

"Lei da Força", 89-91

Lei das Oito Urnas (Carolina do Sul), 83-4

Lei de Assistência Naval (Canadá, 1912), 193

Lei de Aumento do Salário (2019), 174-5

Lei de Avanço dos Direitos de Voto (2019), 128

Lei de Execução (1870-1871), 81, 88

Lei de Imigração e Nacionalidade (1965), 100

Lei de Liberdade de Voto (2022), 129

Lei de Proteção à Saúde da Mulher, 171

Lei dos Direitos de Voto (1965): como fundamento legal para a democracia multirracial, 18; Partido Republicano e, 92, 258n5; passagem da, 127; proposta de Hoar-Lodge comparada com, 88; provisões da, 127, 212; sufrágio universal e, 196

Lei dos Distritos Congressionais Uniformes (1967), 213

Lei dos Padrões Justos do Trabalho (emendas de 1966), 174

"leis de identificação do eleitor", 106-7

Levitsky, Steven, 19, 29

Lewis, John L., 222

Lewis, John R., 127-8

liberais (Bélgica), 206

Liberator, The, 77

liberdades civis, proteção em relação às maiorias para, 131-3

liberum veto, 188

Liga das Mulheres Eleitoras, 202, 224

Lijphart, Arend, 189

Limbaugh, Rush, 111, 112

Limongi, Fernando, 20

Lincoln Project, 207

Linz, Juan, 48

Lodge, Henry Cabot, 87-8

"Longa Estratégia Sulista", 96, 102

Lowell, James Russell, 232-3

Ludendorff, Erich, 35

Luder, Italo, 25, 26

Lutz, Donald, 200

Madison, James: constituição norueguesa e, 184; escravidão na Constituição e, 143-4; como líder do Democrata-Republicano, 28; método de eleger o presidente e, 148; regras de supermaioria no Congresso e, 151; representação no congresso, 146; representação estadual igual no Senado e, 218-9; revisão judicial, 150; superando minorias extremistas, 209; tempo de vida da Constituição e, 138; vitória da maioria por votação regular, 179

"maiorias fabricadas", 166-70

Mansfield, Mike, 202

Manzano, José Luis, 125

Marbury, William, 150

Marcha pelas Nossas Vidas, 229

Margarito, Antonio, 109

Marin, Louis, 45

Marshall, John, 150

Martin, Trayvon, 227

Mayer, Santiago, 229

McCargo, Duncan, 41

McCarthy, Joseph, 55-6, 209

McCarthy, Kevin, 121-3, 178

McCloskey, Mark e Patricia, 119

McConnell, Mitch: ataque ao Congresso em 6 de janeiro de 2021 e, 121-3; leis de direitos de voto e, 127, 129

McCulloch, William, 92, 202

McDaniel, Ronna, 177

McKinley, William, 73

McMillin, Benton, 89

McPherson, James, 81

McTiernan, Edward, 195

"medo de cair", 34

medo, autoritarismo como resultado do, 42

Mehlman, Ken, 104, 105

Melton, James, 200

Memphis Appeal, 86

Menem, Carlos, 32, 124

Mercier, Ernest, 246n5

Merkel, Angela, 32

mídia: controle da, 66-7; de direita, 112; televisão pública em democracias europeias, 66; "teoria da grande substituição" sobre, 114-5

Miguel, Lorenzo, 26

Mill, John Stuart, 179, 212

minoria, governo da: Colégio Eleitoral e, 161-3; decisões da Suprema Corte, 164-5,

Índice remissivo

180; divisão urbano-rural como divisão partidária, 161-2, 169, 179; efeitos sobre a política pública do aborto, 170-2; efeitos sobre a política pública do controle de armas, 172-4; fronteiras de distritos eleitorais e, 156-7; nas legislaturas estaduais (Estados Unidos), 166-9, 171, 181; passos para eliminar em legislaturas, 192-3; na Polônia, 187-8; Senado dos Estados Unidos, 163-4; sistema eleitoral fabrica maiorias artificiais, 165-6

minoria, governo da, superar o: construção de coalizão eleitoral mais ampla e, 215; defesa pública sobre reforma e, 216-8; empoderamento de maiorias governantes, 214-5; estabelecimento de limites de mandato para juízes da Suprema Corte, 214; garantia de que os resultados da eleição reflitam as preferências da maioria, 212-4; importância de mudança constitucional, 218, 220; Madison e, 209; movimentos anteriores bem-sucedidos de defesa pública por reforma e, 222-6; movimentos atuais de defesa pública por reforma e, 227-30, 231-2; sustentação do direito de voto, 210-2

Mississippi, Plano, 82

Mondale, Walter, 202

Money, Hernando, 80

Moral Majority, 98

Morning Consult/Politico, 172

Morris, Gouverneur, 30

Mosley, Shane, 109

Mulheres Mórmons por um Governo Ético, 230

Mundt, Karl, 162

nacionalismo cristão branco, 111

Narayan, Jayaprakash, 60-1

nativos americanos, votação de, 196

Nehru, Jawaharlal, 60-1

Népszabadság (jornal húngaro), 66

Netanyahu, Benjamin, 134

New America (organização), 217

New York Times, The, 82, 114, 118, 120, 173, 177, 202, 203

News & Observer, The (Raleigh), 71-2, 79

Nixon, Richard, 98, 201, 204

Noruega: constituição inicial, 183, 185; elei-

ção direta para membros do parlamento, 189; emancipação feminina, 185; emendas constitucionais, 200; escore do Índice Global de Liberdade da Freedom House, 186; Estados Unidos como modelo para, 183; independência da, 183; reformas democráticas na, 185-6; votação na, 187

Nova Zelândia: câmara superior eliminada, 191; emancipação feminina, 189; escore no Índice Global de Liberdade da Freedom House, 186; satisfação pública com a democracia, 221

Novak, Robert, 96

Nyerere, Julius, 133

O'Reilly, Bill, 111

Obama, Barack, 57, 110, 129

obstrucionismo (Senado dos Estados Unidos): *cloture* (Regra 22) e, 152; eliminação do, 152-3, 214; frequência de uso do, 152; como instituição contramajoritária, 135, 140, 150-3; legislação do salário mínimo, 175; lei antilinchamento, 95; Lei dos Direitos Civis (1964), 92; Lei dos Direitos de Voto (1891), 90; Lei dos Direitos de Voto (2021), 130; medidas de controle de armas, 172; tentativas de abolir ou reformar o Colégio Eleitoral e, 202-3; transformação de *Roe contra Wade* em lei, 171

Operação Dixie, 96

opinião pública americana: aborto, 170-2; controle de armas, 172-4; "desordem social", 97; direitos civis, 19, 97, 102; diversidade étnica, 19; Reconstrução, 82; salário mínimo, 174-6; Suprema Corte, 165

Orbán, Viktor, 64-8, 134, 168

"ordens raciais", 100

Oregon, Sistema, 226

Organização Nacional da Juventude Sueca, 49

organizações "Trump Nunca", 207

Osathanugrah, Petch, 41

Our Common Purpose (Academia Americana de Artes e Ciências), 217

Paine, Thomas, 137

País, El, 53

Palatucci, Bill, 177

Palmer, ataques de (1919-1920), 209

Paraguai, 189

Parker, Christopher, 111

Parkland, assassinato em massa na escola secundária de (2018), 172, 229

Partido Católico (Bélgica), 206

Partido Conservador (Grã-Bretanha), 190

Partido Democrata (Estados Unidos): aliança com organizações que lutam pelos direitos civis, 95; ameaça do voto de afro-americanos pós-Guerra Civil para, 79; na Carolina do Norte (fim dos anos 1890), 70-4; como defensor da supremacia branca pós-Guerra Civil, 69, 71; legislação do salário mínimo, 174-5; Lei dos Direitos Civis (1964) e, 92; Lei dos Direitos de Voto (1965) e, 93; maioria no New Deal, 94-5; medidas para restringir o voto de afro-americanos no Sul pós-Guerra Civil e, 83-6; como partido dos direitos civis, 97; Plano Mississippi, 82; poder do, no Sul, 91; reformas da Reconstrução e, 75; transformação de defensor do sistema segregacionista em advogado dos direitos civis, 222-3; como vencedores no voto popular (1998-2022), 169

Partido Democrata (Tailândia), 36, 37, 38-9, 40, 42

Partido Democrata dos Direitos dos Estados ("Dixiecrat", Estados Unidos), 95

Partido Democrata-Republicano (Estados Unidos): ações federalistas contra, 29-30; eleição de 1800 e, 27, 30, 31; fatos básicos sobre, 28

Partido Liberal (Grã-Bretanha), 190

Partido Populista (Estados Unidos), 70, 83, 226

Partido Republicano (Estados Unidos): aceitação de extremistas antidemocráticos, 120-1; aceitação da violência para atingir fins, 118-20; afro-americanos e, 70, 80, 102; apaziguamento de Trump pelo, 121-2; apoio de membros do Congresso a posições antidemocráticas, 126; base extremista de Trump e, 178; como beneficiário do "protecionismo constitucional", 179; brancos do Sul como chave para o, 97; na Califórnia, 102-4; competição e "protecionismo constitucional" e, 179; constituintes do, 94; controle de armas e legislação aceitando levar armas escondidas sem licença, e, 173; controle de instituições políticas pelo (1998-2020), 170; controle do Senado pelo, 163-4; como democratas semileais, 121-3; divisão urbano-rural e, 162, 169, 179; Emenda de Igualdade de Direitos no, 204; esforço para ampliar quantidade de membros após eleição de 2012, 105; fim do compromisso com a democracia do, 93; fim da Reconstrução e, 81; incursões no Sul por parte do, 95; índices de brancos com elevado "ressentimento racial" e, 99; Lei do Avanço dos Direitos de Voto e, 129; Lei dos Direitos Civis (1964) e, 92-3, 258n5; Lei dos Direitos de Voto (1965) e, 92-3, 258n5; medo de democracia multirracial, 180; mudanças demográficas nos Estados Unidos e, 102; "nota de democracia" do Republican Accountability Project atribuído a membros do Congresso (2021), 125-6; oposição conservadora a Trump no, 114, 207, 229; como partido branco cristão, 102, 112-4; perdas eleitorais de Trump e, 176; plano de proteger o voto de afro-americanos (fim dos anos 1880), 88-91; primárias presidenciais de 2016, 113; Projeto de Redistritamento da Maioria, 168; proteção eleitoral oferecida por instituições contramajoritárias e extremismo do, 180; recuo de inverno (7 de janeiro de 2021), 176-7; reforma de imigração e, 112; reformas da Reconstrução e, 75-6; rejeição de resultados eleitorais indesejados, 115-8; resposta do, a redução de porcentagem do eleitorado, 106-9; respostas ao ataque ao Congresso (6 de janeiro de 2021), 120-3; Tea Party, movimento, 111-2; trumpistas negacionistas da eleição em posições elevadas no, 177-8; vantagem no Colégio Eleitoral do, 162-3; votação de imigrantes e, 77; em Wilmington, Carolina do Norte, 70, 72

Partido Trabalhista (Bélgica), 206

Partido Trabalhista (Grã-Bretanha), transformação do, 178

Paxton, Robert, 54

Pence, Mike, 116

perdões presidenciais, 58

Índice remissivo

Perón, Juan, 25

peronistas (Argentina): eleição de 1983, 25-6, 32, 123; eleição de 1989, 32; rebelião dos *carapintadas* (1987), 123

Peru, 59

Peters, Jeremy, 104

Pew, Centro de Pesquisa, pesquisas de opinião: aborto, 171; apoio ao Black Lives Matter, 228; controle de armas, 172; idade e crença em que afro-americanos sofrem discriminação, 261n74; imigrantes, 101, 261n74; processo contra responsáveis pelos tumultos de 6 de janeiro no Capitólio, 208; salário mínimo, 175

Phillips, David Graham, 226

Phillips, Kevin, 97

Pierson, Paul, 157

Pike, James, 78

Pildes, Richard, 86

Pinckney, Charles, 144

Pinochet, Augusto, 82, 136, 142

Plano Americano de Resgate (2021), 175

pobreza, políticas para abordar, 174-6

Polinchock, Todd, 167

Polônia, 142, 187-8

Pontusson, Jonas, 175

Portugal, 194

Prayuth Chan-ocha, 136

Priebus, Reince, 104-5

problema da "mão morta", 137

Projeto de Redistritamento da Maioria, 168

protecionismo constitucional, 179

Protect Democracy, 217, 227

Prússia, 189

Przeworski, Adam, 20, 27

Public Religion Research Institute, 18, 101

Putin, Vladimir, 62, 63

R Street, 229

radicalismo e "medo de cair", 34

Raffensperger, Brad, 116

Rana, Aziz, 218

Ray, Siddhartha Shankar, 61

Readjusters (partido político radical), 83

Reagan, Ronald, 98

rebelião de Gabriel, 28-9

Reconstrução, fim da, 74-5, 81-2

Reconstrução, Leis da (1867), 74

"Redenção", 80, 82

Regra 22 (*cloture* no Senado dos Estados Unidos), 152, 198, 202-3

representação proporcional, sistema de, 213, 288n21

Republican Voters Against Trump, 207, 229

Republicans for the Rule of Law, 207, 229

"ressentimento racial", índices de, 99, 112

revisão judicial: Constituição e, 150; como contramajoritária, 139, 194-6; desenvolvimento da, nos Estados Unidos, 150; desenvolvimento da, pós-Segunda Guerra Mundial, 194; propostas de Netanyahu em Israel, 134; como proteção a indivíduos e minorias contra abuso da maioria, 132; vinculação de gerações futuras pela, 139

Reynolds contra Sims (1964), 167, 277n8

Reynolds, Paul, 177

Rico, Aldo, 124

Rigby, Jim, 166

Rittenhouse, Kyle, 18, 118

Roberts, John, 128, 181, 219

Rodden, Jonathan, 159

Roe contra Wade (1973), 170-2

Romney, Mitt, 102

Roosevelt, Franklin Delano, 139, 221, 223

Rousseau, Jean-Jacques, 188

Rucho contra Common Cause (2019), 181

Russell, Daniel Lindsay, 72

Russell, Richard, 222

Rússia, 62-3

Ryan, Paul, 112

salário mínimo, 174-6

"salário psicológico" da branquitude, 109

Salazar, Diego, 59

Samak Sundaravej, 59

Samdin Lertbutr, 38

Sandy Hook, assassinato em massa (2012), 172-3

Saxer, Marc, 41

Sayre, Anthony, 85

Scalia, Antonin, 57

Scholz, Olaf, 32

Schwartzberg, Melissa, 136

Schwarzenegger, Arnold, 103

Scott, Rick, 107

Senado (Estados Unidos): *cloture* no, 152, 198, 202-3; deliberações constitucionais sobre representação estadual igual no, 218-9; distribuição de senadores, 213; eleição direta de membros do, 196; governo da minoria no, 163-4; medidas de controle de armas no, 173; moção de questão anterior no, 151; poder do, 199; princípio de "uma pessoa, um voto" e, 198, 212-3; tentativas de abolir ou reformar o Colégio Eleitoral no, 202, 203; *ver também* obstrucionismo (Senado dos Estados Unidos)

Seneca Falls, Convenção de (1848), 225

separação geográfica, 167-8

Sewell, Terri, 128

Sharp, James, 29

Shelby County contra Holder (2013), 128-9

Simmons, Furnifold, 71

situação social e atitudes políticas, 34, 41-2

Snyder, James, 197

Snyder, Lei (1924), 196

social-democratas (Alemanha), 32

social-democratas (Finlândia), 206

Stand Up Republic (movimento), 229

Stanton, Elizabeth Cady, 225

status – situação: de americanos brancos protestantes, 109-10; atitudes políticas e, 34, 41-2; democracia multirracial como ameaça existencial ao status de americanos brancos no Sul pós-Guerra Civil e, 79-81; fronteiras étnicas e raciais sendo borradas e enfraquecimento do, 100-1; mudanças, na Tailândia, 40, 41; perda de, pelos americanos brancos, considerada injusta, 110; Trump e a manutenção do status branco, 113

Steele, Michael, 104, 105

Steinmeier, Frank-Walter, 231

Stevens, Stuart, 97, 108

Stevens, Thaddeus, 75

Stewart, Maria, 76

Stewart, William, 89

Suárez, Adolfo, 51

Suécia: câmara superior eliminada, 191; eleição direta para membros do parlamento, 189; escore do Índice Global de Liberdade da Freedom House da, 186; expulsão da Organização Nacional da Juventude Sueca pelo maior partido conservador na, 49; Noruega e, 183; sistema eleitoral do vencedor leva tudo na, 189

sufrágio feminino: 15ª Emenda e, 225; campanha travada pelo, 224-6; começo do movimento americano pelo, 217; na década de 1840, 217; mulheres afro-americanas e, 225; na Noruega, 185; supremacia branca e, 225

Sul: afro-americanos em governos no, durante a Reconstrução, 78-9; brancos como chave para o Partido Republicano no, 97; democracia multirracial como ameaça existencial aos brancos pós-Guerra Civil, 79-81; demografia do, 17; eleição de 1964, 96; eleição de 2020, 116; escravidão e representação na Câmara dos Deputados, 144-5; incursões do Partido Republicano no, 95; medidas para restringir votação de afro-americanos, 83-6, 106-8; poder do Partido Democrata no, 91; reescrita das constituições estaduais no, 84; revoltas de escravos no, 28-9, 243n20; segregação no, 95-6; terrorismo pós-Guerra Civil no, 72-3, 80, 82, 84; votação de afro-americanos como ameaça ao Partido Democrata após a Guerra Civil, 79; voto negro no (começo da década de 1880), 83; *ver também* Wilmington, Carolina do Norte

Sumner, Charles, 75-6, 77

supermaioria, regras de, 135; *ver também* obstrucionismo (Senado dos Estados Unidos)

Suprema Corte (Estados Unidos): aumento no número de juízes, 139, 150; comissão presidencial para reforma da, 217; composição racial da, 100; criação da, 149; decisão sobre *gerrymandering*, 180; decisões sobre aborto, 170-2; decisões sobre saudação à bandeira, 132-3; direitos de voto e, 127-8; estabelecimento de limites de mandato para, 214; falta de aposentadoria para juízes na, 139, 149, 198, 199, 214, 219; governo da minoria e, 164-5, 180; opinião pública americana e, 165; privação de direitos de decisões afro-americanas (1895-1905), 86-8; representação de maiorias eleitorais no Congresso nos legislativos estaduais, 197-8; revisão judicial e, 150; substituição para Scalia, 57; supervisão federal de regras eleitorais e decisões administrativas, 212

Índice remissivo

supremacia, branca: assassinato de afro-
-americanos e latino-americanos e, 114;
eleição em Wilmington (1898) e, 72-4;
movimento do sufrágio feminino e,
225; Partido Democrata como defensor
pós-Guerra Civil da, 69-70; pós-Reconstrução, 79-81; "teoria do grande deslocamento", 114-5
Suthep Thaugsuban, 37

Tailândia: eleição de 1992, 36; eleição de
2014, 36-8; golpes militares, 36, 38-9,
42; instituições contramajoritárias na,
136; mudanças no equilíbrio de poder,
riqueza e status na, 40, 41; uso indevido
da lei para remover oponente político, 59;
votação na, 37-9, 40-1
Tanzânia, 133
Tea Party, movimento, 111-2
Tejero, Antonio, 52
terrorismo: no Chile, 82; no Sul pós-Guerra
Civil, 72-3, 80, 82, 84
Tesler, Michael, 110
Texas, 107
Thailand Tatler, 37
Thaksin Shinawatra, 39-40, 59
Thiers, Adolphe, 193
Thomas, Clarence, 165, 182
Thurmond, Strom, 95-6, 127
Tillman, Ben, 80
tirania da maioria, impedir a, 130-5; como
ameaça sempre presente, 133-4; mecanismos para, 133-5; medo de, na Constituição
(Estados Unidos), 23; na Noruega, 184-6;
papel de instituições contramajoritárias
na, 131
Toombs, Robert, 90
Tracy, Uriah, 33
"traição do Senado, A" (Phillips), 226
Truman, Harry, 95
Trump, Donald: apaziguamento de,
pelo Partido Republicano, 121-2; base
extremista de apoio a, 178; endosso da
violência para alcançar fins, 118-9; fracasso em aceitar derrota, 22, 116; movimento
para defender a democracia durante a
presidência de, 227-8; Mulheres Mórmons
por um Governo Ético e, 230; oposição
conservadora no Partido Republicano a,

114, 207, 229; perdas eleitorais republicanas e, 176-7; política da identidade/
ressentimento branco e, 114; presidência
de, como advertência, 206; trumpistas
negacionistas da eleição em posições
elevadas do Partido Republicano, 177-8;
vitória presidencial no Colégio Eleitoral
de, 162
"Trump Nunca", organizações, 207
Tushnet, Mark, 249n66

"uma pessoa, um voto", princípio de, 197-8,
212-3
União Nacional Africana de Tanganica, 133
urbanização: na Alemanha, 156-7; Cláusula
Camponesa na constituição norueguesa,
185; nos Estados Unidos, 158-60, 277n8;
governo da minoria e, 161, 169; imigração
e, 159; partidos de centro-esquerda e, 159;
subrepresentação da, 187
Uvalde, assassinato em massa de (2022), 172

V-Dem (Variedades de Democracia), Instituto, 93
vencedor leva tudo, sistema eleitoral do,
165, 189, 198-9, 213
"viés antibranco", 110, 114
violência: aceita pelo Partido Republicano, para alcançar seus fins, 118-20;
atuais assassinatos de afro-americanos
por supremacistas brancos, 114; contra
afro-americanos no Sul pós-Guerra Civil,
72-3, 82, 84; democratas leais condenam e
rejeitam sem ambiguidade, 48, 50, 118-20;
democratas semileais ignoram e toleram,
49; democratas semileais minimizam
a violência de aliados, 50; fracasso em
conseguir processar legalmente, 54; *ver
também* insurreições
Virgínia, Plano, 146, 147
Virgínia, resposta a integração de escolas
na, 197
Vizcarra, Martin, 59
votação: 15ª Emenda e Leis de Reconstrução, 74-6, 78, 84, 225; ações federalistas
para controlar, 29-30; na Alemanha no
começo do século xx, 35-6; de americanos jovens, 228-9; de americanos

nativos, 196; atualmente em democracias estabelecidas, 188; comparecimento na maioria das democracias, 210; por criminosos condenados, 18, 107; como dever cívico ou como obrigatória, 211; direito estatutário a, 287n16; emancipação das mulheres, 189; fracasso da lei de direitos de voto no Congresso, 87, 89-91, 128-30; idade de elegibilidade, 197; impostos de votação considerados ilegais, 197; de latino-americanos, 18, 103, 241n5; Lei das "Oito Urnas" na Carolina do Sul, 83; medidas para aumentar, 211-2; dos moradores de Washington, DC, 197; de mulheres, 189; de mulheres nos Estados Unidos, 196, 217, 224-6; na Noruega, 187; obstrucionismo no Senado à lei dos direitos de voto (1891), 90; remoção de obstáculos a, 211-2; restrição a, como resposta republicana à redução da porcentagem do eleitorado, 105-9; restrições não raciais à, 77; resultados derrubados por meio de impeachment, 58-60; sistema eleitoral do vencedor leva tudo, 165, 189, 198-9, 213; Suprema Corte e, 127-8; sustentação do direito de, para superar o governo da minoria, 210-2; na Tailândia, 37-9, 40-1; *ver também* afro-americanos, votação de; eleições; eleições (nos Estados Unidos)

Voters of Tomorrow, 229

VoteShield, 228

Waddell, Alfred Moore, 71-2, 73

Wade, Benjamin, 253n47

Walker, David, 76

Wallace, George, 98, 201

Warnock, Raphael, 17

Warren, Earl, 166

Warsahaw, Christopher, 171

Washington, George, 183, 220

Weaver, Vesla, 100

Weyrich, Paul, 98

White, George Henry, 70, 73

Wilentz, Sean, 144

Wilmington, Carolina do Norte: economia e população de (final da década de 1890), 69; eleição de 1898 em, 71-4; insurreição em, 73; população afro-americana em, 72; possibilidades de democracia multirracial em, 70; restauração do "governo branco" em, 71-3

Wilmington Lie (Zucchino), 73

Wilson, Cindy, 230

Wilson, Henry, 253n47

Wilson, James, 146, 147

Wilson, Pete, 103

Wilson, Woodrow, 221-3

Wolcott, Oliver, Jr., 33

Yingluck Shinawatra, 37-8, 40-2

Zâmbia, 63-4

Ziblatt, Daniel, 19, 29

Zucchino, David, 73

ESTA OBRA FOI COMPOSTA POR MARI TABOADA EM DANTE PRO E
IMPRESSA EM OFSETE PELA GEOGRÁFICA SOBRE PAPEL PÓLEN NATURAL
DA SUZANO S.A. PARA A EDITORA SCHWARCZ EM OUTUBRO DE 2023.

A marca FSC® é a garantia de que a madeira utilizada na fabricação do papel deste livro provém de florestas que foram gerenciadas de maneira ambientalmente correta, socialmente justa e economicamente viável, além de outras fontes de origem controlada.